260 QUESTÕES
NA VISÃO ESPIRITUAL

Claudio Damasceno Ferreira Junior

260 QUESTÕES
NA VISÃO ESPIRITUAL

1ª edição / Porto Alegre-RS / 2022

Capa: Marco Cena
Produção editorial: Maitê Cena e Bruna Dali
Revisão: Gaia Revisão Textual
Produção gráfica: André Luis Alt

Dados Internacionais de Catalogação na Publicação (CIP)

F383d   Ferreira Junior, Claudio Damasceno
           260 questões na visão espiritual. / Claudio Damasceno Ferreira Junior. – Porto Alegre: BesouroBox, 2022.
           280 p. ; 16 x 23 cm

           ISBN: 978-65-88737-72-9

           1. Espiritismo. 2. Espiritualidade. 3. Espíritos. I. Título.

           CDU 133.9

Bibliotecária responsável Kátia Rosi Possobon CRB10/1782

Copyright © Claudio Damasceno, 2022.

Todos os direitos desta edição reservados a
Edições BesouroBox Ltda.
Rua Brito Peixoto, 224 - CEP: 91030-400
Passo D'Areia - Porto Alegre - RS
Fone: (51) 3337.5620
www.besourobox.com.br

Impresso no Brasil
Julho de 2022

Sumário

Apresentação 13
1. Quem são os Espíritos?... 15
2. O que vamos encontrar do outro lado da vida?....................... 16
3. Para onde vamos após o desencarne?....................................... 17
4. O Espírito e os vícios.. 18
5. Quem morre descansa eternamente?....................................... 20
6. A difícil consciência da própria morte 21
7. O desencarne 22
8. A reencarnação 23
9. Quantas vezes precisaremos reencarnar?................................ 25
10. Evolução moral e evolução intelectual 26
11. Lei da Ação e Reação: o retorno do plantio 27
12. Lei da Ação e Reação – os sócios 28
13. Lei da Ação e Reação – como funciona?................................ 29
14. Lei de Ação e Reação – o pedido atendido 30
15. A doutrina materialista e a grande decepção 31
16. A doutrina materialista e a falta de lógica 32
17. Os Espíritos no globo terrestre e suas provas 33
18. Os diversos tipos de mediunidade 34
19. Mediunidade é missão, e não privilégio 35
20. A mediunidade e os trabalhos pagos 36
21. O que é obsessão?... 37
22. A obsessão e a vingança 38
23. As diversas causas da obsessão 38
24. Obsessão entre encarnados e auto-obsessão........................ 39
25. Os milagres 40

26. Os santos 41
27. A confissão dos pecados 43
28. Um grão de areia 44
29. "Ninguém pode ver o reino de Deus se não nascer de novo" 45
30. O esquecimento do passado 46
31. Por que é preciso esquecer o passado? 47
32. Os grandes gênios e suas escolhas 48
33. Os grandes gênios e suas contribuições para a humanidade 49
34. Os anjos 50
35. Os superiores e os inferiores 51
36. A influência dos Espíritos em nossas vidas 52
37. Os demônios 53
38. O diabo 54
39. O suicídio 55
40. As percepções do Espírito 56
41. Como é possível enxergar um Espírito? 57
42. Com que finalidade os Espíritos nos aparecem? 58
43. Aparição de Nossa Senhora em Fátima 59
44. A emancipação da alma durante o sono 60
45. A emancipação da alma no estado de vigília 61
46. Aparição de pessoas vivas: bicorporeidade 62
47. Os médiuns 63
48. O duplo etérico e o ectoplasma 64
49. Como os Espíritos se manifestam? 65
50. Por que muitos não têm consciência de que já morreram? 66
51. É possível prever o futuro? 67
52. As energias 68
53. A hierarquia no mundo espiritual 69
54. Os Espíritos inferiores 70
55. A doença do pânico 71
56. Como abordar a doença do pânico 72
57. Como o Espírito sabe que alguém é médium? 73
58. Faz algum sentido pagar uma promessa? 74
59. Aquele que morre assiste ao seu velório? 75

60. Quantas vezes é preciso rezar para que Deus nos atenda? 76
61. Lugares mal-assombrados 77
62. As energias negativas.. 78
63. O motel.. 79
64. A verdadeira propriedade... 80
65. Não se pode servir a Deus e a Mamon (deus da riqueza) 81
66. A riqueza 82
67. O pagamento do dízimo 83
68. Quanto tempo um Espírito precisa para reencarnar? 84
69. A vingança... 85
70. A colheita da vingança.. 86
71. Os anjos da guarda 86
72. Magia negra 87
73. A evolução através dos reinos.. 89
74. A criação... 90
75. O corpo astral e as manifestações mediúnicas – parte 1 91
76. O corpo astral e as manifestações mediúnicas – parte 2 92
77. A eutanásia nos animais 93
78. Presente, passado e futuro – parte 1 94
79. Presente, passado e futuro – parte 2 95
80. A transfiguração.. 96
81. O mau-olhado 97
82. A pena de morte.. 99
83. A insanidade da guerra – parte 1...100
84. A insanidade da guerra – parte 2...101
85. Colônias ou cidades espirituais – parte 1 102
86. Colônias ou cidades espirituais – parte 2 103
87. As diversas Nossas Senhoras 104
88. O sucesso e a fama 105
89. Causas atuais das aflições 106
90. Causas anteriores das aflições...107
91. Sofrer com resignação 108
92. O Espiritismo 109
93. Os diversos mundos habitados – parte 1 110

94. Os diversos mundos habitados – parte 2 110
95. Os mundos felizes 111
96. Progressão dos mundos 112
97. O umbral 113
98. Deus pune Seus filhos? 114
99. A Santíssima Trindade 115
100. O dia de sábado 116
101. A Doutrina Espírita já evitou vários suicídios 117
102. Astrologia 118
103. Perda de pessoas amadas: mortes prematuras 120
104. A eutanásia 121
105. Os inimigos desencarnados 122
106. As dimensões – parte 1 123
107. As dimensões – parte 2 124
108. Os Espíritos e a física quântica – parte 1 125
109. Os Espíritos e a física quântica – parte 2 126
110. O Espírito interage com o mundo quântico – a dupla fenda 127
111. O Espírito, a física quântica e a teoria da relatividade 128
112. Os registros akáshicos 129
113. Fazer o bem sem ostentação 130
114. A sintonia com a Natureza primitiva 131
115. As redes sociais e os games 132
116. A rebelião da Natureza 133
117. A Santa Inquisição 134
118. A colheita da Inquisição 135
119. O racismo 136
120. A evolução da humanidade 137
121. De que modo o pensamento é transmitido? 138
122. A Igreja Católica Apostólica Romana 139
123. Os magos negros 140
124. A prostituição 141
125. O aborto 142
126. O estupro e o aborto 143
127. A presciência 144

128. A porta estreita 145
129. A ingratidão dos filhos e os laços de família 146
130. A vida em isolamento 147
131. A homossexualidade 148
132. O aperfeiçoamento do corpo físico e a evolução do Espírito 149
133. O problema da carne 150
134. A influência dos Espíritos sobre o pensamento humano 151
135. A possessão 152
136. Apometria – parte 1 153
137. Apometria – parte 2 154
138. Uma história interessante 155
139. Os Centros Espíritas como último recurso 156
140. Um caso incrível resolvido com a técnica da Apometria 157
141. O Espírito sente dor e frio? 158
142. O arrependimento sem volta 159
143. Almas gêmeas 160
144. Algumas informações interessantes sobre o mundo quântico 161
145. A volitação 162
146. O poder da mente e as partículas subatômicas – parte 1 163
147. O poder da mente e as partículas subatômicas – parte 2 164
148. O poder da mente e as partículas subatômicas – parte 3 165
149. Os pretos velhos 166
150. Os agêneres 167
151. As religiões 168
152. Fazer aos outros aquilo que desejamos para nós 169
153. A senoide da vida 170
154. Por que dois irmãos são diferentes entre si? 171
155. Zoantropia e licantropia 172
156. Desigualdade das riquezas? 173
157. A lógica da inflação 174
158. A evolução do Espírito para mundos melhores 175
159. O cartório 176
160. É permitido observar as imperfeições alheias? 177
161. É preciso divulgar o conhecimento 178

162. A consciência 179
163. Os espíritas têm medo da morte? 180
164. As decepções no Centro Espírita......................................181
165. Por que para tudo tem que haver uma propina? 182
166. Sobre a esmola...183
167. O seu Zé 184
168. Os ovoides 185
169. Cuidar do corpo e do Espírito...186
170. O papa 187
171. Não acreditem em todos os Espíritos..............................188
172. Prodígio dos falsos profetas 189
173. Oferendas a Deus, aos santos e às almas que já partiram 190
174. A conscientização, a simplicidade e a prosperidade 191
175. A conscientização e o mundo espiritual 192
176. O homem no mundo..193
177. Os jovens e a nova era..194
178. O destino das crianças após a morte...............................195
179. Os Espíritos sentem cansaço e necessidade de repouso?...............196
180. Visitas espirituais entre encarnados e desencarnados ...197
181. A hipnose 198
182. O Espírito e a escolha das provas 199
183. A eficiência da prece...200
184. Por que nem todos recebem ajuda na Casa Espírita?.....201
185. O sofrimento daqueles que pagam pelos trabalhos espirituais 202
186. Os Espíritos e a percepção do tempo..............................203
187. Percepções e sensações dos Espíritos 204
188. Sobre a alma 204
189. Comunidades prósperas 205
190. Outra história interessante..206
191. As crianças na espiritualidade...207
192. Os traços físicos e as existências anteriores 208
193. Hermes Trismegisto: o três vezes grande.......................209
194. As boas e más qualidades morais dos homens...............211

195. A Lei do Amor...212
196. O amor de mãe..213
197. Pagar o mal com o bem..214
198. A fé raciocinada e a fé cega..215
199. Como me tornei espírita..216
200. Aqueles que se comprazem na dor...................................217
201. Os deficientes mentais...218
202. O autismo – parte 1..219
203. O autismo – parte 2..220
204. A impossibilidade de evoluir numa única encarnação.....221
205. As crianças índigo e cristal..222
206. A Geometria Sagrada..223
207. O cisco e a trave no olho...225
208. Não julguem para não serem julgados............................226
209. O trabalho realizado com as obras da codificação...........227
210. Fatalidade – parte 1..228
211. Fatalidade – parte 2..229
212. O conhecimento do futuro..230
213. A justiça..231
214. A virtude – parte 1..232
215. A virtude – parte 2..233
216. As paixões..234
217. A velhice..235
218. Não colocar a candeia (vela) debaixo do alqueire (caixote)...........236
219. O Espiritismo...237
220. Benefícios pagos com ingratidão.....................................238
221. As federações espíritas...239
222. Caminhando e observando...240
223. Triste realidade...241
224. Espiritismo e magnetismo...242
225. Os pactos e o poder oculto dos talismãs..........................243
226. As drogas...244
227. As drogas e o Espírito no plano espiritual.......................245

228. Perante a morte..246
229. A influência dos Espíritos nos acontecimentos da vida................247
230. Os Espíritos da Natureza ou Elementais – parte 1........................248
231. Os Espíritos da Natureza ou Elementais – parte 2........................249
232. A pureza doutrinária..250
233. O fenômeno do transporte 251
234. O amor e o sexo 252
235. O Livro dos Espíritos 253
236. O Livro dos Médiuns 254
237. O Evangelho Segundo o Espiritismo 255
238. O Céu e o Inferno 256
239. A Gênese 257
240. Vidência e clarividência 258
241. A levitação 259
242. Sofrer com resignação 260
243. A felicidade não é deste mundo 261
244. Devemos arriscar nossa vida por um malfeitor 262
245. Ser espírita 263
246. O atendimento pela Internet...264
247. O pecado original...265
248. O batismo 266
249. Desprendimento dos bens terrenos..267
250. Morrer pela pátria 268
251. Allan Kardec e o Espiritismo 269
252. Nicolau Copérnico e Galileu Galilei...270
253. Desencarnes coletivos..271
254. Por que os homens não veem o mundo espiritual.......................272
255. A brevidade da vida...273
256. A evolução do Espírito..274
257. O contato com seres de outros orbes 275
258. O politicamente correto 276
259. Um pouco de ficção verdadeira 277
260. Rússia e Ucrânia 278

Apresentação

A ideia de escrever sobre a espiritualidade, desmitificando algumas crenças, é antiga e sempre foi um desejo a ser realizado. Após escrever o livro *Obras Póstumas*, trazendo-o para uma linguagem mais fácil e acessível, a exemplo do que já havia feito com *O Livro dos Espíritos*, *O Livro dos Médiuns*, *O Evangelho Segundo o Espiritismo*, *O Céu e o Inferno* e *A Gênese*, achei que era o momento oportuno para colocar em prática essa vontade.

Os temas aqui são abordados sob o ponto de vista espiritual da questão. Alguns serão simples, outros complexos e um tanto quanto polêmicos. Em todos eles haverá uma conexão entre a vida no plano material e a vida no plano espiritual, visto que uma é a continuação da outra. Muitos assuntos vão despertar curiosidade, mas não serão aprofundados, pois esse não é o objetivo da obra. Tratarei sobre: a reencarnação; o esquecimento das existências anteriores; a continuidade da vida; de onde viemos e para onde vamos; o que estamos fazendo aqui; os anjos; os demônios; as manifestações dos Espíritos e como elas influenciam o nosso dia a dia; a morte; o suicídio; os diversos mundos habitados; a Lei de Ação e Reação; a Física Quântica e sua influência sobre tudo que nos cerca, entre outros. Contarei também algumas histórias interessantes.

Planejei os capítulos para que fossem curtos, visando tornar a leitura mais dinâmica, e mantive a sequência original dos textos, conforme as ideias iam surgindo. Foi de grande valia o aprendizado colhido ao longo desses mais de 20 anos com os diversos Espíritos que se manifestaram no grupo de desobsessão que dirijo. Essa interação me possibilitou compreender melhor o mundo em que eles vivem e o que podemos esperar após o desencarne.

É importante que eu ressalte que este livro traz inúmeros assuntos do interesse de muitas pessoas, mas preciso admitir que algumas não concordarão com a abordagem, pois dirão que não refletem a verdade. Tenho a perfeita consciência de que serei alvo de muitas críticas. Talvez fosse melhor ficar numa zona de conforto e nada produzir, evitando assim uma exposição desnecessária! Felizmente, não concordo com esse pensamento, mesmo sabendo que aqueles que saem na frente sempre serão os primeiros a receberem as pedras da incredulidade e da intolerância.

Alguns perguntarão: como você pode provar o que está afirmando? Em que você se baseou para escrever tudo isso? Você se acha o dono da verdade? Em primeiro lugar, nunca tive a pretensão de possuir a verdade integral, até mesmo porque ela ainda não existe no plano da Terra. Quanto às provas, é evidente que não as tenho, pois tudo o que foge da matéria está sob o domínio de outras Leis, que os nossos sentidos grosseiros não conseguem alcançar. Foi preciso estudar muito, ler coisas sublimes e outras deploráveis, mas sempre com a mente aberta, sem fechar portas para o erro e para o engodo. Em todas as atividades, é preciso separar o joio do trigo. Conforme já disse, tive a oportunidade, ao longo desses anos, de privar da companhia de diversos Espíritos. Uns com muito conhecimento e sabedoria, outros, em estado deplorável de sofrimento. Com os primeiros, aprendi; com os segundos, prestei auxílio no sentido de retirá-los do lugar ruim onde se encontravam, sempre com a permissão do Alto.

A história nos mostra que todas as grandes descobertas, num primeiro momento, foram ridicularizadas. Somente depois ocuparam o lugar que lhes era de direito. É óbvio que não estou me comparando, nem de longe, aos grandes descobridores, apenas estou fazendo uma analogia de o quanto sofrem aqueles que se arriscam a trilhar um caminho que ainda é desconhecido pelas massas. Se Jesus, que foi o maior e mais perfeito Espírito que encarnou na Terra, não teve sua mensagem compreendida e ainda morreu do jeito que morreu, o que pode sobrar para os demais?

Espero que gostem!

Boa leitura!

Claudio Damasceno Ferreira Junior

1. Quem são os Espíritos?

Os Espíritos são pessoas que viveram na Terra e que morreram, ou melhor, que desencarnaram. Sendo assim, poderíamos dizer que todos nós um dia também seremos Espíritos? Sim, com toda certeza! De onde vem, então, o medo que as pessoas sentem pelos Espíritos, se eles não passam de homens e mulheres que um dia foram como nós? Vem do fato de elas ignorarem a continuidade da vida, uma vez que, na verdade, ninguém morre. A imaginação popular, ao trazer a ideia de que os Espíritos são almas de outro mundo, fantasmas, seres que não existem, criaturas do além, e assim por diante, também tem contribuído muito para a disseminação desse medo, que não faz o menor sentido. Particularmente, tenho mais medo de pessoas vivas do que de Espíritos.

A Doutrina Espírita nos ensina que, além do corpo de carne, possuímos um outro corpo denominado "perispírito" ou "corpo astral". Esse outro corpo é exatamente igual ao corpo físico e, por ser de natureza etérea e diáfana, vibra numa frequência muito superior, o que o torna invisível aos nossos olhos. Diferente do corpo que usamos na Terra, o corpo astral nunca morre. Assim, é com esse corpo fluídico que os Espíritos vivem no mundo espiritual.

Quando o Espírito retorna à Terra, para viver uma nova existência, esse corpo etéreo se acopla ao novo corpo físico e permanece unido a ele enquanto durar a encarnação. Por ocasião da morte, os vínculos magnéticos que prendem um corpo ao outro se rompem, e o Espírito retorna ao mundo espiritual de onde saiu.

Conforme já dissemos, o corpo astral é exatamente igual ao corpo físico, por isso, para o Espírito, ele é tão real e tão verdadeiro quanto é para nós o corpo de carne. Esse é o motivo pelo qual muitas pessoas não acreditam que já morreram e continuam na ilusão de que ainda estão vivas. Essa situação é mais comum do que se imagina e acontece, principalmente, com aqueles que não acreditam em nada ou que durante a vida não se interessaram em aprender o básico sobre a espiritualidade. A cada um será dado segundo as suas obras!

2. O QUE VAMOS ENCONTRAR DO OUTRO LADO DA VIDA?

A grande maioria das pessoas não tem a menor ideia do que lhes acontecerá quando desencarnarem. Por que isso acontece? A resposta é simples: elas não se preocupam com esse assunto. Possuem o sentimento de que são eternas e de que a morte só bate na porta do vizinho.

A *única certeza* que podemos ter nesta vida é a de que, um dia, vamos morrer. Todos os outros eventos podem ou não acontecer, e nós nunca poderemos afirmar que eles efetivamente vão se realizar. Quando planejamos uma viagem, pesquisamos tudo a respeito do lugar onde vamos ficar, mas não temos a certeza de que realmente chegaremos ao destino. Podemos sofrer um acidente no caminho, um contratempo qualquer, enfim, inúmeras coisas.

Se *a morte é certa*, não seria de se esperar que as pessoas tivessem mais interesse em saber o que as espera no mundo dos Espíritos?

O mundo verdadeiro, aquele que sempre existiu e sempre continuará existindo, é o mundo espiritual. A Terra, onde vivemos, é uma cópia muito imperfeita daquele mundo, e tudo o que temos aqui provêm de lá. No plano material, as coisas estão sujeitas à ação do tempo. É por isso que tudo envelhece e se deteriora, a exemplo do nosso corpo físico. No mundo espiritual, isso não acontece. A matéria astral, por ser rarefeita, vibra numa frequência muito superior, o que impede que o tempo exerça sobre ela a sua ação. Assim, o que existe na Terra existe também no mundo dos Espíritos. Entretanto, lá, as coisas estão num estágio mais avançado. A ciência, a informática, a música, a pintura e as artes em geral estão em torno de quinhentos anos à frente.

Os Espíritos se agrupam por afinidade de pensamento, ou seja, os bons procuram os bons, e o mesmo acontece com os maus. Essa separação ocorre de modo natural, pois cada corpo astral tem um peso específico que é diretamente proporcional a sua evolução moral. Deus permite que os bons Espíritos desçam (vibratoriamente) para ajudar os maus porque, sozinhos, eles não conseguiriam sair do lugar ruim onde se encontram. Entre os bons e os maus Espíritos existe uma "barreira vibratória" que somente a evolução poderá romper.

3. Para onde vamos após o desencarne?

O corpo astral de cada indivíduo possui um peso específico que lhe é próprio. Esse peso específico está diretamente ligado à sua evolução moral. Assim, aqueles que são bons, que ajudam o próximo com desinteresse, possuem um corpo astral mais leve. Quando desencarnam, podem ascender a lugares melhores dentro da espiritualidade, como as colônias espirituais, por exemplo. Os maus, ao contrário, possuem um corpo astral pesado, denso, que impede essa ascensão, portanto, ao desencarnarem, vão viver nas regiões umbralinas. Aqueles que cometeram crimes contra a humanidade, que foram responsáveis por milhares de morte, descem literalmente para o interior da Terra e ficam nas furnas e nos abismos, que são lugares terríveis.

O umbral se caracteriza pela ausência do sol. As cidades possuem um aspecto sujo e um odor desagradável. A quantidade de ar disponível é bem menor que na superfície da Terra, o que torna a vida muito difícil. O período que cada um permanece no umbral é proporcional aos erros cometidos na última encarnação. Nas colônias espirituais, a vida é repleta de atividades. Seus habitantes estudam, trabalham, desenvolvem suas habilidades nas ciências, nas artes e em todos os ramos da atividade humana.

A maioria dos indivíduos que estão na Terra não são totalmente bons nem totalmente maus, ou seja, possuem um corpo astral que não é tão pesado para descer aos umbrais nem tão leve para ascender às colônias espirituais. Desse modo, quando desencarnam, ficam vagando pela superfície da Terra, convivendo com os que ainda estão encarnados, e o pensamento de uns interfere no dos outros. Muitas vezes, temos pensamentos estranhos e que não combinam conosco. De onde vêm esses pensamentos? Na realidade, provêm dos Espíritos que estão a nossa volta e que não podem ser vistos, mas que existem. Quando damos guarida a um pensamento ruim, estamos recebendo a influência de Espíritos inferiores. A lei da sintonia vibratória (afinidade) explica esse fenômeno. Foi por isso que Jesus nos recomendou: *"orai e vigiai"*. A oração nos conecta com a espiritualidade superior, e a vigília dos pensamentos nos preserva das más companhias.

4. O Espírito e os vícios

Todos os vícios que possuímos, sejam eles quais forem, pertencem ao Espírito e estão localizados no seu corpo astral, e não no corpo físico, como muitos imaginam. Poderíamos dizer que o corpo astral é o corpo dos desejos. É ele quem precisa do cigarro, do álcool, das drogas em geral, do sexo desregrado, dos jogos de azar etc. O Espírito, quando está encarnado, consegue satisfazer seus desejos através do corpo físico. Ao desencarnar, ele abandona o seu corpo de carne e entra no mundo espiritual somente com o corpo astral. No estado de Espírito livre, *todas as percepções* ficam aumentadas. A visão, a audição, a capacidade de entendimento e assim por diante. Desse modo, o Espírito livre desfruta de um sem-número de outras faculdades que na Terra não tinha acesso devido à materialidade do seu corpo físico. Ele pode comunicar-se pelo pensamento sem a necessidade de falar, pode volitar, ou seja, deslocar-se pelo espaço somente pela ação da vontade, dentre muitas outras coisas.

Como todas as percepções ficam aumentadas, o mesmo acontece com os desejos (vícios) que o Espírito trouxe da Terra e dos quais ainda não se libertou. Poderíamos dizer que esses desejos ficam multiplicados por 10, por 20, conforme o caso. Imaginem o *sofrimento* dos irmãos que precisam saciar seus vícios e não encontram uma maneira de fazê-lo no mundo dos Espíritos. Muitos, em função da abstinência, ficam em estado de verdadeira demência e precisam ser tratados por um longo período em hospitais especializados da espiritualidade. Passam por um verdadeiro processo de desintoxicação, onde aos poucos vão se recuperando.

Outros não aceitam o tratamento e têm o seu livre-arbítrio respeitado. Eles ficam junto aos encarnados e, através das emanações fluídicas do álcool, do fumo, das drogas etc. conseguem saciar em parte seus antigos vícios. Os que estão presos na faixa do sexo ficam pelos motéis, participam de orgias, onde usufruem das vibrações que emanam dos participantes. Os viciados em jogos ficam pelos cassinos apostando com os frequentadores. É uma triste realidade!

Se os vícios não estão no corpo físico, e sim no corpo astral, fica fácil compreender que o quanto antes abandonarmos um vício na Terra, menor será o nosso sofrimento no mundo dos Espíritos.

Os *médicos* tratam somente o *corpo físico*, com medicamentos, desintoxicações e outras técnicas que, infelizmente, não dão os melhores resultados. Se o tratamento fosse para o Espírito propriamente dito, como acontece nos alcoólicos anônimos, através da conscientização, as chances seriam muito maiores, pois estaríamos tratando quem realmente possui o desejo, ou seja, o Espírito.

A medicina tradicional não leva em conta o ser espiritual, o que é um erro muito grande porque, na verdade, nós somos Espíritos, e não corpo físico. Se os médicos abordassem a questão de forma holística, como um todo, tratando tanto do corpo quanto do Espírito, o resultado seria muito mais eficaz. Existem doenças que são do Espírito e doenças que são do corpo. Como elas se manifestam juntas, tratar somente de uma é fazer o serviço pela metade.

Também é um erro colocar tudo na conta dos Espíritos, como se eles fossem os únicos culpados pelos vícios dos homens. Eles apenas influenciam os fracos, potencializando suas vontades por intermédio de sugestões que podem ou não ser aceitas. Aquele que consome qualquer tipo de droga, que possui qualquer tipo de vício, no momento do uso, deve saber que sempre estará acompanhado por Espíritos desencarnados.

É importante que a pessoa queira livrar-se da dependência porque, se ela não quiser, tratamento nenhum surtirá efeito. Os bons Espíritos estão sempre prontos a auxiliar aqueles que realmente querem abandonar seus vícios, seja intuindo-os a procurarem ajuda em clínicas especializadas, em centros espíritas sérios, seja neutralizando a influência dos Espíritos obsessores. Adquirir um vício é fácil, o difícil é se livrar dele. Não devemos fazer julgamentos porque todo dependente é, antes de tudo, um sofredor. Talvez a sabedoria esteja em não ceder à tentação de experimentar só para saber como é.

5. Quem morre descansa eternamente?

Quem já não ouviu alguém dizer quando uma pessoa morre: "ela descansou, estava sofrendo muito, foi para o Céu viver a vida eterna". Como se isso fosse possível! O Espírito propriamente dito não necessita do mesmo tipo de descanso que os encarnados. Quando seu corpo físico está dormindo, ele se desprende e continua suas atividades no mundo espiritual. O corpo astral é constituído de matéria quintessenciada, e sua vibração é muito superior à do corpo de carne, por isso a necessidade de descanso é diferente. O descanso eterno seria, antes, um tédio eterno. Ao desencarnar, o Espírito dá início a uma "nova" etapa da sua vida.

Aquele que desencarna, depois de uma longa doença, tem tempo para preparar seu retorno. A vitalidade do corpo físico vai diminuindo dia a dia. Os vínculos magnéticos que prendem o corpo astral ao corpo físico diminuem de intensidade. Ao retornar, ele precisará de um período no plano espiritual para se adaptar à nova condição vibratória. Assim, gradativamente, ele vai readquirindo a plenitude de suas forças. Então, podemos dizer que ele dormia na Terra e continuará dormindo no plano espiritual? Sim, até porque a natureza não dá saltos. Ninguém sai da convalescença para a atividade plena em segundos. O tempo para recuperação completa do Espírito varia conforme cada caso.

Aquele que é colhido de surpresa, como num acidente, por exemplo, sofre bastante com a perturbação que lhe advém. Seu tônus vital ainda é muito grande, e os vínculos magnéticos que prendem um corpo ao outro são brutalmente rompidos. Ele muda de plano quase que instantaneamente. Num primeiro momento, o acidentado se enxerga como se ele fosse duas pessoas. Normalmente, o seu corpo astral fica em pé, olhando para seu corpo físico que está caído ou preso às ferragens, dependendo do tipo de acidente. Aquele que não possui nenhum conhecimento sobre o assunto, certamente, não compreenderá o que está acontecendo. Pensa estar sonhando ou ficando louco. Depois, com o passar do tempo, começa a perceber que algo está diferente, mas ainda se sente confuso. Essa perturbação pode durar horas, dias, meses e até anos! Tudo vai depender do tipo de vida que a pessoa levava.

6. A DIFÍCIL CONSCIÊNCIA DA PRÓPRIA MORTE

Quase sempre Deus permite que os Espíritos socorristas auxiliem aquele que morre num acidente. São poucos os que conseguem compreender o que realmente aconteceu. Mesmo os espíritas, que já possuem algum conhecimento, não escapam à enorme perturbação que advém de um desencarne desse tipo. Podemos dizer que mais de oitenta por cento das pessoas que morrem não têm consciência de que já morreram. Essa falta de consciência torna o processo da morte muito difícil. As pessoas aportam no mundo espiritual como verdadeiros zumbis. Não sabem onde estão, o que de fato aconteceu, por isso precisam de muita ajuda.

O grande problema é que é impossível ajudar a todos ao mesmo tempo. Não existem Espíritos socorristas em quantidade suficiente para realizar essa tarefa. Aqui, é preciso fazer um esclarecimento: os socorristas são Espíritos treinados, que se especializaram em receber os recém-desencarnados. Eles sabem que cada um precisará de um tipo diferente de acolhimento; que não podem simplesmente dar a notícia de que a pessoa morreu, pois são poucos os que estão preparados para recebê-la. Isso poderá causar um desequilíbrio de tal ordem que aumentará em muito o tempo necessário para esses Espíritos recém-desencarnados se adaptarem à nova realidade. Tudo deve ser feito com sabedoria, pois quando chegar o momento apropriado, a notícia será dada de forma tranquila, até porque a pessoa já estará desconfiada, aguardando somente a confirmação.

Todo esse processo poderia ser muito mais fácil se o contingente de desinformados representasse vinte por cento e não oitenta. A ignorância sobre as coisas espirituais é uma prova de que estamos de fato vivendo num mundo inferior. A impressão que se tem é a de que as pessoas se julgam eternas e deixam para tratar desse assunto quando chegar a hora. Mas, aí, é tarde demais. Como explicar uma coisa complexa para alguém que está vivenciando o problema? Seria como trocar o pneu com o carro andando. Talvez este livro, modesto em seu conteúdo, possa ajudar, nem que seja um pouquinho, os que nada sabem a respeito.

7. O DESENCARNE

Assim como não existe um nascimento igual ao outro, também não existe um desencarne igual ao outro. Ele será sempre uma experiência única, que cada um terá que vivenciar sozinho. Existem inúmeros aspectos a serem observados e seria impossível abordar todos de uma só vez. A intensidade da perturbação, que inevitavelmente se segue após a morte do corpo físico, varia de pessoa para pessoa e está diretamente ligada ao tipo de vida que ela levava.

Aquele que foi bom, que fez todo o bem que estava ao seu alcance, que ajudou o próximo, terá um desencarne mais tranquilo. Como nenhum ato comprometedor lhe pesa sobre os ombros, ele não carrega o peso da culpa. Os laços magnéticos, que prendem o seu corpo astral ao corpo físico, se desfazem com mais facilidade, e ele sempre recebe a ajuda dos bons Espíritos, que vêm em seu auxílio, para desfazer esses laços. Entretanto, o mesmo não acontece com aquele que praticou o mal, que roubou, que matou, que traiu a confiança dos que acreditavam nele. Este terá, com certeza, um desencarne doloroso, pois ficará preso ao corpo de carne, e os bons Espíritos não terão permissão para ajudá-lo. Os laços magnéticos que o prendem ao corpo físico somente com o tempo irão se desfazer, e isso pode durar dias, semanas, meses e até anos.

Assim, se ele for enterrado, assistirá à decomposição do seu próprio corpo, se for cremado, sentirá o calor do forno. Poderíamos dizer que o seu sofrimento está apenas começando. É um sofrimento inenarrável. Jesus já havia nos advertido que iríamos colher conforme plantássemos.

O desencarne é apenas o retorno do Espírito para o mundo espiritual, de onde saiu para ter mais uma experiência na Terra. Deveria ser uma coisa natural para os que ficam, uma vez que o Espírito vai recuperar a sua liberdade, vai reaver todas as faculdades que ficaram adormecidas em função da baixa vibração do corpo de carne. No entanto, infelizmente, não é o que acontece. A nossa inconformidade pela impossibilidade de continuar convivendo com o falecido é mais forte do que a certeza de que ele continua vivo.

Às vezes, ouvimos alguém dizer de uma pessoa boa que morreu: "esteja ela onde estiver, estará zelando por nós", como se isso fosse possível! Não se deve pedir nada para aquele que desencarna, pelo simples fato de que não sabemos o verdadeiro estado em que ele se encontra. Esse pedido será sempre um motivo de angústia para quem passou para o outro lado da vida, pois ele normalmente não poderá atendê-lo. O Espírito precisa de um tempo para compreender o que de fato aconteceu. É um misto de sonho com realidade e que se agrava sobremaneira quando os familiares e outras pessoas choram muito, gritam, se desesperam e não aceitam o retorno daquele que partiu. Deveriam saber que o seu tempo na Terra terminou e que a sua missão foi concluída. Ele recebe todas essas manifestações externas, ouve o choro, os gritos, sente o desespero dos que ficaram e tudo isso lhe aumenta em muito a perturbação. Só pelo fato de ter passado do plano material, com vibração muito baixa, para o plano espiritual, com vibração muitíssimo mais elevada, é o bastante para deixá-lo atordoado.

A maior contribuição que os familiares e as pessoas mais ligadas ao falecido podem dar é procurar aceitar o desencarne e acreditar que Deus nada faz de errado. Não devem dizer: "logo agora que ele conseguiu o que tanto queria; que recém se formou; que seus negócios estavam dando certo; que seu filho acabou de nascer..." A hora do retorno é um atributo da Divindade, e somente Ela é responsável pelo nosso destino, mesmo que não o aceitemos e o achemos injusto. Nosso julgamento é muito imperfeito, pois não consegue abranger todas as nuances que envolvem o momento da morte do corpo físico.

Assim, a oração e o pedido para que todos aceitem o que aconteceu são a melhor ajuda que podemos oferecer ao falecido, caso contrário, além da perturbação em que ele se encontra, ainda lhe impomos a nossa. Não será uma espécie de egoísmo querer que as pessoas fiquem conosco para sempre?

8. A REENCARNAÇÃO

Muitos acham que foi a Doutrina Espírita quem inventou a reencarnação. Na verdade, ela apenas estudou e comprovou a sua veracidade, através da manifestação dos próprios Espíritos. Foram eles que vieram dizer que não haviam morrido e que precisariam voltar para continuar evoluindo. A reencarnação é uma Lei do Universo e está presente em todos os mundos habitados. O único objetivo da reencarnação é a *evolução do Espírito*. Ao passar pelas dificuldades materiais, que a vida em corpo físico nos impõe, vamos evoluindo e nos tornando melhores a cada existência.

Muitos têm dificuldade de compreender a reencarnação e até mesmo de aceitá-la. Mas, então, por que uns nascem na miséria e outros na riqueza? Por que uns nascem com saúde e outros não? Por que alguém precisa nascer com deficiência mental? Qual a explicação para aqueles que morrem em tenra idade, enquanto outros precisam viver até a velhice? Por que algumas crianças nascem com extrema facilidade para as ciências, para as artes, tais como a música, a pintura etc.? Esses são problemas que nenhuma filosofia ou religião conseguiu explicar até hoje. Se nós vivêssemos uma única existência, Deus não seria nem justo nem bom ao submeter os homens a tantas diferenças.

Existe um princípio que diz: "todo efeito tem uma causa" e, se Deus é justo, essa causa também deve ser justa. Assim, por *dedução lógica*, se as causas para os nossos males ou para as nossas alegrias não estão na existência atual, só podem estar numa existência anterior. Aquele que numa encarnação desenvolveu habilidade para música, ao reencarnar, traz consigo a lembrança dessa habilidade e, como consequência, a facilidade para a música. É a única explicação para as crianças precoces que, com 4 anos, já tocam piano, por exemplo! Deus não dá dom a ninguém, porque, se assim o fizesse, estaria privilegiando uns em detrimento de outros. Todo e qualquer dom é fruto de um trabalho anterior realizado. É somente por intermédio da reencarnação que a Justiça de Deus pode se cumprir, não existe outra possibilidade. Até mesmo aqueles que não acreditam não encontram argumentos para contestar a sua lógica.

A doutrina da reencarnação foi abolida da Igreja Católica no Concílio de Constantinopla em 553 d.C. O Papa Virgílio não queria esse Concílio, mas cedeu à influência do imperador Justiniano, a pedido de sua esposa, Teodora, que não queria reencarnar. Segundo alguns historiadores, ela, conhecedora da Lei de Causa e Efeito, sabia que teria reencarnações difíceis pela frente, pois havia mandado matar todas as prostitutas do Oriente Médio.

Por ser uma Lei de Deus, ninguém escapa à necessidade de reencarnar, mesmo aqueles que nela não acreditam. A sua finalidade será sempre a evolução do Espírito. As várias posições ocupadas na Terra trazem aos encarnados um tipo de aprendizado. Numa, experimentamos a pobreza, noutra, a riqueza e o poder, noutra ainda, a beleza, e assim por diante. A cada nova experiência, vamos nos modificando e nos aperfeiçoando com os erros e acertos. Poderíamos dizer que todos já fomos ricos, pobres, escravos, senhores, homens, mulheres etc.

Se o Espírito reencarnasse somente como homem, só saberia o que os homens sabem, e o mesmo aconteceria com a mulher. Para uma evolução completa, é preciso exercer todas as posições sociais, tanto as superiores quanto as inferiores, e passar pela mudança de gênero. Pela Lei da Inércia, todos possuem a tendência de ficar na posição em que se encontram, ou seja, aqueles que estão encarnados na Terra não querem retornar para o mundo dos Espíritos, e aqueles que estão nesse mundo, não querem voltar para a Terra.

Ninguém reencarna para se suicidar ou para ser um assassino. Então, por que isso acontece? Porque Deus respeita o livre-arbítrio do homem, que, desse modo, somente pode culpar a si mesmo pelo mau uso que faz da sua liberdade. Todo homem tem uma missão a cumprir, não importa se ela é grande ou pequena. Jesus já havia advertido que cada um receberia segundo as suas obras. Aquele que planta o bem, colhe o bem, e o mesmo acontece com o mal. Se não fosse assim, a Justiça divina não existiria!

9. Quantas vezes precisaremos reencarnar?

Não existe um número definido para as encarnações terrenas. A princípio, teremos que reencarnar quantas vezes forem necessárias para que possamos realizar toda a evolução que nos é possível no planeta Terra.

As Leis de Deus são sábias, ninguém é favorecido ou prejudicado, portanto, só colhemos os frutos do nosso livre-arbítrio. A cada encarnação, o Espírito faz um progresso, mesmo que seja pequeno. Aquele que não aproveita sua reencarnação para evoluir, para se melhorar, sofre nas encarnações posteriores, pois terá que recuperar o tempo perdido. Essas reencarnações posteriores ocorrem sempre em condições menos favoráveis do que aquela que foi negligenciada. Isso para não incentivar o Espírito a permanecer na indolência.

Ninguém reencarna para passear ou tirar férias! Estamos vivendo num planeta inferior graças as nossas imperfeições. Quanto antes compreendermos essa verdade, mais cedo sairemos do ciclo das encarnações terrenas, isto é, depende somente de nós abreviar o número dessas encarnações. O Espírito que evoluiu tudo o lhe era possível na Terra não precisa mais reencarnar neste planeta, visto que não tem mais nada a aprender. Nesse estágio, ele pode continuar no plano espiritual, ajudando seus irmãos retardatários, ou ascender a mundos melhores, onde continuará sua evolução, que é infinita.

Se somos hoje o resultado da soma de todas as nossas encarnações anteriores, cada um pode se autoavaliar e saber em que estágio se encontra. Para evoluir moralmente, num mundo inferior, paga-se um preço muito alto, e é preciso ter uma persistência muito grande para não desistir. Toda evolução moral é indício de um trabalho árduo já realizado. Infelizmente, a evolução intelectual não acompanha a evolução moral. Existem os que utilizam a sua inteligência para fazer o mal, prejudicar terceiros, enganar, roubar, difamar, corromper o sistema etc. Esses, infelizmente, terão que reencarnar milhares de vezes até que possam alcançar a condição de não mais precisar encarnar num planeta inferior. As Leis do Universo são imutáveis, e a reencarnação é uma delas. São leis que se cumprem, independentemente de acreditarmos nelas ou não.

10. Evolução moral e evolução intelectual

A evolução tecnológica do planeta Terra nestes últimos 100 anos foi espantosa. Infelizmente, ela não foi acompanhada pela evolução moral. É claro que houve uma melhora, mas ela foi muito modesta. Se considerarmos que, há mais ou menos 150 anos, a escravidão era uma coisa comum e se acreditava que o negro não tinha alma, fica fácil compreender que realmente houve uma evolução. Diante disso, devemos nos perguntar: por que a evolução moral não acompanhou a evolução da inteligência? Por uma razão muito simples: para desenvolver a inteligência basta o estudo e a dedicação, mas, para desenvolver a moral, é preciso que o homem se despoje de uma série de defeitos, tais como: o egoísmo, o orgulho, a inveja, a ganância, a soberba, o ciúme e muitos outros. Extirpá-los requer um trabalho muito grande e que não pode ser realizado em apenas uma encarnação.

A Terra está passando por uma fase de transição, em que deixará de ser um planeta de *provas e expiações* para se tornar um planeta de *regeneração*, onde o bem vai predominar sobre o mal. Como a natureza não dá saltos, tudo isso vai ocorrer de forma gradativa. Assim, os Espíritos que promovem a desordem e se locupletam no mal estão sendo afastados para planetas inferiores, primitivos. Eles não vão mais reencarnar na Terra. Por outro lado, Espíritos bons, vindos de mundos mais adiantados, estão chegando na Terra para auxiliar no processo de regeneração do planeta.

E o que acontecerá com os Espíritos que forem afastados da Terra? Serão enviados para mundos que se encontram mais ou menos na idade da pedra e são povoados por Espíritos primitivos, que estão tendo as suas primeiras encarnações. Lá, os excluídos da Terra serão os aceleradores do progresso daqueles mundos, pois levarão daqui o conhecimento que adquiriram. Vão "inventar" a roda, o braço de alavanca, semear a terra, construir abrigos contra as intempéries, desenvolver equipamentos para defesa pessoal, porque a lei do mais forte predomina. Não terão tempo para praticar o mal. Deus, em Sua bondade infinita, ao invés de excluir os maus, abandonando-os à própria sorte, permite que eles sejam úteis a seus irmãos inferiores. Desse modo, eles evoluem através de um trabalho árduo num terreno inóspito.

11. Lei da Ação e Reação: o retorno do plantio

Jesus disse: *"Não se colhem uvas dos espinheiros nem figos dos abrolhos"*. Não é possível colher aquilo que não se plantou. Assim, quem planta o bem vai colher coisas boas, e quem planta o mal vai colher coisas ruins. Tudo aquilo que fazemos retorna de alguma forma. Muitas vezes, não retorna na presente encarnação, retorna numa outra, mas sempre retorna. Aqueles que possuem a ideia de que escaparam, de que ninguém viu, de que estão salvos, enganam-se redondamente, pois colherão o que plantaram.

Os políticos que roubam o dinheiro público para usarem em benefício próprio estão contraindo uma dívida enorme. Se ela não for paga nesta existência, certamente será numa outra. Muitas vezes, nos perguntamos: por que eles querem tanto dinheiro, se nem terão tempo de gastar tudo o que roubaram? O roubo, na verdade, é um vício e, como tal, precisa ser sempre renovado. Esse é o motivo pelo qual isso infelizmente acontece.

Hoje, quando encontramos um mendigo pedindo dinheiro num sinal de trânsito, podemos estar nos defrontando com um daqueles que lesaram o erário público. Entretanto, não nos cabe fazer qualquer tipo de julgamento dizendo:" se ele está nessa condição é porque merece!" Somente a Deus cabe o julgamento, e ele se materializa através de Suas leis sábias.

Jesus disse: *"Todo aquele que se eleva, será rebaixado, e todo aquele que se rebaixa, será elevado"*. Os Espíritos nos ensinam que o homem sofre aquilo que fez os outros sofrerem. Portanto, se ele humilhou, será humilhado, se roubou, será lesado, e assim por diante. A humanidade já poderia estar num nível moral bem melhor se levasse em conta a Lei de Ação e Reação. Ao saber que receberão de volta o que estão fazendo, muitos evitariam certos erros. Deixariam de colocar a culpa em Deus pelos seus infortúnios, até porque Deus não pune ninguém. É o próprio homem que se autopune ao errar acreditando que nada vai lhe acontecer. A prosperidade do mal é apenas momentânea, cedo ou tarde ele será descoberto. Aquele que não for alcançado pela lei dos homens, certamente será pela Lei de Deus.

12. Lei da Ação e Reação – os sócios

Normalmente, o homem renasce no meio onde já viveu para conviver com aqueles a quem prejudicou ou foi prejudicado. Esse é o motivo para a simpatia ou antipatia gratuita que temos por certas pessoas e que nada nesta vida pode explicar. Ora, se nos sentimos mal na presença de alguém é porque já houve entre nós uma relação que não foi boa.

Vamos exemplificar com uma pequena história: era uma vez dois sócios, no qual um enganou o outro e ficou com todo o dinheiro, colocando o colega na miséria, juntamente com toda a sua família. O que foi lesado passou por sérias dificuldades, enfrentou provações terríveis e, finalmente, sucumbiu ante a incapacidade de sair da situação que lhe foi imposta. O que lesou teve uma vida feliz e, naquela existência, ninguém ficou sabendo de nada.

Pela Lei de Ação e Reação, esses dois indivíduos se encontraram numa encarnação seguinte. Aquele que foi lesado sentia um imenso mal-estar na presença do seu ex-sócio, mas não sabia explicar o motivo. A vida lhes concede a oportunidade de serem sócios novamente. Entretanto, o primeiro continuou tendo uma desconfiança oculta que ele não sabia de onde vinha, mesmo que o antigo sócio tenha se arrependido do que fez e, no mundo dos Espíritos, tenha prometido e pedido essa nova oportunidade para mostrar que mudou e que hoje é uma pessoa honesta.

Assim funcionam as relações que a humanidade está submetida. Sempre haverá entre as criaturas a oportunidade de fazer melhor e reparar o mal que se impuseram umas às outras. Nem sempre elas conseguirão, mas o fato de não lembrarem o que aconteceu será sempre um ato de misericórdia que

Deus concede a Seus filhos. O sócio que foi roubado, caso tivesse a lembrança do que aconteceu, jamais aceitaria uma sociedade com aquele que o lesou, e a oportunidade de reparação não existiria. Seguidamente julgamos ser uma injustiça o que acontece com determinadas pessoas, mas, quando levantamos o véu que encobre as encarnações anteriores, compreendemos que não existe injustiça. O erro está em a gente acreditar que só se vive uma vida.

13. Lei da Ação e Reação – como funciona?

O homem sempre sofre as consequências de suas faltas, e não existe uma só infração à Lei de Deus que não fique sem a correspondente punição. A severidade do castigo é proporcional à gravidade da falta, e a sua duração fica subordinada ao arrependimento do culpado e ao seu retorno ao bem. Nesse caso, a duração da pena seria eterna se a permanência no mal também fosse.

Quando nos arrependemos do fundo do coração, Deus sempre nos concede a oportunidade de reparar a falta. Podemos repará-la por um sofrimento semelhante ao que impusemos aos outros ou utilizando o nosso livre-arbítrio para fazer o bem, consertando assim o mal que praticamos. Aqueles que compreendem a verdade dessa lei tratam de mudar a sua vida para melhor, procurando evitar os erros para não ter que arcar com as consequências. Se a pessoa tem consciência de que está fazendo algo de errado e que, mais cedo ou mais tarde, isso retornará para ela, a lógica mais simples manda que ela se abstenha de cometer a falta.

Jesus disse: *"Não façam aos outros aquilo que vocês não gostariam que os outros fizessem a vocês"*. Essa máxima resume de forma magistral a Lei de Causa e Efeito. Se ela fosse seguida, a humanidade estaria numa condição moral muitíssimo melhor. Aquele que conhece a lei e, ainda assim, não deixa de roubar, de trair e de prejudicar os seus semelhantes será muito mais culpado do que aquele que faz tudo isso sem conhecer a lei. Jesus também disse: *"A quem muito foi dado, muito será pedido e cobrado"*. Ora, se uma pessoa tem ciência de que a vida continua, de que vai se encontrar com seus erros e com aqueles a quem prejudicou, o mais racional é que ela se abstenha de fazer coisas erradas.

Quando a Lei da Ação e Reação ou Lei de Causa e Efeito estiver na consciência das massas, os frutos colhidos serão grandiosos. Nos mundos felizes, onde essa lei é seguida naturalmente, os que estão mais adiantados ajudam os retardatários somente pela felicidade de vê-los progredir.

14. Lei de Ação e Reação – o pedido atendido

Muitas vezes, acontecem coisas ao nosso redor que não conseguimos compreender e que nos fazem duvidar da bondade de Deus. Perguntamos se Ele realmente está sendo justo ao deixar que tais coisas aconteçam.

Havia um Espírito que, nas suas últimas três encarnações, tinha cometido suicídio. Antes de reencarnar, ele suplicou a seus benfeitores que o ajudassem, pois não queria falhar novamente e passar por todo o sofrimento que suporta aquele que comete esse ato insano. Lá pelos 9 anos esse Espírito, reencarnado, descia em alta velocidade por uma ladeira muito íngreme com sua bicicleta e, ao esbarrar numa pedra, perdeu o controle e caiu batendo com a cabeça. As pessoas que estavam por perto logo vieram socorrê-lo. Notaram que ele não mexia nem as pernas nem os braços, além de reclamar de muita dor. Logo a ambulância chegou para o atendimento e, com muito cuidado, colocaram-no numa maca seguindo todos os procedimentos que esse tipo de acidente requer. Depois de vários exames no hospital, seus pais receberam a triste notícia de que o filho iria ficar tetraplégico e que o caso era irreversível.

A primeira pergunta que a mãe do menino se fez foi: "por que logo com ele, um menino tão bom, estudioso, amoroso..." Seu pai, também inconformado, perguntava: "com tanta gente ruim por aí, como isso foi acontecer logo com o nosso filho? Uma pessoa boa, que nunca fez mal a ninguém, que sempre procurou ajudar aqueles a quem podia. Isso não é justo", dizia ele inconsolável. "Como Deus permite que uma tragédia desse tamanho aconteça? Estaria Ele descansando?" A inconformidade com o fato corroía aquela família, fazendo com que a revolta crescesse a cada dia.

Levando-se em conta apenas a presente encarnação, o desespero dos pais era compreensível. Entretanto, Deus, em Sua infinita misericórdia, não permitiu que os pais atuais tivessem acesso à lembrança de o quanto eles contribuíram para que os três suicídios se realizassem. Assim, o acidente, antes de ser uma tragédia, foi uma bênção, pois nesta encarnação, o Espírito não poderá se suicidar.

15. A DOUTRINA MATERIALISTA E A GRANDE DECEPÇÃO

Muitos acreditam que depois da morte só existe o nada. Que tudo efetivamente se acaba com ela, mas não sabem explicar de que forma isso acontece. Assim, adotam a "doutrina materialista", em que só o presente é importante e é preciso vivê-lo com a maior intensidade possível. Se não vamos levar nada deste mundo, dizem eles, a ideia é usufruir tudo aquilo que estiver ao nosso alcance enquanto estivermos por aqui.

O ensinamento de que vamos para o Céu, para o Inferno ou para o Purgatório não serve mais para colocar um freio em nossos desvarios. O medo que impunham às crianças com os horrores do Inferno, definitivamente, ficou para trás e não as detém mais como acontecia no passado. Então, o que pode servir para que as pessoas melhorem? Para que trilhem o caminho do bem? Para que se ajudem? A resposta é uma só: a conscientização! A conscientização de que a vida não termina com a morte; de que não existem penas eternas; de que não existe Céu, nem Inferno e que o Purgatório é aqui mesmo, na Terra. A conscientização de que tudo que fizermos de bom ou de mal vai retornar para nós, assim como a nossa condição, boa ou má, no mundo dos Espíritos, dependerá somente daquilo que tivermos feito em nossa passagem terrena.

Graças a Deus, muitos já possuem essa conscientização e procuram se melhorar, ou seja, errar menos. No entanto, a grande massa ainda vive tão somente para o presente: roubam, traem, drogam-se, cometem crimes, não respeitam o espaço alheio e assim por diante. Essas pessoas têm a confiança de que nada vai lhes acontecer, desde que não sejam descobertas. Entretanto, como a Justiça de Deus se cumpre, independentemente de acreditarem nela ou não, elas, ao retornarem, inevitavelmente terão que se encontrar com os seus desvarios. No mundo dos Espíritos, elas perguntarão: "por que ninguém nos avisou que seria assim?" "Por que não procuramos nos informar?" "Ah! Se nós soubéssemos, quantas coisas teríamos evitado!" "Como pudemos ser tão tolos?" Infelizmente para elas, será tarde demais! Somente restará colher os frutos daquilo que plantaram.

16. A DOUTRINA MATERIALISTA E A FALTA DE LÓGICA

O materialismo talvez seja uma das doutrinas que mais faz mal à humanidade. Ele promove o egoísmo e o orgulho, que são os maiores inimigos do progresso humano. Como uma pessoa que é egoísta e orgulhosa pode ser boa? Será que ela pensa no próximo? Se tudo é matéria, por que perder tempo com as coisas do Espírito? Entretanto, quando a realização das coisas materiais não se concretiza, advém o sofrimento.

O homem encarnado continua sendo Espírito. Assim, não faz sentido desenvolver somente o lado material como também não faria desenvolver somente o lado espiritual. As duas coisas devem andar juntas. Tanto a ciência quanto a medicina comentem um grande erro em não reconhecer o Espírito como um elemento que interfere em nossas vidas. Para o bem ou para o mal, não importa. Existem fenômenos que a ciência não consegue explicar utilizando somente as leis da matéria, mas que são facilmente explicados quando acrescentamos a eles a manifestação dos Espíritos. O mesmo acontece com a medicina, que não consegue explicar determinadas curas porque não aceita a intervenção dos Espíritos, que são uma das forças vivas da natureza.

Enquanto as doutrinas espiritualistas desestimulam o suicídio, pelo ensinamento de que a vida continua e de que ninguém morre, o materialismo, ao contrário, deixa o campo livre ao ensinar que a vida se encerra com a morte do corpo físico e que, depois disso, nada mais existe. Ora, se uma pessoa está sofrendo com um determinado problema que não consegue resolver e não vê uma saída para ele, é lógico que ela pense em se suicidar, pois é melhor entrar no nada, o quanto antes, do que continuar sofrendo.

Poderíamos perguntar: qual o sentido de aprender uma série de coisas durante uma vida inteira e levar todo o conhecimento adquirido para o nada? Se a vontade de Deus fosse essa, a passagem do homem pela Terra não teria sentido algum. Como Deus nada faz de inútil, a lógica nos indica que deve haver uma utilidade futura para esse conhecimento adquirido. Pobres criaturas humanas que preferem aprender pela dor e não pelo amor!

17. Os Espíritos no globo terrestre e suas provas

Existem por volta de 35 bilhões de Espíritos vinculados ao planeta Terra. Destes, em torno de 7 bilhões estão encarnados. Assim, para cada Espírito encarnado, existem em média 5 desencarnados. Esse é apenas um dos motivos pelos quais devemos valorizar cada encarnação. É uma oportunidade aguardada por muitos e, como a fila é grande, ela precisa ser bem aproveitada.

Alguns indivíduos perguntam: "por que precisamos viver na Terra, onde temos uma passagem tão rápida, se a verdadeira vida é a espiritual?" Porque é somente na Terra que vivenciamos determinadas experiências que são fundamentais à nossa evolução. Existem aqueles que precisam sofrer com a dor para dar valor à saúde e aos cuidados que devem dispensar ao corpo físico. Outros precisam conviver com a pobreza para desenvolver a perseverança, a fé, a luta por uma condição melhor, sem se deixar corromper. Vários são os que já conseguiram essa condição melhor, com dignidade, esforço e muito trabalho. Eles servem de exemplo aos demais. Outros, ainda, passam pela prova da riqueza, que é uma das mais perigosas, pois traz consigo o poder e a sensação de que somos melhores do que os outros. A riqueza, se bem aproveitada, é uma fonte de progresso para aquele que a possui e a compartilha com os demais.

Outra prova muito difícil é a da beleza física, uma vez que ela abre inúmeras portas que, se não forem bem trabalhadas, constituem quase sempre um fator de queda para os desprevenidos. Todas essas provas e muitas outras, como a fama, as doenças de nascença, a cegueira, a surdez, a deficiência mental etc. não podem ser vivenciadas no mundo espiritual, somente no mundo material. Todas elas ajudam o Espírito a se desenvolver, desde que aceitas com resignação e confiança em Deus.

Para que a evolução seja completa, é preciso experimentar todas as situações, por isso precisamos reencarnar várias vezes. Em cada uma temos um aprendizado diferente. O Espírito evolui tanto num plano quanto no outro, mas é somente na Terra que ele sofre com as tentações que podem levá-lo à perdição. Feliz daquele que aproveita a sua encarnação.

18. Os diversos tipos de mediunidade

A mediunidade é um atributo do nosso corpo físico. Nas pessoas comuns, o corpo astral está acoplado ao corpo físico. Nos médiuns, esse acoplamento é mais fraco, o que permite que ele possa se expandir e entrar em contato mais facilmente com o plano espiritual. Normalmente, o Espírito solicita a mediunidade antes de reencarnar e assume o compromisso de trabalhar com ela para auxiliar na cura dos que necessitam, dentro de suas possibilidades.

A mediunidade pode ser utilizada de várias maneiras no auxílio daqueles que sofrem, tanto encarnados quanto desencarnados. Existem vários tipos de mediunidade, e cada uma delas cumpre um papel específico. Os médiuns que dão passagem a Espíritos sofredores, que estão obsidiando uma determinada criatura, nos dão a possibilidade de conversar com eles no sentido de esclarecê-los e fazer com que procurem uma situação melhor dentro do plano espiritual, abandonando assim a sua vítima. Outros médiuns recebem mensagens, por intermédio da psicografia, de entes queridos que desencarnaram, o que alivia em muito o sofrimento dos que vão em busca desse tipo de contato.

A mediunidade mecânica, aquela em que o Espírito segura, por assim dizer, a mão do médium, fazendo com que ele escreva sem ter a menor consciência do que escreve, é muito rara, e hoje quase não dispomos mais desse tipo de médium. Chico Xavier foi um dos maiores exemplos da mediunidade mecânica. Ele só tinha acesso ao conteúdo depois que lia o que havia escrito. Essa mediunidade é a que menos se presta à enganação por parte do médium, pois ele não tem domínio sobre o que escreve, por isso ela é tão valiosa.

A mediunidade em que o médium sintoniza com a mente do Espírito e escreve aquilo que ele dita pode ser contestada, pois sempre haverá a interferência do médium naquilo que o Espírito quis transmitir, mesmo que de forma inconsciente. Quanto menor for essa interferência, mais desenvolvido é o médium. Alguns centros espíritas, de forma muito equivocada, recomendam que a pessoa desenvolva a sua mediunidade, mas ninguém pode desenvolver aquilo que não possui. *Mediunidade não se desenvolve, se educa, se aperfeiçoa!*

19. Mediunidade é missão, e não privilégio

De um modo geral, pode-se dizer que todos somos médiuns, uma vez que sofremos a interferência dos Espíritos em nosso dia a dia. Kardec utilizou essa palavra para designar somente aqueles que possuem a mediunidade ostensiva.

A faculdade mediúnica nasce com a pessoa, pois ela é orgânica, ou seja, faz parte do nosso organismo. Desse modo, quanto antes os pais reconhecerem a sua manifestação nos filhos, mais cedo poderão ajudá-los. É preciso esclarecer que a mediunidade não é uma doença, ao contrário do que muitos dizem. Ela é, antes de tudo, uma ferramenta cuja finalidade será sempre a de auxiliar os que dela necessitam.

A mediunidade é uma missão, é um compromisso que o Espírito assume antes de reencarnar. É uma forma que Deus lhe concede de equilibrar os erros que cometeu no passado, desde que aproveite sua faculdade para servir os menos aquinhoados. É preciso ter muita persistência e dedicação, caso contrário, o médium sucumbe, pois o assédio dos maus Espíritos é uma constante em suas vidas. A mediunidade nunca deve ser utilizada em benefício próprio, para ganhar dinheiro, como muitos fazem. Por ser uma faculdade instável, ela não está sempre a nossa disposição e pode nos faltar quando mais precisarmos. Não existe nenhum médium no mundo que possa garantir a manifestação de um Espírito num determinado momento. Portanto, explorar a mediunidade é fazer uso de algo sobre o qual não se tem domínio. Afirmar o contrário é enganar aquele que paga. Ela apenas existe com a participação dos Espíritos, pois, sem eles, não há mediunidade.

A mediunidade não é um privilégio, como muitos pensam, visto que ela é dada tanto aos ricos quanto aos pobres, tanto aos poderosos quanto às pessoas comuns. Essa disseminação da mediunidade é para que todos possam ter contato com seus entes queridos que desencarnaram, quando isso for permitido, e ter a certeza de que eles efetivamente não morreram. É uma forma de desmistificar o intercâmbio que existe entre o plano material e o plano espiritual, mostrando que um é tão somente a continuação do outro.

20. A MEDIUNIDADE E OS TRABALHOS PAGOS

Jesus quando disse *"Dar de graça o que de graça se recebe"*, estava se referindo à mediunidade. Todo aquele que tem mediunidade deve trabalhar com ela gratuitamente, curando os doentes e afastando os maus Espíritos. Jesus recomenda não cobrar por aquilo que não se pagou.

Assim, fica fácil compreender que aquele que utiliza sua mediunidade para ganhar dinheiro – como fazem alguns pais de santo, feiticeiros, curandeiros etc. – está comprometendo em muito a sua encarnação. Hoje em dia há muitas ofertas de trabalhos para abrir caminhos, trazer a pessoa amada de volta, desfazer uniões, conseguir promoções, prejudicar desafetos, fechar o corpo e assim por diante. Por essa razão, é bom lembrar que os bons Espíritos não trabalham por dinheiro e só auxiliam os que realmente praticam a caridade sem nenhum interesse. Quando o dinheiro entra, eles se afastam e deixam o campo livre para os Espíritos inferiores, que não têm compromisso com a verdade e muito menos com a melhora ou a cura de quem quer que seja.

O trabalho pago, além de não resolver, ainda deixa o corpo astral daquele que procura esse tipo de solução envolto numa energia muito negativa. Essa energia, com o tempo, vai deixando a pessoa doente, e tudo na vida dela começa a dar errado. Infelizmente, o número daqueles que pagam por esses trabalhos ainda é muito grande. Como ele precisa ser renovado para que funcione, o dinheiro gasto não é pouco. Depois de algum tempo, percebendo que não obtiveram o resultado esperado, as pessoas simplesmente se afastam, mas, aí, já é tarde demais, porque os Espíritos inferiores continuam acompanhando aqueles que foram em busca desse tipo de solução. Suas vidas se transformam num verdadeiro inferno.

A verdadeira mediunidade requer médiuns sérios, comprometidos com a sua boa utilização. Ela não pode ser utilizada para ganhar dinheiro, sob pretexto algum. Se Deus não cobra pelos benefícios que concede, se Jesus, o nosso guia e modelo, não cobrou por nenhuma cura que realizou, como alguém pode querer fazê-lo? Portanto, afastem-se daqueles que cobram, pois eles decididamente não estão acompanhados pelos bons Espíritos.

21. O QUE É OBSESSÃO?

Obsessão é a perseguição de um Espírito desencarnado sobre uma pessoa. Muitos sofrem as suas consequências, mas nem desconfiam. A psiquiatria, além de não acreditar que ela existe, ainda atribui uma parte de seus efeitos a inúmeras outras causas, como a bipolaridade, a doença do pânico, a depressão, o déficit de atenção, a hiperatividade, o toque etc. Os Espíritos obsessores potencializam todos esses diagnósticos, porque a obsessão é muito mais comum do que se imagina.

Na obsessão simples, o Espírito age sobre a sua vítima fazendo com que ela aceite a sua sugestão através do pensamento. A pessoa obsidiada começa então a obedecer a ordem mental do Espírito obsessor sem se dar conta. Recebe toda a carga do fluido negativo que lhe é imposto. Normalmente, o obsessor de hoje é alguém que foi prejudicado pela vítima numa existência anterior. O obsediado reencarnou, mas o obsessor não, e ele se aproveita do fato de estar invisível para exercer a sua vingança.

Nas obsessões complexas, o caso é muito mais grave, pois a pessoa prejudicou a muitos e sofre agora a vingança, não de um, mas de vários Espíritos. Somente num Centro Espírita sério é possível tratar esse tipo de transtorno. Muitos, por não acreditarem em Espíritos e muito menos na possibilidade da obsessão, submetem-se a tratamentos intermináveis com medicação controlada, pouco conseguindo no sentido de amenizar suas angústias e seus sofrimentos. Se o problema é de ordem espiritual, não adianta tratar o somente o corpo físico.

É claro que nem todos os distúrbios mentais têm como causa a obsessão. A química cerebral, as sinapses e o equilíbrio entre os neurotransmissores são fundamentais. A medicina daria um passo importantíssimo se, juntamente com a medicação controlada, abrisse as portas para estudar o problema da obsessão com a seriedade que ele merece. Na maioria das vezes, com um ou dois atendimentos, num Centro Espírita sério, se consegue mais do que em anos de tratamento convencional. Dizer que isso é bobagem, que não existe, não resolve o problema. Os Espíritos estão aí e interferem na nossa vida muito mais do que gostaríamos. Ao negá-los, admitimos que depois da morte só resta o nada.

22. A OBSESSÃO E A VINGANÇA

Quais os principais motivos para que ocorra a obsessão? Os motivos que levam os Espíritos desencarnados a obsediar uma pessoa são inúmeros, mas o principal deles é, sem dúvida, o de *exercer uma vingança*. As traições mais comuns acontecem entre marido e mulher, sócios, patrão e empregado, amigos, parentes próximos e assim por diante. O problema se materializa quando aquele que foi lesado não consegue perdoar quem traiu sua confiança. Como não é possível que todos os Espíritos reencarnem ao mesmo tempo, uns retornam, enquanto outros aguardam, no plano espiritual, a sua vez.

Então, como os desencarnados conseguem encontrar seus inimigos para obsediá-los? O ódio que liga as criaturas que cometeram traição, umas contra outras, pode ser de tanta intensidade que atravessa, às vezes, mais de uma encarnação. O sentimento de culpa daquele que prejudicou é tanto que, mesmo de forma inconsciente, ele serve de endereço vibratório para que o obsessor encontre seu desafeto onde ele estiver. Nesse caso, o poder da mente exerce um papel que os homens ainda estão longe de compreender.

A pessoa que nesta encarnação é vítima da obsessão foi algoz na encarnação passada, ou seja, foi ela quem traiu. Colhe agora os frutos da árvore que plantou. O problema é que ela não se lembra do que fez e, assim, sente-se vítima, pois está sofrendo a perseguição de um Espírito desencarnado. No processo da obsessão, todos saem perdendo. Aquele que a exerce poderia estar utilizando seu tempo no plano espiritual para evoluir, para aprender coisas que lhe seriam úteis na próxima encarnação. Já aquele que sofre a obsessão tem sua vida desvirtuada pela interferência nefasta do ódio que lhe é imposto pela mente do Espírito obsessor.

A vingança sempre será um ato que faz com que o ódio cresça ao invés de diminuir. Numa encarnação somos a vítima, na outra, somos o algoz, e assim o tempo vai passando e estacionamos em matéria de crescimento moral. Somente o entendimento de que não vale a pena pode mudar a situação.

23. AS DIVERSAS CAUSAS DA OBSESSÃO

Não é somente a vingança que leva os Espíritos a obsediar alguém. Aqueles que desencarnaram com vícios, sejam eles de que espécie for, procuram saciá-los juntando-se aos encarnados que possuem o mesmo tipo de vício. Esse processo é praticamente desconhecido da grande maioria das pessoas e, no meio espírita, é conhecido como vampirismo. Uma parcela das emanações fluídicas do cigarro, do álcool, das drogas em geral, do sexo desregrado, dos jogos de azar desloca-se para o plano espiritual. É justamente essa parcela da emanação fluídica que os Espíritos utilizam para saciar, em parte, seus vícios, uma vez que lá não existe nada disso.

Ocorre uma verdadeira simbiose entre a pessoa viciada e o Espírito que a está obsediando. É comum eles induzirem o viciado a continuar consumindo as drogas, participando das orgias, dos jogos de azar etc. A presença desses Espíritos contribui em muito para que as pessoas não consigam abandonar seus vícios com facilidade. É como se tivéssemos um inimigo invisível sempre a gritar em nossos ouvidos: "vamos lá, cheira mais um pouco"; "estou com vontade de fumar um cigarro"; "vamos jogar, sua sorte vai mudar, não desiste"; "quero participar de novo daquela orgia, estava ótima". Com esse assédio persistente, os viciados precisam de muita força de vontade para não aderir ao convite.

Quando alguém consegue abandonar um vício, como fica o Espírito obsessor? Ele se afasta e vai procurar outro que goste das mesmas coisas e com o qual tenha afinidade. Se no tratamento dos vícios os Espíritos fossem levados em consideração, certamente os resultados seriam bem mais animadores.

Temos ainda um outro tipo de obsessão que é muito comum. Ele ocorre quando um Espírito desvitalizado se aproxima de uma pessoa e, por afinidade, permanece a seu lado. Ele percebe que, quando se afasta, sente-se fraco e, quando se aproxima, sente-se melhor. Na verdade, ele está sugando, de forma inconsciente, a energia vital dessa pessoa que, com o tempo, tem a impressão de estar carregando o mundo nas costas. São aquelas criaturas que já acordam cansadas mesmo tendo dormido a noite toda e não encontram uma explicação razoável para o fato.

24. Obsessão entre encarnados e auto-obsessão

Não são somente os Espíritos os responsáveis pela obsessão, uma vez que ela ocorre também entre os encarnados. São aquelas criaturas que reivindicam para si a posse dos filhos, dos subalternos, dos amigos e assim por diante.

Quem não conhece, por exemplo, aquela mãe ou aquele pai supercuidadoso que, na ânsia de proteger seus filhos, não permitem que eles se exponham às dificuldades comuns da vida, como se essa proteção pudesse durar para sempre. Colocam os filhos numa bolha artificial e fazem com que eles vivam uma vida também artificial, tornando-se pessoas inseguras, sem iniciativa e totalmente dependentes. É o que podemos chamar de obsessão entre encarnados.

O problema surge quando os pais faltam e os filhos tornam-se um peso para a sociedade, visto que precisam encarar a vida verdadeira, sem a ilusão que lhes foi imposta. Todo pai e toda mãe deveria saber que os filhos não lhes pertencem, que eles foram criados para o mundo, pois são Espíritos livres e que precisam evoluir. A missão dos pais é dar condições aos filhos para que eles sigam o seu destino, nada mais lhes será pedido. São inúmeros os casos que já foram atendidos em nosso grupo de trabalho.

Nesse tipo de obsessão, podemos adicionar os sentimentos de inveja, mágoa, raiva, ódio, rancor, vingança etc. É a capacidade que um indivíduo tem de dominar mentalmente aquele que escolhe como vítima.

Outro tipo grave de obsessão, talvez o pior de todos, é a auto-obsessão. Ela se manifesta quando a própria pessoa começa a criar problemas que não existem e atribui tudo aos Espíritos. Basta um atendimento para perceber que não existem Espíritos com ela. Seu Espírito é que é o seu próprio obsessor. Esses são, sem dúvida, os casos mais difíceis de serem tratados. Primeiro, porque a pessoa não aceita o diagnóstico de que não existem Espíritos obsessores que precisem ser afastados. Segundo, porque não temos o que fazer, uma vez que não podemos afastar o seu próprio Espírito! Assim, sempre solicitamos que a pessoa procure um profissional da área, ou seja, um psicólogo ou um psiquiatra.

A obsessão, independentemente de como ela se manifesta, pode ser considerada o mal do século. Todo forma de subjugação deve ser evitada, pois causa atraso na vida de quem a exerce. Se cada um cuidasse da sua própria vida estaria fazendo um bem enorme para si e para a humanidade.

25. Os milagres

Muitos entendem que o milagre é um fato sobrenatural, uma revogação das Leis da Natureza, por meio da qual Deus manifesta o Seu poder. Uma das características do milagre é o fato de ele não poder ser explicado. Mas será que Deus precisa revogar as Leis da Natureza para demonstrar Seu poder? A resposta parece óbvia: claro que não! Sendo assim, somos obrigados a concluir que os *milagres não existem*, o que existe são manifestações que estão sob o comando de leis que ainda não são conhecidas pela grande maioria.

Os Espíritos são uma das forças vivas da natureza e atuam incessantemente em conjunto com a força material, que são os homens. Os fenômenos daí resultantes entram no círculo dos efeitos naturais, porque, como os outros, esses fenômenos também obedecem a leis específicas.

Então, desde que os Espíritos existem na natureza e as manifestações ocorrem obedecendo a certas leis, nada há de sobrenatural ou de maravilhoso. Os fenômenos espíritas se produziram em todos os tempos, mas, pelo fato de a ciência comum não poder explicá-los, utilizando somente as leis que regem a matéria, eles ficaram mais tempo do que os outros no domínio do sobrenatural, de onde a Doutrina Espírita vem agora retirá-los.

Os supostos milagres foram utilizados na Antiguidade como uma forma de dominar as mentes fracas e crédulas. Ainda hoje existem muitas pessoas que acreditam em milagres e se submetem às coisas mais incríveis para obtê-los. Dizem que para Deus nada é impossível, mas será que Deus se prestaria a criar leis para justificar os milagres? Se Ele precisasse fazer isso, deixaria de ser Deus! Muitos fazem promessas absurdas, na ânsia de obter um milagre. Deus nunca vinculou o atendimento de uma graça ao cumprimento de uma promessa. Isso seria rebaixá-Lo ao nível do próprio homem.

O Criador sempre atenderá nossas súplicas, desde que elas venham em nosso benefício, caso contrário, elas não serão atendidas, e não existirá promessa alguma que O fará mudar de ideia! Acreditar em milagres é querer que a natureza se curve aos caprichos humanos.

26. OS SANTOS

Quem são os santos? São Espíritos que viveram na Terra, como nós, e que fizeram mais o bem do que o mal. Então, por que eles são venerados e adorados? Pela tradição e porque a maioria das pessoas não se pergunta como alguém pode chegar à condição de santo e lá permanecer eternamente.

São Jorge, por exemplo, também conhecido como Jorge da Capadócia (Turquia), foi, conforme a tradição, um soldado romano do exército do imperador Diocleciano. Ele se apresenta montado num cavalo, com sua lança, matando o dragão. É, sem dúvida, um dos santos mais venerados. A capa vermelha de São Jorge representa o seu martírio, pois ele foi decapitado por não ter renegado a sua fé em Jesus Cristo.

Ao retornar para o mundo espiritual, ele tornou-se um Espírito desencarnado como outro qualquer, com suas qualidades e defeitos. Certamente ainda precisará reencarnar várias vezes para continuar sua evolução. E quanto as graças que muitos dizem ter recebido dele, como ficam? Quando pedimos algo a qualquer santo, na verdade, estamos direcionando a nossa fé e fixando-a na figura do santo. Os Espíritos superiores, com a permissão de Deus, atendem e concedem a graça, se ela for passível de ser realizada e vier em benefício daquele que pede. Eles não estão preocupados a qual santo a graça será atribuída. Os Espíritos superiores trabalham para Deus, para o bem, e não se importam com as crenças terrenas.

Todos os santos mais antigos retornaram à Terra várias vezes e continuam sendo venerados como se fossem eternos, como se não precisassem mais evoluir através das diversas encarnações. Assim, pode acontecer de um santo reencarnado pedir uma graça para ele mesmo, sem saber que aquele santo foi uma de suas encarnações anteriores.

O santo só pode ser canonizado pelo Papa depois de ele ter realizado pelo menos um milagre. Além de os milagres não existirem, será que Deus daria a alguém a autoridade para decretar quem pode ou não ser santo? Quem ousaria receber essa missão? Um simples pensamento lógico nos indica que não pode ser assim!

Então, se os santos não existem, por que eles têm tantos devotos a adorá-los? Não seria uma pretensão querer bani-los do nosso convívio? É preciso entender que os santos são pessoas comuns que em sua passagem pela Terra fizeram coisas boas, que ajudaram muitos, enfim, foram criaturas realmente diferenciadas. Entretanto, não revogaram as Leis da Natureza fazendo milagres.

A humanidade ainda precisa de um ponto de apoio, de uma referência, de algo onde possa colocar suas esperanças. Como Deus é um ser abstrato, que ainda está muito longe da nossa capacidade de compreensão, os santos, que estão mais próximos, são utilizados como intermediários para receber a fé de seus devotos.

Os Espíritos superiores, encarregados de atender as súplicas daqueles que têm fé e pedem ajuda com fervor, preferem ficar no anonimato. Seria mais ou menos como uma criança que, ao receber um presente, agradece ao Papai Noel, mesmo que não tenha sido ele o responsável. Os pais, que deram o presente, não se importam, pois o que conta é a felicidade da criança.

Aqui, é muito importante fazer uma distinção entre aqueles que têm fé no seu santo predileto e lhe fazem pedidos daqueles que não acreditam em nada e consideram tudo isso uma tolice. Sempre será preferível acreditar em alguém superior a nós, porque isso é sinal de uma certa espiritualidade, que com o tempo irá se aprimorar.

Mesmo não sendo os santos os que atendem aos pedidos dos homens, ainda assim eles continuarão a ser venerados, porque a fé que as massas depositam neles é muito grande. Aqueles que são tidos como santos na Terra têm a plena consciência de que não são. Eles sabem que ainda precisarão reencarnar muitas vezes para continuar sua evolução. Infelizmente, transformaram a boa-fé das pessoas num comércio muito lucrativo, por intermédio da venda de santinhos, estátuas, medalhas, velas e inúmeros artigos de cunho religioso, além das procissões que arrastam milhares de fiéis.

27. A CONFISSÃO DOS PECADOS

Será que é necessário alguém confessar seus pecados a um padre para que ele os perdoe? Quem lhe deu essa prerrogativa? Será que ele também não comete pecados? O pecado é um erro que todos cometemos e que só cabe a nós evitá-lo. O arrependimento dos pecados é um ato individual e deve partir do coração daquele que pecou.

Se um padre tivesse o poder de perdoar os nossos pecados, tudo seria muito fácil, pois bastaria a confissão e o problema estaria resolvido. O pecador estaria pronto para cometer novos pecados, com a certeza de que receberia o perdão, e assim seria indefinidamente. A simples lógica indica que não pode ser razoável obter o perdão dos pecados dessa maneira.

Os padres são pessoas como nós, que cometem erros e acertos. Eles também precisam da misericórdia divina para suas deficiências. O fato de possuírem uma grande cultura, uma vez que estudam muito, deveria ajudá-los a compreender que eles não têm essa prerrogativa. No fundo, eles até sabem disso, mas não conseguem sair do jugo da Igreja, que se arrasta por séculos. Preferem manter o *status quo*, ficarem na zona de conforto, a se rebelarem contra uma prática que está incorporada e é aceita pelos fiéis.

A Igreja Católica prefere perder seus fiéis para outras religiões, como vem acontecendo, a mudar seus procedimentos. A confissão dos pecados, além de não resolver o problema, ainda estimula as pessoas a continuarem transgredindo. O pecador deve explicações somente a sua própria consciência, pois é ela quem o acusa e, enquanto o mal não for reparado, ela não lhe dará tréguas. A quantidade de Pai-Nossos e Ave-Marias rezados de nada adiantará se a mudança interna não ocorrer. Assim, cumprir a penitência é apenas uma manifestação exterior que não produz qualquer efeito, pois só existe mérito se o perdão vier do fundo do coração, e isso nenhum padre poderá fazer por nós.

Confesso que nunca me senti perdoado por confessar meus pecados a um padre. É uma situação incômoda e constrangedora, tanto para quem se expõe quanto para quem ouve. Os católicos, quando retornam ao mundo espiritual, logo descobrem que não é possível obter o perdão dos pecados por um padre. Do outro lado da vida, a verdade aparece límpida e cristalina, pois o véu da matéria se dissipa. Não se pode enganar a muitos por muito tempo!

28. Um grão de areia

O planeta Terra, no qual vivemos, pode ser considerado um grão de areia se comparado ao Universo. O número de galáxias, sóis e planetas é incalculável. A ideia do infinito é algo difícil de compreender. Como pode alguma coisa não ter início nem fim? Se pudéssemos chegar ao fim do Universo, viria sempre a pergunta: e o que tem depois? E a resposta, por mais criativa que fosse a nossa imaginação, seria: nada! Mas o nada não existe! E aí voltamos à ideia do infinito!

Por que então Deus colocaria vida somente num grão de areia, deixando todos os outros planetas sem habitantes? A lógica mais simples diz que isso é impossível. O homem tem a tendência de julgar todas as coisas, tomando como ponto de referência a vida humana. Os cientistas dizem que um planeta só pode ter vida se as condições forem iguais às da Terra. Quem nos garante que em outros lugares o elemento indispensável à vida não é o hidrogênio ao invés do oxigênio? Quem pode afirmar que não existe um outro gás responsável pela vida e que ainda nos é desconhecido?

A própria Terra nos traz vários exemplos dessa diversidade, senão vejamos: o peixe vive na água, se sair, ele morre. O homem precisa do ar para viver, se for colocado na água, ele também morre. As bactérias anaeróbicas morrem na presença do oxigênio, as minhocas vivem dentro da terra, o sapo vive no banhado insalubre e assim por diante. Vejam que, mesmo na Terra, nem todos precisam do oxigênio para viver, por que no Universo seria diferente?

O homem tem uma percepção muito limitada, e a prova disso é que ele ainda não consegue compreender quem seja Deus. Como alguém pode existir desde toda a eternidade? Quem O criou? Como Ele pode se criar sozinho? Antes Dele, o Universo já existia? A impossibilidade de responder essas perguntas nos mostra o atual estágio da nossa evolução. A Terra é um mundo de *provas e expiações* que está em plena transição para um mundo de *regeneração*, onde o bem vai predominar. Por que então o homem se julga tão importante? Porque o orgulho e a vaidade o levam a pensar que ele é maior do que realmente é!

29. "Ninguém pode ver o reino de Deus se não nascer de novo"

Quando Jesus disse *"ninguém pode ver o reino de Deus se não nascer de novo"*, estava se referindo à reencarnação. No entanto, naquela época, era muito difícil aos homens compreenderem o que era e como acontecia a reencarnação. Até hoje, muitos não a compreendem e não acreditam que ela exista!

O Reino de Deus, a que Jesus se refere, não é um lugar circunscrito, delimitado, onde se pode entrar e sair. É antes um estado de espírito, um sentimento de felicidade plena, uma vibração que só os Espíritos puros podem sentir. Aqui na Terra, ainda não temos a condição de experimentar essa vibração sublime. Poderíamos dizer também que o Reino de Deus representa uma evolução espiritual a ser alcançada. Somente nascendo de novo, ou seja, reencarnando várias vezes, nos é possível conseguir essa evolução. A cada existência vamos nos melhorando um pouco e trocando defeitos por virtudes. O caminho é lento e progressivo, e o destino é o mesmo para todos os Espíritos.

As qualidades superiores da alma só podem ser adquiridas com muito esforço e dedicação. A prática da caridade desinteressada é um dos estágios mais importantes a ser alcançado pela alma. É preciso ter um coração puro, sem o menor apego às coisas materiais, além de um sentimento de amor ao próximo que ainda não possuímos. Parece óbvio que adquirir todas essas qualidades em uma única encarnação é impossível a qualquer pessoa. Qualquer sentimento menor, tais como o egoísmo, o orgulho, a inveja, o ciúmes, entre outros, veda a entrada no Reino de Deus.

Naquela época, Jesus não poderia explicar isso aos seus contemporâneos porque eles não iriam compreender. Nicodemos, que era senador dos judeus, perguntou a Jesus: *"Como pode nascer um homem que já está velho? Como esse homem pode entrar no ventre de sua mãe para nascer uma segunda vez?"* Só por essas perguntas já se pode ter uma ideia da dificuldade de Jesus em aprofundar o ensinamento. Desse modo, ele se limitou a dizer que era preciso nascer de novo, mas não disse como nem quantas vezes, pois sabia que o caminho, além de longo, era árduo e requeria muita força de vontade!

30. O esquecimento do passado

Por que ao reencarnar não nos lembramos do passado? Por que temos que sofrer por coisas que fizemos e não nos recordamos? Onde está a lógica disso tudo? Na verdade, o Espírito não precisa se lembrar de suas vidas anteriores para tirar proveito das experiências adquiridas. Se Deus achou conveniente lançar um véu sobre o passado, é porque isso deve ter alguma utilidade.

Normalmente, o Espírito renasce no meio onde já viveu e mantém relações com as mesmas pessoas a fim de reparar o mal que a elas tenha feito ou sofrido. Se odiamos alguém numa vida passada, pelo mal que ele nos fez, como poderíamos conviver naturalmente com essa pessoa se ela fosse hoje nosso filho ou nosso pai, por exemplo? Seria muito difícil.

Se vivemos num planeta inferior, como a Terra, é porque ainda não merecemos coisa melhor. Isso indica que certamente cometemos muitos erros em existências anteriores, e Deus, em Sua sabedoria, não permite que nos lembremos desses erros que só nos causariam tristezas e não deixariam que tivéssemos uma vida normal. Trazemos, ao nascer, as experiências adquiridas nas encarnações anteriores e, a cada existência, temos sempre um novo ponto de partida. Pouco importa saber quem fomos ou o que fizemos. Se estamos colhendo frutos amargos é porque não fizemos coisas boas.

As más tendências de hoje indicam o tipo de fraqueza que nos induziu ao erro. É nelas que devemos concentrar toda nossa atenção. Os defeitos que já foram corrigidos não se manifestam nas encarnações seguintes. O esquecimento das vidas anteriores ocorre somente durante o período em que o Espírito está encarnado. Ao retornar para o plano espiritual, ele readquire gradualmente as lembranças do passado. Assim, podemos dizer que o esquecimento é apenas temporário. Na verdade, o Espírito nunca esquece, pois quando o corpo dorme, ele desfruta de certa liberdade que lhe permite saber por que está sofrendo e ter a consciência de que esse sofrimento é justo. Ao acordar no corpo físico, essa lembrança se apaga para não prejudicar suas relações sociais do dia a dia.

31. Por que é preciso esquecer o passado?

Todos nós, encarnados na Terra, fizemos e sofremos muitas maldades. Fizemos coisas que hoje nos deixariam estarrecidos e quase não acreditaríamos ter sido o seu autor. Como poderíamos viver uma vida normal lembrando-nos das atrocidades que já cometemos? Seria simplesmente impossível! Não teríamos um minuto sequer de paz!

Uma vez que o Espírito vai evoluindo através das encarnações, não é necessário que ele tenha a lembrança dos desvarios que cometeu. Eles não melhorariam em nada a sua existência atual e seriam sempre uma lembrança da qual gostariam de se livrar. Deus, conhecendo essa limitação humana, concede aos homens a graça do esquecimento. Assim, cada existência representa para eles um recomeço do ponto zero.

Ao reencarnar, o Espírito traz consigo tudo o que aprendeu em suas existências anteriores, mesmo que não se lembre. As crianças que, em tenra idade, tocam piano com uma facilidade incrível, deixando todos admirados, constituem uma prova do que estamos falando. Na verdade, elas foram exímios músicos em encarnações anteriores e estão agora apenas relembrando aquilo que sabiam. Isso vale para todos os ramos da ciência, tais como a matemática, a física, a química e todas as manifestações artísticas.

Na maioria das vezes, esses atributos permanecem bloqueados para que o Espírito possa desenvolver novas aptidões, porque, se não fosse assim, ele só continuaria fazendo aquilo que gosta e sabe. Para que possa atingir o estado de Espírito puro, a evolução deve ser integral, deve abranger todas as áreas do conhecimento humano, e não somente algumas.

Com o esquecimento do passado, tudo é novo para aquele que reencarna. Todas as matérias devem merecer a sua atenção, o seu esforço e a sua dedicação. Como Deus não dá privilégios a ninguém, é somente pelo trabalho árduo que os Espíritos evoluem. Os que sabem um pouco mais tem a sagrada missão de ajudar os retardatários, para que esses também evoluam. Todos nós, sem exceção, já fomos e ainda seremos muito ajudados.

32. Os grandes gênios e suas escolhas

Todos os grandes gênios que reencarnaram na Terra são Espíritos mais antigos ou que provêm de outros planetas mais adiantados que o nosso. Eles vêm para realizar determinadas missões que ajudarão a humanidade em sua caminhada. Em todos os tempos, esses Espíritos mais evoluídos estiveram presentes entre nós. Eles estão num nível intelectual muito superior ao nosso, o que não significa que moralmente também estejam.

Na realidade, eles reencarnam trazendo o conhecimento daquilo que vêm "descobrir", assim, se não fossem eles, o homem comum certamente levaria séculos para atingir o nível que esses Espíritos mais adiantados já se encontram. São Espíritos privilegiados? Claro que não! Deus não concede privilégio a ninguém. Eles são mais antigos e fizeram a sua evolução em outros mundos mais evoluídos, por meio de muito estudo, trabalho e dedicação.

Na verdade, as grandes descobertas já existem no mundo espiritual e são trazidas para a Terra por meio desses Espíritos abnegados, que se dispõem a descer para cumprir essa missão. Por estarem muito à frente do nosso tempo, eles normalmente possuem um comportamento excêntrico, e a convivência com o homem comum torna-se muito difícil.

Ao reencarnar, eles também se esquecem, mas, aos poucos, a intuição do que vieram fazer vai se manifestando. Infelizmente, muitos que vieram para fazer boas obras se perdem pelo orgulho e pela vaidade e acabam utilizando seu conhecimento para construir artefatos de guerra, como bombas, mísseis, metralhadoras, armas químicas, carros de combate e assim por diante.

Um Espírito que utiliza a sua inteligência para projetar um míssil teleguiado, por exemplo, que em segundos destruirá o que vários homens levaram anos para construir, precisa ser contido. Portanto, de acordo com a Lei de Causa e Efeito, ele terá várias encarnações como deficiente mental, para que não possa continuar utilizando sua inteligência em prejuízo dos outros. Serão encarnações sofridas, mas necessárias. Enquanto uns evoluem realizando boas obras, outros preferem fazê-lo pelo sofrimento.

33. OS GRANDES GÊNIOS E SUAS CONTRIBUIÇÕES PARA A HUMANIDADE

As grandes descobertas da humanidade sempre tiveram como protagonistas Espíritos especiais que já tinham o conhecimento do que viriam fazer. Como alguém como Isaac Newton pôde criar, do nada, o cálculo integral e diferencial no longínquo ano de 1666? Ele não se baseou em literatura alguma ou em qualquer trabalho anterior preexistente. E como Leibniz desenvolveu o cálculo integral e diferencial, dez anos mais tarde, em 1676, com uma simbologia diferente da utilizada por Newton e sem conhecer seu trabalho? Até hoje são poucas as pessoas que dominam esse tipo de cálculo, pois, além de ser muito difícil, requer muito estudo e dedicação para ser bem compreendido.

O que dizer de Einstein com a sua Teoria da Relatividade, mostrando que o tempo não é percebido da mesma forma por todos e que ele depende do referencial de onde está sendo observado; que a luz sofre uma atração gravitacional, distorcendo sua trajetória quando passa por um corpo celeste de grande massa; que os buracos negros são objetos extremamente densos e que nem mesmo a luz consegue escapar. Isso acontece porque a velocidade da luz é inferior à velocidade necessária para escapar da atração gravitacional desses corpos celestes; que ninguém pode viajar numa velocidade superior à da luz. Estas e outras tantas descobertas mudaram para sempre a vida da humanidade.

Somente a doutrina da encarnação e da preexistência da alma pode explicar a passagem desses gênios pela Terra, não existe outra possibilidade. Eles certamente vêm de orbes mais adiantados e trazem o conhecimento para ser materializado entre nós. Um homem comum levaria milênios para chegar onde Newton estava em 1666 e Einstein em 1905. E o mais certo é que talvez nem chegue.

Esses gênios constituem apenas dois exemplos de como esses Espíritos são importantes. Existem milhares deles espalhados pelos quatro cantos da Terra atuando em todos os níveis da sociedade e em todos os ramos do conhecimento humano.

34. Os anjos

Quem são os anjos? Os anjos ou os Espíritos puros são as almas dos homens que atingiram o grau máximo de progresso que a criatura pode atingir na Terra. Os Espíritos são criados simples e ignorantes, ou melhor, sem o conhecimento do bem e do mal, mas possuem a aptidão para adquirir, pelo trabalho, tudo o que lhes falta. O *objetivo* de todo Espírito é alcançar a *perfeição*. O tempo para que isso aconteça vai depender somente dos seus esforços e do bom uso que fará do seu livre-arbítrio.

Deus não dá privilégios a uns em detrimento de outros, por isso todos têm os mesmos degraus a percorrer e o mesmo trabalho a realizar. Todos são Seus filhos e, por ser justo, não tem preferência por nenhum. Então, podemos dizer que o destino do homem é um dia ser anjo? Sim, com toda certeza.

Antes de atingir o grau supremo, a alma só pode desfrutar de uma felicidade relativa, que é diretamente proporcional ao seu adiantamento. Essa felicidade não está na ociosidade, e sim nas tarefas que realiza segundo a vontade de Deus. A alma sente-se feliz em ser útil, pois essas tarefas representam para ela um meio de progresso.

Muito antes de a Terra existir já havia outros mundos, nos quais Espíritos encarnados percorreram as mesmas fases que estamos percorrendo hoje. Portanto, desde toda a eternidade existem Espíritos puros ou anjos, mas como a existência humana deles ocorreu num passado muito distante, temos a impressão de que eles sempre foram anjos, o que não é verdade.

Assim, Deus não precisa criar seres privilegiados, isentos de obrigações e com poderes que os homens comuns não têm. Tudo é uma questão de evolução e merecimento. Todos os Espíritos conquistaram suas posições através do trabalho e do mérito. Deus estaria sendo injusto se desse aos anjos um lugar privilegiado na Criação. Quando a alma atinge um certo grau de perfeição, ela não precisa mais reencarnar na Terra nem em outros mundos. As existências corpóreas são necessariamente limitadas e representam uma parcela ínfima da vida infinita do Espírito.

35. Os superiores e os inferiores

Aquele que recebe a autoridade, assim como aquele que recebe a riqueza, terá contas a prestar quando desencarnar. Não acreditem que a autoridade é dada a alguém para satisfazer o vão prazer de mandar, como pensa a maior parte dos poderosos da Terra. Ela não é um direito e muito menos uma propriedade, pois Deus a retira quando achar conveniente. Se ela fosse um privilégio ligado à pessoa, ela seria intransferível.

O homem recebe a autoridade a título de missão ou de prova. Seja qual for o seu tamanho, aquele que a detém não pode esquecer que é um encarregado de almas e que responderá pela boa ou má orientação que der aos que estão sob o seu comando. Quem abusa do poder que lhe foi concedido, humilhando seus subordinados, deveria saber que numa encarnação futura será tratado conforme tratou aqueles a quem hoje comanda.

Do mesmo modo que os superiores são responsáveis por fazer bom uso do poder que recebem, os inferiores têm a responsabilidade de obedecer com resignação. Os que hoje estão numa condição inferior deverão também exercer o poder de mando em encarnações futuras. Para que a evolução seja completa, o Espírito precisa vivenciar todas as situações. A nossa passagem pela Terra é muito rápida e tudo é muito transitório. É por isso que, às vezes, na mesma encarnação saímos de uma situação de comando para uma de subalterno.

Se alguém sofre numa condição inferior é porque esse sofrimento deve ser justo. Ele mesmo pode ter abusado, em existências anteriores, da autoridade que possuía. Experimenta agora, por sua vez, o que impôs aos outros.

Aceitar com resignação, sem reclamar, é uma prova para sua humildade, e ela é necessária para o seu adiantamento.

Nem todos podem exercer o comando ao mesmo tempo, mas todos terão que passar por ele. Comandar ou ser comandado será sempre uma questão temporária. Deus não determina quem serão os superiores ou os inferiores, é sempre o próprio homem que, através do seu livre-arbítrio, escolhe, antes de reencarnar, o que será melhor para si.

36. A influência dos Espíritos em nossas vidas

Já dissemos que para cada Espírito encarnado hoje, na Terra, existem entre cinco ou seis desencarnados. Só por aí é possível perceber a influência do mundo espiritual sobre o mundo material. Muitas pessoas crédulas têm a tendência de atribuir tudo o que lhes acontece aos Espíritos. São os fanáticos do Espiritismo. A virtude de qualquer sentimento estará sempre no meio, pois as coisas não são somente espirituais, como também não são somente materiais.

Os Espíritos normalmente se aproximam de uma pessoa por *afinidade*, ou seja, eles gostam das mesmas coisas, possuem valores morais semelhantes e assim por diante. Uma vez que o Espírito está perto de alguém, sempre haverá a influência do seu pensamento sobre esse alguém e vice-versa. Essa influência poderá ser boa ou má, conforme a natureza do Espírito.

O homem, por possuir livre-arbítrio, terá sempre a palavra final no sentido de ceder ou não ao pensamento que lhe é transmitido. Os bons Espíritos nos intuem para o bem, para a prática das boas ações, mas às vezes não atendemos a sua súplica. Os maus, ao contrário, querem nos tirar do bom caminho, querem que façamos coisas que irão nos prejudicar. E por que os maus Espíritos fazem isso? Qual o seu objetivo? Eles querem que os bons sofram como eles. Mas isso lhes diminui o sofrimento? Não, mas agem assim pela inveja que sentem em ver aqueles que são mais felizes. Por que Deus permite que isso aconteça? Os Espíritos imperfeitos constituem uma prova para que os bons se mantenham firmes em seus propósitos de continuar evoluindo.

Uma pessoa que está inclinada a cometer um crime terá sempre uma multidão de Espíritos alimentando em sua mente essa ideia, assim como terá outros Espíritos tentando dissuadi-la de praticá-lo. Desse modo, o equilíbrio fica mantido, e a responsabilidade pela decisão será sempre daquele que praticar o ato. Assim, as consequências pelo ato praticado serão inevitavelmente colhidas, se não for nesta vida, será na próxima. Cada um responderá à sua própria consciência, a ninguém mais. Portanto, os Espíritos interferem, sim, no dia a dia dos homens, e dizer o contrário é enganar aqueles que não têm conhecimento.

37. Os demônios

Se os anjos são Espíritos que chegaram à perfeição, depois de inúmeras encarnações onde desenvolveram todas as qualidades que lhes era possível adquirir na Terra, os demônios são Espíritos que ainda se comprazem no mal. Nem os anjos nem os demônios são seres distintos, pois a criação de seres inteligentes é uma só.

Deus criou os Espíritos simples e ignorantes e deu-lhes o livre-arbítrio para que, através dele, atingissem a perfeição e a felicidade que dela resulta. Essa perfeição deve ser alcançada pelo esforço pessoal, a fim de que cada um tenha o seu próprio mérito. Desde o instante da criação, os seres começam a progredir, e esse progresso ocorre nos planos material e espiritual.

Existem Espíritos em todos os graus de adiantamento moral e intelectual; de saber e de ignorância; de bondade e de maldade; tudo conforme a posição em que se encontram na imensa escala do progresso. Nas classes inferiores, encontramos os seres que podem ser chamados de *demônios*, pois são capazes de realizar todas as maldades. A palavra "demônio" dá a ideia de uma criação distinta da humanidade, com uma natureza essencialmente perversa, destinada eternamente ao mal e incapaz de progredir para o bem.

Segundo a Doutrina da Igreja, os demônios foram criados bons e se tornaram maus por sua desobediência. São anjos decaídos. Foram colocados por Deus no alto da escala e de lá desceram. Segundo a Doutrina Espírita, os demônios são Espíritos imperfeitos que vão evoluir como todos os outros. A sua permanência no mal dura até o dia em que, cansados de uma existência penosa e sofrida, compreendem que o verdadeiro caminho está na prática do bem. Assim, procuram se melhorar por vontade própria e sem serem forçados a nada. Então, os anjos, um dia, também foram demônios? Sim, com toda certeza! Já dissemos que Deus não dá privilégios a ninguém e que todos conquistam o seu lugar pelo esforço despendido nas inúmeras encarnações. O mérito e o demérito serão sempre uma conquista de cada um.

38. O DIABO

O diabo, sendo a personificação do mal, é uma das criaturas mais conhecidas, pois está presente em todas as religiões e muda apenas de nome. Ele representa a maldade no seu mais alto grau. Muitos dizem que o bem e o mal têm seus ícones supremos e que seriam respectivamente representados por Deus e pelo diabo. Então, o diabo tem o mesmo poder que Deus? Muita gente acredita que sim e ainda diz: "se Deus tivesse tanto poder assim, não deixava o diabo fazer o que faz!"

O plano espiritual ou astral é composto de matéria muito plástica, que pode ser moldada pela força do pensamento de Espíritos encarnados e desencarnados. À medida que o homem vai pensando, ele vai plasmando no plano astral o fruto do seu pensamento. As pessoas e as situações que são plasmadas, pela força do pensamento do homem, são conhecidas como "formas-pensamento".

No início, podemos dizer que elas são formas efêmeras, pois se pararmos de pensar, elas se desfazem com a rapidez com que se formaram. No entanto, se o pensamento continuar fixo numa determinada pessoa ou situação, essa "forma-pensamento" vai se adensando e passa a ter uma vida artificial. Ocorre então uma retroalimentação, ou seja, a própria "forma-pensamento" induz o homem a continuar pensando nela, porque, se ele parar de pensar, ela se desfaz. Quem já não ficou preso numa situação assim, em que não consegue deixar de pensar num determinado assunto ou pessoa? É o chamado monoideísmo, ou melhor, o pensamento fixo numa ideia única. Ele é extremamente prejudicial, porque a "forma-pensamento" criada não se desfaz com facilidade.

Desde os primeiros tempos do mundo, a "forma-pensamento" chamada "diabo" vem se adensando pelo pensamento de milhares de pessoas. Assim, mesmo sendo uma criatura artificial, ela existe e exerce uma influência medonha sobre aqueles que lhe dão guarida. É tudo uma questão de sintonia. Quem pensa no bem, sintoniza com Deus, quem pensa no mal, sintoniza com a "forma-pensamento" conhecida por diabo!

39. O SUICÍDIO

Ao lesar o corpo físico, o suicida lesa também o seu corpo astral, que é quem serve de molde para o nosso corpo físico. Assim, se o corpo astral está lesado pelo suicídio, a pessoa certamente virá com as sequelas do ato que cometeu. O suicídio é, sem dúvida, a pior coisa que alguém pode fazer contra si. Se Deus nos deu a vida, somente Ele pode tirar quando julgar necessário.

O suicida nunca encontra aquilo que foi buscar através do ato insano que comete. Se ele se suicida para se livrar de um problema, arruma um outro muito maior. Quando percebe que não conseguiu se matar, uma vez que ninguém morre, tenta desesperadamente voltar ao corpo físico, mas, aí, já é tarde demais. Se cometeu o suicídio para encontrar com um ente querido que morreu, por exemplo, passará várias encarnações sem poder revê-lo. As últimas cenas do ato que cometeu ficam se repetindo continuamente em sua mente e pelo tempo que ele ainda teria que viver na Terra. É um sofrimento inenarrável.

O suicida, por ter cometido um ato que é contra a vontade de Deus, não recebe ajuda dos Espíritos socorristas para cortar os laços magnéticos que prendem seu corpo astral ao corpo físico. Desse modo, é muito provável que ele sinta os vermes roendo seu corpo em decomposição, o que só aumenta o seu desespero. Se for cremado, sentirá o calor do forno e todo sofrimento que advém de uma queimadura.

Existem várias razões que levam uma criatura a cometer o suicídio, mas Deus, em Sua misericórdia, leva isso em consideração. Portanto, aquele que se suicida, depois de passar semanas arquitetando o seu desfecho e a maneira pela qual vai se matar, é muito mais culpado do que aquele que se suicida num surto de raiva, por embriagues, ou num momento de profunda depressão. Mesmo com essa distinção, o suicídio sempre causará um prejuízo muito grande ao Espírito. Na encarnação seguinte, ele retornará com as marcas do ato que cometeu. Se lesar o cérebro com um tiro, retornará como deficiente mental; se usar a forca, terá problemas respiratórios; se pular de um prédio alto, é bem provável que retorne com fibromialgia (dores pelo corpo todo);

e assim por diante. A lei sempre se cumpre, independentemente da crença que cada um tenha.

O que muitos não conseguem compreender é o suicídio cometido por pessoas inteligentes, que durante a vida sempre agiram com coerência e que ninguém poderia imaginar que terminariam a vida dessa maneira. Mas o que leva uma pessoa a cometer o suicídio? As razões são inúmeras: falta de esperança numa vida melhor; falta de condições para manter a família; vergonha por um ato cometido e que causou perplexidade a todos; orgulho ferido; perda de pessoas amadas e que ela julga poder reencontrá-las através do suicídio; dívidas que se acumulam e assim por diante.

Se as pessoas tivessem um conhecimento mínimo sobre a vida espiritual jamais cometeriam o suicídio. O sofrimento do Espírito, do outro lado da vida, pode ser comprovado pelos relatos daqueles que vêm contar o que estão passando. São narrativas que todos deveriam ler para não cometer o mesmo erro. Sugerimos a leitura da obra *O Céu e o Inferno*, de Allan Kardec, que contém vários relatos de pessoas que cometeram o suicídio pelos mais diversos motivos.

Além do sofrimento no plano espiritual, o suicida terá várias encarnações de muita dor para se reequilibrar e voltar ao ponto em que estava antes de cometer o ato fatal. Serão necessários em torno de cem a duzentos anos para desfazer as lesões que ficaram marcadas no corpo astral. É um trabalho árduo que o Espírito terá que empreender para se recuperar e se reencontrar.

Deus leva em conta os motivos que levam as pessoas a cometerem o suicídio. Arrepender-se do fundo do coração é muito importante para que recebam ajuda. Deus não abandona nenhum de seus filhos, mas deixa que passem pelo que for preciso para que deem valor à vida e à encarnação que estão vivendo. O "vale dos suicidas", no plano espiritual, acolhe todos que tiraram a própria vida. Lá, eles se reúnem por afinidade. Maria, a mãe de Jesus, é a responsável por esse lugar. Somente um Espírito dessa envergadura poderia levar consolo a essas criaturas.

40. As percepções do Espírito

O homem manifesta as suas percepções através dos órgãos dos cinco sentidos, que são: a visão, a audição, o olfato, o paladar e o tato. Esses sentidos são suficientes para que ele viva na Terra como Espírito encarnado. Quando perde o seu corpo de carne, ele retorna ao mundo espiritual, e suas percepções ficam imensamente ampliadas.

A visão, por exemplo, não fica mais restrita aos olhos, como acontece quando ele está no corpo físico. O Espírito enxerga por todo seu corpo astral, num raio de 360 graus. Outra propriedade desse corpo e que tem relação com a sua natureza etérea é a da penetrabilidade. Nenhum obstáculo lhe oferece resistência, pois ele atravessa todos, assim como a luz atravessa os corpos transparentes. É por isso que não há como impedir que os Espíritos entrem num recinto totalmente fechado.

A matéria do plano espiritual é formada pelo *fluido cósmico universal* e é muito maleável. O Espírito pode moldá-la segundo a sua vontade. Pelo fato de o seu corpo fluídico ser constituído da mesma matéria (*fluido cósmico universal*), ele pode plasmar para si a aparência que desejar. Assim, se um Espírito desencarna com 90 anos, ele pode se apresentar, no plano espiritual, com a aparência que mais gostava, com 50 anos, por exemplo. A maioria faz isso de forma natural, sem se dar conta, apenas a vontade de parecer mais jovem já é o suficiente.

O cérebro do Espírito, por não estar mais acoplado ao cérebro do corpo físico, fica com a sua capacidade de percepção muitíssimo ampliada, o que lhe permite julgar as coisas com mais clareza e precisão. Compreende por que teve que passar por certas dificuldades na existência que findou e que não foi vítima de nenhuma injustiça. Ao ter acesso à lembrança de suas encarnações anteriores, percebe a relação que existe entre elas e a última. Sua capacidade de locomoção também fica ampliada, pois ele pode volitar, ou melhor, se deslocar utilizando apenas a vontade. Pensa num lugar e o seu corpo astral já se desloca para esse lugar. Falaremos sobre a volitação mais adiante.

41. Como é possível enxergar um Espírito?

Em seu estado normal, o corpo astral do Espírito é invisível. Do mesmo modo que alguns fluidos, ele pode sofrer modificações que o tornam perceptível a nossa visão. Isso ocorre por uma mudança na sua estrutura molecular, seria, mal comparando, uma espécie de condensação. Ele também pode adquirir as propriedades de um corpo sólido, a ponto de se tornar tangível, ou melhor, poder ser tocado, mas é capaz de retornar instantaneamente ao seu estado etéreo e invisível.

Os diferentes estados do corpo astral de um Espírito resultam da sua vontade. Assim, ele coloca o seu corpo fluídico num estado próprio para torná-lo visível. Entretanto, nem sempre a sua vontade é suficiente, pois uma série de circunstâncias precisam ser cumpridas. Além disso, ele tem que receber a permissão de Espíritos superiores para se fazer visível a uma determinada pessoa, permissão essa que nem sempre lhe é concedida.

Para que um Espírito se torne visível, é necessário que exista uma combinação entre o fluido que emana do seu corpo astral e o da pessoa para qual ele deseja se mostrar. Essa combinação faz com que o corpo astral assuma uma disposição especial, que o torna visível. Entretanto, essa combinação não encontra na Terra nada semelhante que possa ser usado como termo de comparação.

Todas as pessoas têm condições de ver os Espíritos? Durante o sono sim; quando estão acordadas não. A faculdade de ver os Espíritos depende do organismo físico e da maior ou menor facilidade que o fluido do médium vidente tem para se combinar com o fluido do Espírito. Desse modo, estando duas pessoas juntas, uma poderá ver o Espírito e a outra não. É preciso que exista uma espécie de afinidade entre os fluidos para que a combinação aconteça. Se não existir essa afinidade fluídica, o Espírito não pode se fazer visível. Se as duas pessoas possuem afinidade com o fluido do Espírito, ele pode escolher para qual deseja se mostrar, operando a combinação fluídica apenas com uma. Se a combinação não for feita com a outra, ela não poderá vê-lo.

42. Com que finalidade os Espíritos nos aparecem?

Qual pode ser o objetivo de um Espírito que se faz visível e possui má intenção? Assustar e, muitas vezes, cobrar uma dívida do passado. E daquele que se faz visível com boa intenção? Consolar as pessoas que lamentam a sua partida e provar que a morte não existe. Por que nos assustamos quando vemos um Espírito? Porque não é uma coisa comum. Porém, se refletirmos um pouco a respeito, fica fácil compreender que um Espírito, seja ele qual for, é menos perigoso do que uma pessoa viva. Os Espíritos estão por toda a parte e não há necessidade de vê-los para saber que eles vivem ao nosso lado.

Ele não é perigoso pelo fato de ser um Espírito e se fazer visível, mas pela influência maligna que pode exercer sobre o pensamento de alguém a quem deseja prejudicar. Os Espíritos, em geral, não têm interesse de se mostrar aos homens. Já dissemos que, depois que eles retornam ao plano espiritual, a maneira com que julgam as coisas muda. O que era importante na Terra, na nova morada não é mais. Eles percebem que a vida espiritual é muito mais rica em atrativos e coisas para fazer do que perder tempo em aparecer para os encarnados. Somente os Espíritos inferiores se preocupam com isso.

Antigamente, as comunicações eram muito difíceis, e os Espíritos, na ânsia de avisar que haviam desencarnado, apareciam com mais frequência a seus familiares distantes. Depois que Allan Kardec fixou a base da Doutrina Espírita no lado científico, filosófico e religioso, as manifestações mediúnicas diminuíram bastante. Mas por que isso aconteceu? Porque não havia mais a necessidade de utilizar os fenômenos para chamar a atenção. Não fazia mais sentido perder tempo com demonstrações, fartamente explicadas, e que nada tinham de sobrenaturais ou maravilhosas.

Entretanto, a manifestação dos Espíritos foi de suma importância. Foi através dela que todos tiveram suas atenções voltadas para o que estava acontecendo. O próprio Allan Kardec precisou ver as mesas girantes para perceber que ali havia mais do que uma simples brincadeira.

43. Aparição de Nossa Senhora em Fátima

A mãe de Jesus é um Espírito desencarnado e, como todos que estão nessa condição, podem se tornar visíveis. Lúcia, Jacinta e Francisco eram médiuns videntes. Desse modo, ao combinarem o fluido que emanava do corpo astral deles com o fluido que emanava do corpo astral de Maria, ela pôde se fazer visível aos três. É um fenômeno extremamente normal e nisso não há nada de maravilhoso ou miraculoso. A primeira aparição ocorreu em Portugal no dia 13 de maio de 1917.

O Espírito, à medida que evolui intelectual e moralmente, vai depurando seu corpo astral, que se torna mais sutil, diáfano e rarefeito. Certamente é o caso de Maria Santíssima, a mãe de Jesus. Ser mãe do Espírito mais evoluído que já encarnou na Terra não era uma tarefa que podia ter sido dada a qualquer um. É uma missão que poucos estavam preparados para assumir.

Também é preciso explicar que todo Espírito, seja ele qual for, possui um brilho, ou melhor, uma emanação luminosa. Ela é muito fraca nos Espíritos inferiores e muito intensa nos Espíritos puros. Por se tratar de um Espírito pertencente a uma hierarquia elevada, o brilho do Espírito que recebeu a missão de ser mãe de Jesus na Terra deve ser muito intenso. Esse foi o motivo pelo qual as crianças descreveram o Espírito de Maria envolto em muita luz.

Por que Maria Santíssima apareceu logo para três crianças? Talvez para tornar a aparição mais confiável e verdadeira, visto que eram crianças simples, que moravam no campo e, por serem ainda puras e ingênuas, não teriam capacidade para inventar que viram a mãe de Jesus. Tivesse ela aparecido para adultos, certamente sua aparição seria colocada em dúvida. Quanto mais puro é um Espírito, maior é a dificuldade que ele tem para se fazer visível. Os Espíritos comuns, por possuírem um corpo astral mais materializado, podem ser vistos com mais facilidade. E por que Maria resolveu aparecer? Provavelmente para mostrar que, mesmo sendo um Espírito puro, ela é uma criatura como outra qualquer, e não uma santa, como muitos gostariam. Entre tantas tarefas, a mais sublime é, sem dúvida, a de auxiliar os suicidas.

44. A EMANCIPAÇÃO DA ALMA DURANTE O SONO

Durante o sono, apenas o corpo físico repousa, pois o Espírito não dorme. Ele aproveita que o seu corpo está descansando e que a sua presença não é necessária para atuar separado do corpo de carne. Vai para onde quer dentro do plano espiritual e desfruta da liberdade e da plenitude de suas faculdades.

Mesmo que o Espírito se transporte a uma distância muito grande, ele se conserva preso ao seu corpo físico por um vínculo fluídico conhecido como "o cordão de prata". Essa ligação serve para chamá-lo de volta, assim que a sua presença perto do corpo se fizer necessária. Somente a morte pode romper esse vínculo fluídico que existe entre o Espírito e o seu corpo físico.

Então, podemos dizer que morremos todas as noites? De uma certa forma sim, pois quando dormimos o nosso Espírito vai para o plano espiritual, que é para onde iremos em definitivo depois da morte. O sonho é a lembrança daquilo que o Espírito viu durante o sono do corpo, mas nem sempre ele se lembra de tudo o que viu. O cérebro do nosso corpo físico possui uma vibração muito baixa em relação à vibração do cérebro do corpo astral, por isso ele retém apenas uma pequena parcela do que o Espírito vivenciou. Essa é uma das explicações para as incoerências do sonho.

Muitas vezes, resta apenas a lembrança da perturbação que acompanha a entrada no mundo espiritual e o posterior retorno. Podemos dizer que o sonho é uma "grande mistura" entre as atividades do Espírito no plano espiritual e as suas preocupações terrenas do dia a dia. Sempre é aconselhável fazer uma prece antes de dormir e pedir ao nosso Espírito protetor (anjo da guarda) para que nos acompanhe quando sairmos do corpo. Os maus Espíritos se aproveitam dessa condição para atormentar as almas fracas e medrosas.

Não é só durante o sono que a alma se separa do seu corpo físico, o desdobramento pode ocorrer também quando estamos acordados. A alma se projeta para um determinado lugar, levando consigo o seu corpo astral, e lá pode ver o que se passa. O afastamento da alma sempre produz uma redução no tônus vital do corpo físico, deixando-o com aspecto sonolento.

45. A EMANCIPAÇÃO DA ALMA NO ESTADO DE VIGÍLIA

Quando estamos acordados, o afastamento da alma do nosso corpo físico pode ocorrer em diversos graus. O corpo de carne sempre acusa esse afastamento e passa a não ter uma atividade normal. Ele não chega a adormecer, mas demonstra um certo entorpecimento, como se estivesse alienado das coisas terrenas. Os olhos fixam os objetos, mas não os veem. Percebe-se claramente que a alma está noutro lugar.

Ao retornar para o seu estado normal, junto do corpo, geralmente a alma esquece o que viu. Entretanto, algumas vezes, ela conserva uma lembrança mais ou menos vaga do que presenciou. É como se tivesse sonhado. A alma, quando se desprende do corpo físico, levando consigo o seu corpo astral, pode deixar o corpo de carne totalmente insensível. Nessa condição, ele suporta dores que em situações normais não suportaria. É o que acontece com os faquires, por exemplo.

O êxtase é o grau máximo de emancipação da alma. Nesse estado, o aniquilamento do corpo físico é quase completo. O corpo só conserva, por assim dizer, a vida orgânica. Sente que a alma está ligada a ele apenas por um fio (cordão de prata) e que um esforço a mais pode romper esse fio para sempre, causando a morte do corpo físico.

Aqueles que atingem o estado de êxtase desfrutam de uma sensação tão boa que não querem voltar. Ficam inebriados com o que veem e com o que sentem. Gostariam de ficar nesse estado para sempre. A vibração é tão intensa que fica difícil descrever aquilo que viram, pois não existe na Terra parâmetros de comparação. É impossível descrever o que nunca se viu! É por isso que as revelações daqueles que desfrutam desse estado são sempre uma mistura de verdades e erros. Elas estão longe de expressar a verdade absoluta, e a causa disso reside na imperfeição do nosso Espírito. Somente quando atingirmos o ápice da escala evolutiva poderemos julgar as coisas com mais lucidez. A percepção do tempo fica completamente distorcida, sendo impossível para aquele que entra em êxtase dizer quanto tempo permaneceu nesse estado.

46. Aparição de pessoas vivas: bicorporeidade

Enquanto o corpo físico dorme, o Espírito pode se transportar a diversos lugares, tornando-se visível e aparecer sob a forma vaporosa tanto para aqueles que estão sonhando quanto para aqueles que estão acordados. Pode também se apresentar sob a forma tangível, com uma aparência idêntica à do seu corpo físico, e muitas pessoas estarão dizendo a verdade quando afirmarem tê-lo visto, ao mesmo tempo, em dois lugares diferentes.

O Espírito pode estar, de fato, em dois lugares diferentes, mas em apenas um se encontrará o seu corpo físico verdadeiro, no outro, estará apenas o corpo astral do Espírito que se tornou visível. Esse fenômeno, que por sinal é muito raro e que se denomina de bicorporeidade, foi o que deu origem à crença dos "homens duplos". Por mais extraordinário que seja, ele não deixa, assim como todos os outros, de ser incluído na ordem dos fenômenos naturais, visto que tem por base as propriedades do corpo astral, ou seja, na capacidade que o Espírito tem de se separar do seu corpo físico e de se condensar, por assim dizer, noutro lugar bem distante de onde permanece o seu corpo de carne.

Vamos dar um exemplo: um fazendeiro estava assistindo a uma missa, mas seus pensamentos e suas preocupações estavam todos na sua fazenda, nos seus animais e nas suas plantações. O corpo astral do fazendeiro se transporta para a fazenda, de forma inconsciente, pela ação vigorosa da sua vontade. Ele gostaria de estar lá, cuidando dos seus afazeres, ao invés de estar na missa. Nesse caso, se o fluido espiritual do fazendeiro se combinar com o fluido de um de seus empregados, ele poderá se tornar visível a este. O padre vai confirmar a presença do fazendeiro na missa, e o seu empregado também confirmará a presença do seu patrão na fazenda, e os dois estarão com a razão.

A propriedade de o fluido espiritual se combinar com o de outra pessoa e se tornar visível é muito natural, mas o tempo em que a aparição fica disponível é muito pequeno, pois o corpo físico sempre reclamará a presença do Espírito. Todos esses fenômenos são explicados pela propriedade que o nosso corpo astral tem de se expandir e se combinar com o corpo astral de outras pessoas.

47. Os médiuns

Os médiuns são pessoas aptas a sentir a presença dos Espíritos e transmitir seus pensamentos. Desse modo, toda pessoa que sente, num grau qualquer, a presença dos Espíritos é considerada médium. Essa faculdade é inseparável do homem e não é privilégio exclusivo de ninguém, razão pela qual são poucos aqueles que não possuem um rudimento de mediunidade. É nesse sentido que podemos dizer que todas as pessoas são médiuns, em maior ou menor grau.

Contudo, a qualificação de médium é dada apenas para aqueles em que essa faculdade se manifesta de forma ostensiva e com uma certa intensidade. Sabemos que o fluido que constitui o corpo astral é o agente de todos os fenômenos espíritas. Esses fenômenos só podem se realizar pela combinação entre os fluidos emitidos pelo médium e pelo Espírito. A faculdade mediúnica depende da maior ou menor capacidade que o médium possui de expandir os fluidos que emanam do seu corpo astral e combiná-los com os do Espírito.

A mediunidade, portanto, depende do organismo, do corpo físico do médium e pode ser trabalhada quando o princípio existe, ou seja, a expansibilidade do corpo astral. É por isso que a mediunidade não pode ser adquirida por exercícios, ou a pessoa tem o organismo propício ou ela nunca será um médium ostensivo. No entanto, a sintonia mental com os Espíritos pode ser desenvolvida. A mediunidade independe do sexo, da idade e do temperamento da pessoa. Os médiuns são encontrados em todas as classes sociais e em todas as idades.

A facilidade de relacionamento entre o médium e o Espírito dependerá sempre do grau de afinidade que existe entre os seus corpos astrais. Enquanto alguns fluidos se combinam facilmente, outros se repelem. Assim, não basta ser médium para se relacionar indistintamente com todos os Espíritos. Existem médiuns que só se comunicam com certos Espíritos. Outros só conseguem sintonizar com a mente do Espírito e transcrever para o papel o que ele dita. O médium desenvolvido é aquele que tem extrema facilidade para se comunicar tanto com os bons quanto com os maus Espíritos.

48. O DUPLO ETÉRICO E O ECTOPLASMA

Todos nós encarnados possuímos sete corpos, que são: *corpo físico, corpo etérico ou duplo etérico, corpo astral ou perispírito, corpo mental inferior, corpo mental superior, corpo búdico e o corpo atímico*. Somente o corpo físico e o duplo etérico morrem, os outros continuam vivos e retornam com o Espírito para o mundo espiritual.

Quando estamos encarnados, os sete corpos estão juntos, ou melhor, permanecem acoplados. Cada corpo vibra numa frequência que lhe é própria. Assim, podemos dizer que vibramos em sete frequências distintas, mas só percebemos a frequência do corpo físico, por isso somos tão limitados.

Entre o corpo físico e o corpo astral (perispírito) existe um corpo intermediário que não é muito conhecido, mas cuja importância é fundamental para o homem. Trata-se do corpo etérico. Ele é uma espécie de elemento de ligação entre os dois corpos, pois recebe os impulsos do corpo astral e os transfere para o corpo físico, agindo também no sentido inverso. Sua composição é muito tênue e tangencia a imaterialidade, por isso não podemos enxergá-lo. A estrutura do corpo etérico é mais sutil e delicada nos seres superiores e mais densa nas criaturas primitivas. É no duplo etérico que estão os nossos chacras, ou centros de força, pois uma das funções desse corpo é energizar o corpo físico, automaticamente, sem a interferência da consciência.

O duplo etérico é o responsável pela elaboração do *ectoplasma* ou *fluido nervoso*, como Kardec denominava. Trata-se de uma substância esbranquiçada e extremamente plástica que é exsudada pelos poros e cavidades naturais do nosso corpo, como a boca, o nariz, o ouvido etc. O ectoplasma, ao sair do corpo, tem a propriedade de se condensar. Quando o ectoplasma exsudado pelo médium se combina com o corpo astral de um Espírito desencarnado, o Espírito pode, pela ação da sua vontade, levantar uma mesa, arremessar objetos, ligar e desligar eletrodomésticos etc. Sempre será necessário alguém doando ectoplasma para que esses fenômenos aconteçam. Só os encarnados produzem ectoplasma, o Espírito não. Por isso, ele sozinho não pode manipular a matéria.

49. Como os Espíritos se manifestam?

Os Espíritos podem se manifestar de muitas maneiras, mas só podem fazê-lo quando encontram uma pessoa que seja médium e com a qual possuam afinidade. Não existe nenhuma pessoa que possua todas as aptidões mediúnicas no mesmo grau. Assim, umas obtêm efeitos que são impossíveis para outras. A diversidade nas aptidões mediúnicas é que produz os diferentes tipos de médiuns.

Para que um Espírito se manifeste, nem sempre é necessária a intervenção da vontade do médium. O Espírito que quer se manifestar procura uma pessoa que tenha afinidade com o fluido que se irradia do seu corpo astral e que doa ectoplasma. Assim, ele se utiliza dessa pessoa sem que ela saiba. Outros médiuns, por terem consciência de que são doadores de ectoplasma, conseguem provocar as manifestações quando isso lhes é possível. Portanto, temos os *médiuns inconscientes* e os *médiuns conscientes*. Nos médiuns inconscientes, a iniciativa parte dos Espíritos; nos médiuns conscientes, a iniciativa parte do médium.

Os médiuns inconscientes também podem ser encontrados entre os incrédulos e os que não têm o menor conhecimento sobre Espiritismo. Servem de instrumento à manifestação dos Espíritos sem saberem e sem quererem, pois doam ectoplasma em grande quantidade. Na codificação, Kardec chamava o "ectoplasma" de "fluido nervoso".

Os Espíritos inferiores e brincalhões combinam o fluido que emana do seu corpo astral com o ectoplasma exsudado pelo médium de efeitos físicos e, pela ação da sua vontade, promovem as mais diversas manifestações, tais como: bater em portas ou paredes; arremessar objetos; ligar e desligar eletrodomésticos; colocar fogo em colchões; levitar objetos e uma infinidade de fenômenos conhecidos como *poltergeist*. Para que haja manifestações desse tipo, sempre será necessário um doador de ectoplasma, mesmo que de forma inconsciente. Os bons Espíritos utilizam o ectoplasma doado pelo médium de efeitos físicos para promover curas através de cirurgias astrais. Um dos casos mais conhecidos entre nós foi o do médium José Arigó.

50. Por que muitos não têm consciência de que já morreram?

O corpo do Espírito, também conhecido como corpo astral ou perispírito, é exatamente igual ao nosso corpo de carne. Por essa razão, a grande maioria das pessoas que morrem não têm consciência de que já desencarnaram, pois olham para o novo corpo e não percebem a diferença. O retorno do Espírito para o plano espiritual é sempre acompanhado por uma perturbação muito grande. Assim, muitas continuam vivendo em suas casas como se não tivessem morrido. Estranham o fato de os parentes não lhes responderem as perguntas e sentem-se desprezadas. Essa perturbação pode durar dias, semanas e até anos, pois elas não conseguem compreender a sua real situação.

Os Espíritos precisam de energia para se manter em atividade. Os mais evoluídos retiram essa energia do Sol, do ar e, principalmente, das preces que elevam a Deus em agradecimento pela vida. Os que não possuem essa evolução retiram a energia dos encarnados que estão a sua volta. Então, fica fácil compreender que aqueles que desencarnam e que ainda continuam residindo nos lares onde viviam estão retirando a energia dos membros da família.

Esse processo ocorre de forma natural, e os desencarnados nem sonham que estão prejudicando os antigos familiares. Eles não fazem isso por mal, fazem por completo desconhecimento de que já não estão mais vivendo na Terra. Cada pessoa tem aquele familiar com o qual mais se identifica. Desse modo, procura ficar mais perto dele do que dos outros. Sem saber explicar o fenômeno, percebe que quando se afasta desse familiar, suas energias diminuem e ele passa a sentir-se mal. Quando se aproxima, sente-se revigorado.

Com o tempo, o familiar escolhido acusa a doação involuntária de energia e começa a sentir-se desvitalizado, terminando por adoecer. Depois de fazer todos os exames, nada é detectado. Quando a situação já está bastante adiantada, alguém sugere pedir uma ajuda espiritual, pois é sempre a última a ser lembrada. Em um Centro Espírita é possível conversar com o desencarnado, esclarecê-lo e conduzi-lo a um lugar melhor dentro da espiritualidade.

51. É POSSÍVEL PREVER O FUTURO?

Pelo fato de os Espíritos não estarem mais revestidos com o corpo de carne, eles possuem suas faculdades ampliadas e podem acessar coisas que os homens comuns não conseguem. Os Espíritos superiores não se prestam a fazer previsões particulares sobre o que vai acontecer na vida de quem quer que seja.

Qualquer previsão nesse sentido, feita por cartas, por ledores de mão, pais de santo, videntes, mapas astrais etc., envolve dinheiro, e quando o dinheiro entra, os Espíritos superiores simplesmente se afastam. Deixam o campo livre para os Espíritos inferiores, que não possuem nenhum compromisso com a verdade e estão sempre prontos a tudo responder. Assim, aqueles que se aventuram na ânsia de conhecer o futuro são facilmente enganados.

Se o conhecimento do futuro é vedado ao homem é porque deve haver algum motivo. Saber antecipadamente o que vai acontecer pode ser prejudicial ao seu livre-arbítrio. Pode paralisar o trabalho que ele deve realizar em prol do seu próprio progresso e da humanidade. Às vezes, Deus permite que se levante uma ponta do véu, mas sempre com uma finalidade útil, e nunca para satisfazer a vã curiosidade.

Os Espíritos superiores até possuem o conhecimento de certos eventos, mas não têm permissão para revelá-los, pois alguns poderiam causar apreensão e pânico. Por isso, nunca se deve acreditar em previsões feitas para um determinado local e com data marcada. Os Espíritos de luz jamais fazem isso. Qualquer previsão nesse sentido só pode vir de Espíritos zombeteiros, que se aproveitam da credulidade dos homens para enganá-los.

Muitos utilizam os Espíritos para perguntar sobre o futuro. Qualquer Espírito que responder enganará quem pergunta. Se alguém precisa ser avisado sobre algum acontecimento, os Espíritos encarregados de lhe dar a informação sempre arrumarão um jeito de fazê-lo, e o fazem de forma que a pessoa não perceba que está sendo ajudada. Quando uma coisa está nos desígnios de Deus, ela se cumpre a despeito de tudo, e os próprios homens contribuem, sem saber, para que o evento se realize.

52. AS ENERGIAS

O planeta Terra possui quatro elementos básicos: terra, fogo, água e ar. Todos esses elementos são fontes inesgotáveis de energia. A mais poderosa de todas elas é a do elemento água. Muitas pessoas sentem a presença dessa energia de modo intuitivo. Quantas vezes já não ouvimos alguém dizer: "como me sinto bem quando venho à praia! Sinto-me revitalizado". As pessoas não sabem explicar, mas sentem os efeitos. É fácil perceber que as cidades que estão perto do mar possuem um astral diferente, ou seja, seus moradores são mais alegres, têm mais disposição para caminhadas, para fazer exercícios ao ar livre e assim por diante.

O homem possui sete chacras principais, ou centros de força: *coronário, frontal, laríngeo, cardíaco, esplênico, gástrico e básico*. Além destes, há muitos outros chacras secundários. É pelos chacras que as energias circulam, entrando e saindo do nosso organismo, revitalizando-o. Quando caminhamos na praia, de pés descalços, estamos energizando o nosso corpo físico pelo contato com a água do mar, com a terra e com o ar marinho. No entanto, se a pessoa estiver de tênis, por exemplo, a sola deste funciona como um isolante e não permite que as energias da água nem da terra entrem pelos chacras dos pés. Somente a energia do ar é aproveitada. Parece bobagem, mas infelizmente é o que acontece.

O mesmo astral elevado não se verifica em moradores de cidades que são cortadas por rios. A água doce não exerce a mesma influência no organismo porque a sua energia é muito menor que a da água salgada. O ar das matas é outra energia que exerce um poder revigorante incrível ao nosso corpo físico, principalmente se por perto tiver alguma cascata. Esses lugares preservados estão envoltos na energia primitiva do planeta. É a natureza tal como Deus a criou. Imaginem o paraíso que não seria a nossa Terra se todas essas energias estivessem preservadas. O homem é o único ser vivo que destrói a natureza, todos os outros a preservam. Quem não se sente melhor depois de uma chuva abundante que limpa os miasmas da atmosfera poluída? Todas as energias que emanam da natureza preservada estão em harmonia com o Criador, razão pela qual nos sentimos bem na presença delas.

53. A HIERARQUIA NO MUNDO ESPIRITUAL

Existe alguma hierarquia entre os Espíritos no mundo espiritual? Sim, eles pertencem a diversos grupos segundo o grau de adiantamento moral, das qualidades que adquiriram e das imperfeições das quais ainda não se libertaram. Podemos dividi-los em três grandes grupos: Espíritos puros; Espíritos bons e Espíritos imperfeitos.

Os *Espíritos puros* não sofrem mais a influência da matéria e possuem superioridade intelectual e moral absoluta em relação aos outros Espíritos. Por terem atingido o mais alto grau de perfeição que é possível para uma criatura na Terra, eles não precisam mais reencarnar. Por não estarem mais sujeitos às dificuldades que a vida em corpo físico impõe, desfrutam de uma felicidade constante. Seu trabalho é ajudar os Espíritos retardatários a se aperfeiçoarem. Somente reencarnam na Terra para cumprir missões específicas voltadas ao desenvolvimento da humanidade como um todo.

Entre os *Espíritos bons* existe a predominância do lado espiritual sobre o material e o desejo de praticar o bem. Esse desejo é fruto do grau de adiantamento que já alcançaram. Uns têm o conhecimento, outros, a sabedoria e a bondade. Os mais avançados aliam o saber às qualidades morais. São felizes pelo bem que praticam e pelo mal que impedem. O amor que os une constitui para eles uma felicidade relativa, que não é alterada nem pela inveja, nem pelo remorso e, muito menos, pelas más paixões que fazem o tormento dos Espíritos inferiores. Quando estão encarnados, procuram fazer o bem pelo simples prazer de ver os outros felizes.

Nos *Espíritos imperfeitos* existe a predominância das coisas materiais sobre as espirituais e a propensão para fazer o mal. São egoístas, orgulhosos e possuem todas as más paixões que resultam desse modo de ser. Nem todos são essencialmente maus. Em alguns, há mais leviandade e malícia do que verdadeira maldade. Entretanto, o fato de não fazerem o bem já evidencia a sua inferioridade. Outros, ao contrário, se comprazem no mal e sentem prazer em praticá-lo. Somente o sofrimento vai fazer com que eles mudem de ideia.

54. Os Espíritos inferiores

Os Espíritos inferiores são inclinados ao mal e fazem disso o foco de suas preocupações. A felicidade dos bons constitui para eles um tormento incessante, porque sentem todas as angústias que a inveja e o ciúme podem causar. Eles sofrem tanto pelos males que tiveram que suportar na Terra quanto pelos males que causaram aos outros. Como esse sofrimento é longo, eles acreditam que seja eterno.

Quando estão desencarnados, dão conselhos falsos, estimulam a discórdia, a desconfiança e utilizam de todos os disfarces para melhor enganar. Preferem os homens de caráter fraco, pois esses cedem mais facilmente às suas sugestões. Sentem-se felizes em retardar o progresso de alguém. Quando estão encarnados, possuem todos os vícios que são responsáveis pelas paixões vergonhosas e degradantes, como a sensualidade, a crueldade, a mentira, a hipocrisia, a cobiça, o apego exagerado ao dinheiro, ao poder etc. Fazem o mal pelo simples prazer de fazê-lo e por ódio ao bem.

Existem ainda aqueles que usam a sua inteligência para projetar armas que irão destruir e matar seus semelhantes, como os revólveres, as metralhadoras, os carros de combate, os mísseis teleguiados, os artefatos explosivos e assim por diante. Estes, ao retornarem para o mundo dos Espíritos, responderão por todo o mal e por todas as mortes que essas armas causaram. O sofrimento deles é inenarrável, pois a visão das pessoas que morreram, em consequência de suas invenções, não sai de suas mentes. Por mais que tentem se esconder, fechar os olhos, eles continuam escutando os gritos de pavor e o sentimento de pânico que causaram.

Muitas vezes, para não utilizar sua inteligência para o mal novamente, eles reencarnam como deficientes mentais, recebendo como pais aqueles mesmos Espíritos que foram seus auxiliares. Serão várias encarnações nessa condição até que, cansados de sofrer, implorem a Deus por uma encarnação longe dos grandes centros e sem muitos recursos financeiros. Comprometem-se em usar a sua inteligência em benefício do próximo.

55. A DOENÇA DO PÂNICO

A doença do pânico é uma das síndromes que mais intriga os médicos em todas as partes do mundo. Como sabemos, o Espírito vive inúmeras encarnações e faz coisas boas e ruins ao longo dessas encarnações; passa por momentos de alegria e também de muita tristeza; tem desencarnes normais e desencarnes inesperados, onde vivencia momentos de angústia, desespero e muito sofrimento. Assim, o homem está inevitavelmente ligado as suas existências anteriores. Mesmo que na vida atual ele não tenha a lembrança do que fez e do que foi, o Espírito propriamente dito, nos momentos em que sua alma está liberta do corpo físico, tem acesso a essas lembranças.

Desse modo, podemos dizer que a doença do pânico não pertence a esta encarnação. Ela está ligada a uma existência anterior, a uma experiência traumática que o Espírito viveu. Esse é o motivo pelo qual a medicina não consegue achar a sua causa, pois ela não está no presente, e sim no passado.

Vamos supor que uma determinada pessoa tenha desencarnado aos 30 anos num deslizamento de terra e que permaneceu algumas horas soterrada antes de morrer. O sentimento de pânico e medo causou-lhe um sofrimento inenarrável, e ele é tão grande, tão intenso, que passa de uma encarnação para outra sem que a pessoa se dê conta.

Na vida presente, um fato simples, como ficar presa num elevador, por exemplo, pode servir de gatilho para que o Espírito acesse a lembrança do que vivenciou. A pessoa entra em ressonância vibratória com o fato do passado e passa a sentir as mesmas angústias que sentiu naquela oportunidade. Ela tem a certeza que vai morrer, porque naquela encarnação ela de fato morreu. Mesmo que a morte seja impossível dentro de um elevador parado, a sintonia com o fato é tão grande que a pessoa não consegue se controlar.

Aos poucos, essa sintonia vai se desfazendo, e ela percebe que não vai morrer, mas o pânico de entrar num elevador, daquele momento em diante, será muito intenso. A medicina convencional procura, mas não encontra uma explicação.

56. Como abordar a doença do pânico

Conforme vimos, a doença do pânico é uma síndrome que não pertence à encarnação atual, ela está obrigatoriamente ligada ao passado. É por isso que psiquiatras, psicólogos e especialistas, em geral, procuram a sua causa em vão. A grande maioria deles não acredita na reencarnação do Espírito e, por consequência, também não acredita em vidas passadas. Para esses que têm uma visão materialista, a vida começa com o nascimento do corpo físico e termina com sua morte.

Por estar vinculada a um acontecimento que teve lugar numa existência anterior, mas que ainda está presente na memória inconsciente do Espírito encarnado, ela é de difícil diagnóstico. São fatos que marcaram profundamente o desencarne naquela existência, tais como: a queda de um lugar alto, um afogamento, um deslizamento de terra, uma morte por fogo, um desencarne no meio de uma multidão, onde a pessoa foi pisoteada, e os exemplos tendem ao infinito.

A doença tende a se manifestar no presente, mais ou menos na idade que a pessoa tinha na existência em que os fatos aconteceram. Sempre será preciso um evento que sirva de gatilho para que as lembranças passadas venham à tona. Assim, ela poderá entrar em pânico quando estiver num lugar alto, na água, num lugar fechado, perto de uma fogueira, no meio de muita gente e assim por diante. Bastam esses exemplos para que se compreenda o seu mecanismo.

O fato, que teve lugar no passado, ainda vibra na memória atual do Espírito, mas ele não tem acesso. A ressonância com o passado, uma vez desencadeada, traz um sofrimento muito grande para a pessoa, pois tudo é muito real e verdadeiro. O sentimento de impotência e a certeza da morte causam um verdadeiro pânico, que é difícil de superar. A técnica da Apometria, que será abordada mais adiante, permite que essas ligações sejam cortadas, desfazendo-se assim a ressonância com o passado. Desse modo, o evento não consegue mais atingir a pessoa na atual existência. Aos poucos, a lembrança inconsciente vai se desfazendo e não mais se manifesta.

57. Como o Espírito sabe que alguém é médium?

Todo corpo astral emite uma luz que varia de acordo com o grau de adiantamento do Espírito. Quanto mais evoluído ele for, maior será a intensidade dessa luz. Outra propriedade do corpo astral é a de poder se expandir. A expansibilidade e a emissão de luz ocorrem tanto no Espírito desencarnado quanto no encarnado. Todo aquele que é médium possui seu corpo astral expandido e emitindo luz. Assim, fica fácil para os Espíritos saberem quem é médium, ou seja, corpo astral expandido e com um certo grau de luminosidade. Nas pessoas comuns, que não possuem mediunidade ostensiva, o corpo astral não se apresenta expandido, ele permanece acoplado ao corpo físico.

Ao se expandir, o corpo astral do médium entra em contato com o corpo astral do Espírito que está desencarnado. Nessa condição, se o Espírito estiver sentindo dor, por sintonia vibratória, o médium também sentirá. Isso vale para a sensação de frio, taquicardia, vontade de chorar ou rir e assim por diante.

Um dos maiores entraves para que o médium inicie o trabalho com a sua mediunidade é o *animismo*. Ele não tem certeza se aquilo que está sentindo é dele ou do Espírito. O estudo do Espiritismo nos mostra que, em todas as manifestações dos Espíritos, sempre haverá a interferência do médium. Quanto menor for essa interferência, mais desenvolvido será o médium.

Na psicografia, o médium recebe o que o Espírito está querendo dizer, de mente para mente. Muitas vezes, o Espírito não precisa estar presente, pois nada detém o pensamento, bastando a sintonia mental entre o médium e o Espírito. Em toda psicografia sempre haverá a participação inconsciente do médium, pois o Espírito se aproveita do conhecimento deste.

Quando pensamos em algo que não combina conosco, podemos afirmar com certeza: "*esse pensamento não é meu!*" Certamente um mau Espírito está nos intuindo. Muitos, ao invés de ignorar o mau pensamento, nele se comprazem. O Espírito, percebendo que seu pensamento teve guarida, inicia seu assédio. Sempre seremos livres para ceder ou não a um mau pensamento.

58. FAZ ALGUM SENTIDO PAGAR UMA PROMESSA?

Será que Deus fica feliz ao ver um de Seus filhos pagando uma promessa? Ao vê-lo atravessar um campo de futebol de joelhos? Caminhar vários quilômetros até um determinado santuário? Ficar alguns anos sem comer ou beber algo de que goste muito? Tudo isso em função de uma promessa feita para conseguir uma graça.

Se Deus precisasse de promessas para exercer o Seu comando absoluto sobre todo o Universo, Ele estaria se rebaixando ao nível dos homens, o que seria inimaginável. Então, por que o homem paga promessas? Porque ele ainda é um ser inferior e entende que isso agrada a Deus, como se a divindade precisasse desse tipo de demonstração para ajudar Seus filhos. Não estaríamos fazendo a mesma coisa que os antigos que ofereciam sacrifícios aos deuses?

Na verdade, o homem ainda não tem condições de compreender quem é a entidade denominada Deus. É algo que está muito além das suas possibilidades, e ele ainda precisará evoluir muito até que lhe seja permitido alcançar esse entendimento. Por ora, basta saber que Deus existe e acreditar Nele. Somente os Espíritos superiores, os Espíritos puros, aqueles que já fizeram toda evolução que era possível neste planeta podem ter uma pequena ideia do que realmente seja o Criador e como Ele age.

Deus não pede absolutamente nada em troca para contemplar o homem com Suas graças. Quando pedimos alguma coisa aos santos (que não existem) estamos nos valendo de alguém que julgamos estar mais próximo; de um intermediário entre nós e a divindade. Como Deus não está preocupado com quem vai atender ao pedido, Ele permite que os bons Espíritos nos ajudem, quando isso for melhor para nós. Caso contrário, Ele deixa que a dificuldade siga o seu curso porque sabe que ela será útil ao nosso progresso.

Assim, fica fácil compreender por que nem sempre recebemos aquilo que pedimos. Deus, que é todo justiça e bondade, sabe muito bem o que é melhor para nós. Muitas vezes, onde vemos um mal, na verdade, temos um bem. Quantas vezes já não agradecemos, mais tarde, por algo que nos foi negado?

59. Aquele que morre assiste ao seu velório?

Para essa pergunta não existe uma resposta única, definitiva, pois ela sempre vai depender do modo como o Espírito desencarnou e do nível de adiantamento moral e intelectual que ele tinha. Geralmente, podemos dizer que a pessoa está presente ao seu velório e assiste a tudo o que se passa, mesmo que esteja em estado de perturbação.

Normalmente, os Espíritos benfeitores aproveitam o momento do velório para cortar os vínculos fluídicos que prendem o corpo astral do recém-desencarnado ao seu corpo físico. O vínculo de maior intensidade, o último a ser rompido, é o "cordão de prata". Ele une a nuca do corpo físico à nuca do corpo astral. Quando esse cordão se rompe, podemos dizer que o Espírito está livre da matéria, ou melhor, que ele retornou à pátria espiritual.

É muito importante que as pessoas que participam do velório ajam de maneira discreta, fiquem em silêncio e dediquem muito respeito ao morto. Isso propicia um ambiente saudável que facilita o trabalho dos benfeitores espirituais no desligamento dos vínculos magnéticos. Nos velórios onde o mais importante é rever os amigos, contar boas piadas e falar mal do recém-desencarnado ocorre o contrário, ou seja, a equipe socorrista tem um imenso trabalho para realizar o desligamento, o que aumenta em muito o sofrimento e a perturbação do falecido. Se essas pessoas soubessem o quanto esse comportamento atrapalha, seria melhor que não comparecessem.

A intensidade da perturbação durante o velório é diretamente proporcional à vida que a pessoa levou na Terra. Os que estão muito perturbados não conseguem compreender o que está acontecendo. Já aqueles que compreendem a sua nova condição, mesmo perturbados, participam ativamente do velório. Ficam felizes ou tristes com as demonstrações de apreço ou desprezo. Todos os desencarnados sofrem com a influência psíquica dos presentes, e ela pode aumentar ou diminuir essa perturbação. Aqueles mais espiritualizados, que em vida já se desapegaram da matéria, sofrem menos essa interferência, por isso, para eles, estar presente ou não no velório faz pouca diferença.

60. Quantas vezes é preciso rezar para que Deus nos atenda?

Toda oração sincera, feita com sentimento e que provém do coração é recebida por Deus. Ele não questiona se a oração é longa ou curta, o que importa é que ela venha do coração. Muitos vinculam o recebimento da graça ao número de vezes que a oração é repetida. Então, aquele que reza noventa Ave-Marias e noventa Pais-Nossos teria mais chance de ser atendido do que aquele que reza apenas uma vez? A lógica nos indica que não.

Quando repetimos uma oração por diversas vezes, com frequência, a nossa atenção se dispersa. Depois de um tempo, passamos a pensar em outras coisas, menos na prece que está sendo feita. As palavras saem da boca de forma mecânica e automática, mas não encontram eco no coração. Entretanto, é preciso fazer uma ressalva que parece ser bem importante: a prece sempre acalma os corações oprimidos, e o tempo que se gasta nela pode ser de muita valia para aquele que está apreensivo. Nesse caso, ela serviria mais como um calmante para a alma do que para obter a graça propriamente dita.

Assim, para se obter uma graça qualquer, podemos apenas e tão somente pedir a Deus aquilo que desejamos, e esse pedido pode ser feito através de uma oração ou por meio de uma solicitação simples, do tipo: "meu Deus, me concede a graça de receber tal coisa; evita que eu sofra por este ou aquele motivo; peço a Sua proteção durante a viagem", e assim por diante. Somente isso é o bastante. Se Deus entende que aquilo que estamos pedindo é justo e tem utilidade, Ele permitirá que os bons Espíritos venham em nosso auxílio, mas se aquilo que estamos pedindo não nos for benéfico, a prece não será atendida. A nossa capacidade de julgar é limitada, e o que parece ser um bem, às vezes, não é.

Também é importante lembrar que, para orar, não é preciso ficar de joelhos, com as mãos justapostas e com os olhos fechados. A prece chega a Deus pelo pensamento, e para que o pensamento se transmita no Espaço, não há necessidade de manifestações exteriores. É um erro se apegar mais ao ritual e à quantidade de palavras do que ao pedido em si!

61. Lugares mal-assombrados

Existem lugares mal-assombrados? Não! Existem lugares onde os Espíritos permanecem depois que morrem por continuarem apegados ao local onde viveram. É como se eles ainda fossem os verdadeiros proprietários. Isso ocorre com mais frequência nos lugares afastados dos grandes centros, como em casarões antigos, fazendas, castelos, palácios, construções abandonadas etc.

Em virtude da sua natureza etérea, o Espírito propriamente dito não pode atuar diretamente sobre a matéria. Ele sempre vai precisar de um elemento intermediário, que é o fluido nervoso ou ectoplasma doado pelo médium de efeitos físicos e que, na maioria das vezes, nem desconfia ser ele o doador. Quando essa doação involuntária acontece, o Espírito, antigo morador do local, tem condições de combinar o fluido que emana do seu corpo astral com o fluido do médium e, pela ação da sua vontade, consegue manipular a matéria. Pode acender uma luz, ligar um eletrodoméstico, derrubar um copo no chão, bater numa porta, levitar um objeto qualquer e assim por diante.

Se entre os novos proprietários não tiver alguém com essa faculdade, o Espírito nada poderá fazer. No entanto, se uma pessoa portadora dessa mediunidade for visitar o local, o Espírito pode se aproveitar do ectoplasma da visitante e promover os fenômenos. Assim, o lugar passa a ser mal-assombrado. Mesmo que o Espírito desencarnado não tenha conhecimento de como as coisas acontecem, a vontade dele em perturbar é tão grande que basta o médium aparecer para que os fenômenos se realizem. É por isso que, nos lugares que são tidos como mal-assombrados, as manifestações nem sempre acontecem. Elas estarão sempre na dependência de um médium doador de ectoplasma.

Algumas pessoas sensíveis conseguem detectar a presença do Espírito e a sua inconformidade. Conversam mentalmente com ele, mostrando que o lugar não lhe pertence mais e que o melhor é se afastar. Isso dá muito mais resultado do que promover rituais de exorcismo, por exemplo, onde são ditas palavras sacramentais, colocados amuletos, mandalas, guias de proteção e outros objetos que servem apenas para que o Espírito ria e se divirta um pouco.

62. AS ENERGIAS NEGATIVAS

De onde vêm as energias negativas se elas não existem na natureza? Elas provêm, em cem por cento dos casos, da conduta errada dos homens. Toda e qualquer discussão, desavença, briga ou desentendimento entre pessoas são formadoras de energias negativas. A maledicência, que é a arte de falar mal dos outros, muitas vezes sem motivo, é um gerador fantástico de energias negativas. Outro gerador, não menos fantástico, é a mídia. Ao divulgar, com detalhes, somente notícias ruins, tais como crimes, assaltos, mortes, desvio de verbas públicas e toda sorte de maldades, ela forma, em nossos ambientes domésticos, um imenso foco dessas energias.

As energias negativas possuem a propriedade de se adensar à medida que vão se formando. Quanto mais intenso for o fato gerador, maior a quantidade delas, e por serem pesadas, não se dissipam com facilidade. Uma casa onde alguém morreu assassinado depois de uma grande discussão é um ambiente que ficará impregnado negativamente. O sentimento de angústia e desespero, sentido por aquele que morreu, ficará vibrando no local por anos e às vezes até por séculos. Muitos Espíritos que participaram dos acontecimentos ficam presos ao ambiente potencializando sobremaneira essas energias negativas.

Qualquer um que tenha um pouco de sensibilidade, ao entrar no local da tragédia, sente-se mal e não vê a hora de sair. Ele não saberá o que de fato aconteceu, mas capta a negatividade do ambiente. Mesmo que o local do crime tenha sido reformado, a negatividade permanece. Esse é um dos motivos pelo qual em determinados lugares, empreendimento nenhum dá certo.

Ocorre o mesmo quando uma pessoa muito perfumada entra num ambiente e depois sai. Os que chegam depois sentem o perfume, mas não sabem quem esteve ali. Tanto o perfume como as energias negativas precisam de um tempo para se dissipar. Esse tempo é diretamente proporcional à concentração do perfume e à intensidade das energias nefastas que ficaram impregnadas no ambiente. Nos trabalhos de Apometria, utilizamos os Espíritos da natureza (falaremos adiante) para dissipar essas energias.

63. O MOTEL

Normalmente, o motel é um lugar onde muitos se encontram para traições e para dar vazão ao sexo desregrado. Os Espíritos que desencarnaram e que ainda continuam ligados aos prazeres do sexo frequentam esses lugares na busca de captar os fluidos energéticos que emanam dos casais frequentadores. Se as pessoas soubessem que, diferentemente do que imaginam, não estão entre quatro paredes, ou melhor, estão acompanhadas por uma multidão de Espíritos ávidos pelos prazeres da carne, certamente pensariam duas vezes antes de entrar.

Isso sempre acontece? Sim, porque os Espíritos que desencarnam ainda ligados às más paixões são numerosos. Como no plano espiritual eles não podem mais saciar seus desejos na área do sexo, da libertinagem, da promiscuidade e das orgias em geral, procuram os motéis, que são lugares onde tudo isso é possível.

Aqueles que pudessem ver o ambiente astral de um motel, onde vivem Espíritos que já estão com os seus órgãos sexuais totalmente deformados, em função do monoideísmo (pensamento fixo em apenas uma ideia), por certo ficariam horrorizados e procurariam evitar entrar em tais lugares.

Por que ninguém fala sobre esse assunto? Primeiro porque desconhece e, segundo, porque aqueles que têm algum conhecimento preferem ficar calados, pois o motel é um comércio extremamente lucrativo. O ambiente negativo fica ainda mais agravado pelo fato de que a grande maioria dos frequentadores está envolvida em relacionamentos que trazem consigo a culpa da traição e a certeza de que estão fazendo algo errado. Essas "energias negativas de culpa" se aderem ao corpo astral e rebaixam sobremaneira o padrão vibratório dos aventureiros. É muito difícil se libertar delas porque o sentimento de culpa não permite que isso aconteça. É só uma questão de tempo para que elas comecem a se manifestar no corpo físico, através das mais variadas doenças, como depressão, ansiedade, câncer e tantas outras.

O apóstolo Paulo já havia nos advertido: "tudo nos é permitido, mas nem tudo nos convém!" Então, nunca é tarde para repensarmos nossas atitudes.

64. A VERDADEIRA PROPRIEDADE

O que de fato o homem possui? Ele, na verdade, só é proprietário daquilo que pode levar deste mundo. Daquilo que ele encontra ao chegar e do que ele deixa ao partir, só pode usufruir durante o período em que permanece na Terra. Ao desencarnar, o homem é forçado a abandonar tudo, por isso não tem sobre seus bens a posse verdadeira.

Do que, então, ele é proprietário? Nada do que se destina ao uso do corpo, mas tudo o que se destina ao uso da alma: a inteligência, os conhecimentos e as qualidades morais. É isso o que ele traz e leva consigo de forma aprimorada se aproveitou a encarnação. Esses são valores que nunca poderão ser perdidos nem roubados e terão muito mais utilidade no mundo dos Espíritos do que neste.

Assim, dependerá somente de o homem estar mais rico ao partir do que quando chegou a este mundo. Sua posição futura será o resultado do que tiver adquirido em bens morais. Ninguém vai lhe perguntar: "quanto dinheiro você tinha na Terra? Qual era a sua posição social? Você era empresário ou operário?" Ao contrário, vão lhe perguntar: "quantas pessoas você ajudou? Quantas lágrimas secou?" Não será levado em conta nem o valor de seus bens nem os títulos que possuía. Somente será considerado a soma das suas virtudes. É desse modo que, no mundo dos Espíritos, o operário poderá ser mais rico que o empresário.

Em vão, o homem poderá alegar que pagou com ouro a sua entrada no Céu, porém terá como resposta: "aqui os lugares não são comprados, são conquistados pela prática do bem. Com o dinheiro da Terra, você pôde comprar casas, carros, palácios, mas, aqui, tudo é pago com as qualidades da alma".

No fundo, todos sabem que é assim mesmo que as coisas funcionam. Então vem a pergunta: "por que o homem precisa adquirir tanto?" Muitos não terão nem tempo de gastar o que amealharam. Se foi de forma lícita, menos mal, mas se foi de forma ilícita, que decepção essas criaturas vão encontrar do lado verdadeiro da vida, onde nada pode ser escondido. Seus atos ficarão à mostra e serão vistos por todos. Será inútil buscar um lugar para se esconder. Pobres criaturas!

65. Não se pode servir a Deus e a Mamon (deus da riqueza)

"Ninguém pode servir a dois senhores porque, ou ele vai odiar a um e amar o outro, ou vai se afeiçoar a um e desprezar o outro. Não se pode servir ao mesmo tempo a Deus e a Mamon" (Lucas, 16:13). A recomendação de Jesus é no sentido de que aquele que escolhe o caminho da virtude não pode trilhar o do egoísmo e do orgulho. Eles não combinam. Na parábola, Jesus pede ao jovem para que siga os mandamentos, para que venda tudo o que tem, dê aos pobres e, depois, o siga. Mas o jovem, ouvindo essas palavras, retira-se muito triste, porque possuía muitos bens. Jesus, então, diz a seus discípulos: *"em verdade, eu digo a vocês que é bem difícil um rico entrar no Reino dos Céus"*. E acrescenta: *"é mais fácil um camelo passar pelo buraco de uma agulha do que um rico entrar no Reino dos Céus"*.

Servir a dois senhores é estar do lado do bem e do mal ao mesmo tempo, o que não é possível. Ou se é bom ou se é mau. Quem trilha um caminho não pode trilhar outro. Dar valor somente às coisas materiais, acumular tesouros numa atitude egoísta e não dividir com os menos afortunados é uma demonstração de insensatez. Do mesmo modo, valorizar somente as coisas espirituais, sem levar em conta as necessidades materiais, também é uma insensatez, porque, nesse caso, qual o sentido de estar reencarnado na Terra?

As pessoas vivem como se nunca fossem morrer, como se a fortuna pudesse ser usufruída eternamente. Não percebem que podem dividir e ainda lhes restará muito; que não conseguirão gastar tudo nesta existência. Por que isso acontece? Pelo nível de inferioridade em que se encontra a nossa humanidade; pelo orgulho e pelo egoísmo que são, desde o início dos tempos, as duas chagas da nossa sociedade. Quando um político promete aquilo que não vai cumprir, ele está servindo a dois senhores: o da mentira e o da ilusão. E se ele cumprisse? Aí, estaria servindo somente a um senhor: o da verdade. Aqueles que detêm o poder tem por obrigação fazer prosperar os que estão sob o seu comando. Se o poder fosse um motivo de perdição, Deus não o teria colocado na mão do homem. É preciso escolher de que lado se quer ficar.

66. A RIQUEZA

As palavras de Jesus, quando diz que é mais fácil um camelo passar pelo buraco de uma agulha do que um rico entrar no Reino dos Céus não devem ser interpretadas ao pé da letra, caso contrário, a riqueza se tornaria um obstáculo absoluto à salvação daquele que a possuísse. Deus não colocaria a riqueza na mão do homem se ela fosse um instrumento absoluto de perdição. Esse pensamento contraria a razão.

A riqueza, em virtude das tentações que oferece e da fascinação que exerce, é uma prova muito arriscada. Ela chega mesmo a ser mais perigosa do que a miséria, uma vez que é o maior estimulante do orgulho, do egoísmo e da vida sensual. É o laço mais forte que prende o homem na Terra e desvia seus pensamentos do Céu.

A riqueza causa tamanha perturbação que, com frequência, se vê aquele que passa da miséria à fortuna esquecer rapidamente da sua condição anterior. Esquece os velhos amigos que o ajudaram e torna-se insensível, egoísta e fútil. Mesmo com todas essas tentações, a riqueza, se bem aproveitada, pode se tornar um meio de salvação na mão daquele que a souber utilizar.

Se ela é a fonte de muitos males, se estimula tanto as paixões nocivas, não é a riqueza que devemos culpar, e sim aos que dela fazem mau uso. É a consequência direta de viver num mundo inferior. Se a riqueza produzisse somente o mal, Deus não a teria colocado na Terra. Cabe ao homem utilizá-la somente para o bem. Se ela não é um componente direto do progresso moral, é, sem dúvida, um poderoso componente do progresso material e intelectual.

A riqueza precisa ser vista como um meio de realização das necessidades do homem. Sem ela, não haveria grandes empreendimentos, pesquisas e nenhum estímulo ao progresso. Portanto, o homem rico tem uma importante missão, que é a de fazer prosperar aqueles que dependem da sua fortuna. Que grande felicidade espera, do outro lado da vida, aqueles que dividiram sua riqueza com seus irmãos menos aquinhoados. Eles receberão cem vezes mais, não duvidem!

67. O pagamento do dízimo

O pagamento do dízimo é uma invenção do homem, mas que foi colocada na conta de Deus. O Criador nunca pediu a ninguém que pagasse dez por cento de tudo o que recebe. Se Deus se envolvesse com pagamentos em dinheiro, estaria se rebaixando ao nível dos homens, o que não é possível!

Ele não precisa que Seus filhos paguem o dízimo para contemplá-los com Suas graças. Dizer ao contrário é enganar a quem paga. O que Ele quer é que façamos o bem, que ajudemos o próximo, material e moralmente. Ao fazer o bem, emanamos energias positivas que envolvem o ambiente onde nos encontramos, e todos recebem o benefício. Todo bem ou todo mal que fazemos na Terra sempre retorna multiplicado. Se os seus frutos não forem colhidos nesta vida, certamente serão nas existências futuras. Deus não pede a ninguém o pagamento de promessas, de dízimos, orações cumpridas, nada disso, a única coisa que Ele solicita é a caridade desinteressada, a única que tem valor a Seus olhos.

Ele não se importa com a religião que cada um segue. De que adianta ser espírita, por exemplo, e promover o mal em prejuízo dos outros? De que adianta pagar o dízimo e continuar roubando, traindo e fazendo coisas erradas? Para que serve pagar uma promessa e depois não mudar sua vida para melhor? Todas essas coisas são criações do homem e estão vinculadas ao elemento material, por isso não chegam a Deus.

Então, pagar o dízimo, cumprir uma promessa e rezar uma novena são coisas prejudiciais? Claro que não! O que estamos querendo mostrar é que o homem não tem necessidade de seguir esses caminhos para chegar a Deus. Sua misericórdia se estende por toda a Terra, independentemente se seguimos esta ou aquela religião; se pagamos ou não promessas e dízimos ou se fazemos orações longas. Jesus foi o Espírito mais evoluído que encarnou na Terra e não tinha religião. Limitava-se a instruir aqueles que o cercavam e curava aqueles que já tinham *merecimento*. Ele nunca pediu manifestações exteriores de adoração a Deus, ao contrário, sempre as condenou.

68. Quanto tempo um Espírito precisa para reencarnar?

Não existe uma resposta definida para essa pergunta. O Espírito pode reencarnar logo em seguida, de forma compulsória, depois de alguns meses, de um ano, de vários anos e até de séculos. Não existe um período predeterminado para o Espírito permanecer no plano espiritual porque as necessidades de cada um são diferentes e variam ao infinito. O Espírito evolui tanto na Terra quanto no mundo espiritual, mesmo que as atividades e as necessidades sejam diferentes. Ele até pode escolher não evoluir, ou seja, ficar estacionário, mas nunca poderá regredir.

De um modo geral, os Espíritos pouco evoluídos e ainda muito ligados às coisas materiais não permanecem muito tempo desencarnado. As provas terrenas são fundamentais, pois eles evoluem mais na Terra do que no Espaço. Os Espíritos mais adiantados, moral e intelectualmente, aproveitam o período que estão desencarnados para aprenderem coisas que somente são possíveis no mundo espiritual. Os Espíritos que desencarnam em tenra idade permanecem pouco tempo na espiritualidade e, geralmente, reencarnam na mesma família.

Então, qual o motivo para o Espírito desencarnar cedo? Às vezes é o complemento de um período que foi interrompido acidentalmente na última encarnação, mas, na maioria dos casos, a prova não é para o Espírito que desencarna, e sim para os pais que sofrem a sua perda.

A inércia, que é uma lei da física, diz: todo corpo que está em repouso tende a permanecer em repouso a menos que uma força contrária o coloque em movimento. E todo corpo que está em movimento tende a permanecer em movimento a menos que uma força contrária se oponha a esse movimento. Desse modo, os Espíritos que estão encarnados querem continuar encarnados, e os que estão desencarnados, a mesma coisa. O Espírito, mesmo estando doente, nunca sabe ao certo o dia em que vai morrer. Já o Espírito que retorna tem consciência desse retorno e até se prepara para ele. A reencarnação compulsória é somente para os Espíritos inferiores, que não têm condições de escolher o que será melhor para sua evolução.

69. A VINGANÇA

A vingança é um sinal de inferioridade dos homens que a ela recorrem e dos Espíritos que se juntam a eles para inspirá-la. Ela é totalmente contrária aos ensinamentos do Cristo, que diz: "perdoem os seus inimigos". Não se conhece ninguém que tenha auferido alguma vantagem em se vingar. Existem inúmeros tipos de vingança. Quando a pessoa é mais forte, ataca ferozmente aquele a quem considera seu inimigo, bastando para isso a simples presença do desafeto para que cresça a cólera, a paixão e o ódio. Na maioria das vezes, a pessoa toma uma aparência fingida, disfarçando o que guarda no fundo do coração, ou seja, seus maus sentimentos. Por caminhos escusos, persegue na sombra o seu inimigo, sem que ele de nada desconfie. Espera o momento mais favorável para executar a sua vingança, evitando correr algum risco. Assim, vigia o inimigo sem cessar, preparando-lhe armadilhas odiosas, e, quando surge a ocasião, executa-o sem piedade.

Também existe a vingança covarde, aquela que ataca o inimigo em sua honra e em suas afeições. A pessoa dissemina aos quatro ventos a calúnia e as falsas insinuações. Quando o perseguido chega aos lugares por onde elas já passaram, surpreende-se ao ver seus amigos e parentes afastando-se e tratando-o com desprezo. O covarde que se vinga dessa maneira é cem vezes mais culpado do que aquele que enfrenta o seu inimigo e o insulta pela frente.

A vingança é o motivo principal da maioria das obsessões. Uma pessoa prejudica a outra, traindo a sua confiança. As duas morrem e retornam ao mundo dos Espíritos. Mais tarde, apenas a que traiu reencarna. A que sofreu a traição inicia, então, a sua vingança. Por estar invisível, tudo lhe é facilitado. Persegue seu algoz de outrora até que tudo na vida dele comece a dar errado. Finalmente, ele acaba sucumbindo diante de tantos problemas. A felicidade que se colhe de uma vingança, além de ser falsa, é efêmera. Aquele que se vinga nunca está satisfeito, pois entende que a sua vítima ainda não sofreu o suficiente. O problema é que o algoz de hoje será a vítima de amanhã e assim sucessivamente até que um deles perceba que a vingança impede a evolução.

70. A COLHEITA DA VINGANÇA

As pessoas não têm consciência do tempo que perdem para executar uma vingança. Seja ela efetuada na Terra ou no mundo dos Espíritos, sempre será algo contrário às Leis de Deus, que manda pagar o mal com o bem. Existem vinganças que formam cadeias de ódio tão grandes entre os envolvidos que, com frequência, passam de uma encarnação à outra sem que o problema seja resolvido. Seguidamente, eles precisam renascer na mesma família, como irmãos, pai e filho, marido e mulher ou no mesmo círculo de amizades, como sócios, por exemplo, para que a aversão vá aos poucos se dissipando. Em casos extremos, o ódio é tão grande que os Espíritos envolvidos precisam reencarnar juntos, unidos um ao outro, dividindo o mesmo corpo. É o caso terrível dos irmãos siameses! *Somente o amor cobre uma multidão de pecados.*

O tempo gasto na execução de uma vingança pode custar ao Espírito algumas encarnações de muito sofrimento, pois enquanto ele está envolvido no processo, está deixando de progredir, seja como encarnado ou como desencarnado, não importa. Na vingança, não existe a figura daquele que ganha ou daquele que perde, pois os dois saem perdendo. Mesmo o que executa a vingança e desfruta do prazer efêmero que ela proporciona perde, porque fez o mal e terá que responder por isso.

Quando Jesus pede para perdoar não sete vezes, mas setenta vezes sete vezes, é porque ele já sabia do enorme envolvimento em que ficam presos aqueles que caem na armadilha da vingança. A nossa passagem pela Terra é tão rápida se comparada com a vida eterna do Espírito que não vale a pena gastar tempo e muito menos energia para executar uma vingança.

A pessoa que perdoa e consegue levar sua vida adiante está se credenciando para receber ainda mais dos benfeitores espirituais. A felicidade que sente aquele que realmente perdoa de coração não pode ser traduzida em palavras. Entretanto, a alegria passageira daquele que se vinga pode ser traduzida em várias encarnações de sofrimento. Será que vale a pena?

71. OS ANJOS DA GUARDA

Todo homem possui um anjo da guarda que vela por ele. Esse Espírito protetor sempre pertence a um grau um pouco mais elevado. Sua missão é conduzir o seu protegido pelo caminho do bem; ajudá-lo com seus bons conselhos; consolá-lo nas aflições e sustentar a sua coragem nas provas da vida.

O anjo da guarda acompanha o seu protegido desde o nascimento até a sua morte. Muitas vezes, esse acompanhamento continua no plano espiritual e mesmo através de várias encarnações, uma vez que essas encarnações não passam de períodos bem curtos, se comparados com a vida eterna do Espírito.

Normalmente, o Espírito protetor tem o direito de escolher aquele que lhe é simpático. Para uns, é um prazer, para outros, é uma missão ou um dever. O anjo da guarda só pode proteger uma pessoa de cada vez? Não, ele pode proteger mais de uma, mas sempre dará preferência ao seu escolhido.

O anjo da guarda sempre respeita o livre-arbítrio daquele a quem está protegendo. Assim, ele se afasta quando vê que seus conselhos são inúteis e que a pessoa prefere aceitar a influência dos Espíritos inferiores, mas ele não a abandona completamente e, sempre que pode ou percebe algum arrependimento, retorna para perto do seu protegido. Eles se alegram com as nossas vitórias e ficam tristes quando tomamos o caminho errado.

O homem pode negligenciar sabendo que o seu anjo da guarda estará sempre pronto a ajudá-lo? Pode, entretanto, ele só adquire experiência utilizando o seu livre-arbítrio e se responsabilizando pelo que faz. Ao não ver quem o ampara, precisa confiar em suas próprias forças. Não deveria ser um consolo para ele saber que têm sempre por perto seres superiores prontos a lhe aconselhar, amparar e ajudar? Os anjos da guarda são amigos mais confiáveis e devotados que os melhores amigos que se tem na Terra. A participação deles é fundamental, caso contrário, estaríamos sempre à mercê dos maus Espíritos, que constantemente tentam nos induzir ao erro. Eles ficam felizes quando reconhecemos a sua intervenção e mentalmente lhes agradecemos: "obrigado, meu anjo da guarda, por me livrar desse perigo!"

72. Magia negra

Tudo aquilo que é feito com a mente e com o auxílio dos maus Espíritos, visando prejudicar as pessoas em sua caminhada terrena, pode ser considerado magia negra. Então existe mesmo a magia negra? Infelizmente, sim, e ela é mais perigosa do que se possa imaginar. Muitos dizem que isso é bobagem e que Deus não permitiria que uma coisa dessas acontecesse. O livre-arbítrio do homem é respeitado em todo o Universo, por isso Deus deixa que o bem e o mal sigam o seu curso, e os homens escolhem de que lado querem ficar.

Os inúmeros rituais e objetos utilizados, juntamente com o sacrifício de animais, servem apenas para potencializar a vontade do malfeitor. A magia, propriamente dita, é sempre "mental", ou seja, ela provém da mente, e não dos objetos utilizados, pois estes servem apenas para fixar a energia negativa e evitar que ela se dissipe. Assim, quanto maior for o poder mental daquele que manipula esses apetrechos, maior será a intensidade da energia nefasta endereçada à vítima. Não é nosso objetivo descrever aqui os rituais e as técnicas utilizadas para se conseguir o que se deseja através da magia.

Existe magia negra para tudo o que se puder imaginar: trazer o amor perdido de volta, impedir a falência nos negócios, separar casais, evitar a perda do emprego, fechar ou abrir caminhos, causar doenças graves e assim por diante. Para que a magia atinja o seu alvo, é necessário que o malfeitor tenha algum objeto que faça a conexão com a vítima. Pode ser uma foto, uma mecha de cabelo, uma roupa íntima, enfim, qualquer coisa que tenha a vibração da pessoa visada. Esses objetos servem de "endereço vibratório", porque é através deles que a vibração negativa da magia encontra o seu alvo.

O malfeitor despeja a sua força mental sobre os objetos que escolhe para realizar a magia, tais como velas, bonecos de cera, pipoca, cachaça, milho e uma parafernália de coisas. Também pode utilizar o sofrimento e a angústia dos animais que são sacrificados para intensificar o trabalho. Sempre cercado por Espíritos inferiores, ele endereça tudo isso, com muito ódio, para a pessoa visada. Como o malfeitor não trabalha de graça, todo trabalho de magia negra requer pagamento em dinheiro. O valor envolvido é sempre proporcional ao tamanho da maldade que se deseja praticar e aos objetos que foram utilizados.

Toda magia negra possui uma vibração muito baixa, assim como tudo o que é feito para o mal. Portanto, é preciso que a vítima rebaixe o seu padrão vibratório para que a magia lhe atinja. Se a pessoa visada é boa e possui um padrão vibratório elevado, a magia não lhe atingirá. O problema é que todos nós, num determinado momento da vida, passamos por situações que rebaixam o nosso padrão vibratório. Pode ser uma desavença no trânsito, um desentendimento qualquer, uma discussão, uma injustiça sofrida e assim por diante. No momento em que o padrão vibratório da pessoa visada se rebaixa, a vibração nefasta da magia lhe atinge em cheio, e uma vez aderida ao seu corpo astral, lá permanecerá até que seja desmanchada.

E se a pessoa nunca rebaixasse a sua boa vibração? Nesse caso, a magia jamais a atingiria. Tudo é uma questão de sintonia vibratória. A magia negra é tão antiga quanto o mundo e foi utilizada em todas as épocas da humanidade. A única coisa que mudou foi a maneira como ela é feita.

Aqueles que mandam fazer trabalhos de magia negra, com a intenção de prejudicar terceiros, se envolvem com os Espíritos inferiores que frequentam esses lugares. No plano astral, esses Espíritos são escravos de mentes malignas, detentoras de grande poder mental, e que os obriga a cuidar do trabalho realizado, para que ninguém mexa. As pessoas que solicitam um trabalho de magia negra para atingir alguém desconhecem que elas também ficam impregnadas das energias negativas que envolvem todo o processo. Aquele que manda fazer é tão culpado quanto aquele que faz, e não tarda para que as coisas comecem a dar errado em sua vida.

Como a vibração da magia é mental, ela só pode ser desfeita no plano astral, porque é lá que ela atua. De nada adianta pagar para que o trabalho seja desfeito, e aquele que recebe para fazer o desmanche também se compromete porque está enganando quem paga. Os grupos mediúnicos que sabem manipular essas energias negativas recebem a permissão para desintegrar esse tipo de trabalho. Os bons Espíritos sempre se apresentam para ajudar, uma vez que o desmanche será feito em nome da caridade. Somente o bem vence o mal.

73. A EVOLUÇÃO ATRAVÉS DOS REINOS

Quando o homem começa efetivamente a sua jornada como Espírito? A essa pergunta, Allan Kardec respondeu: "Esse é um dos segredos de Deus. A esse respeito, só podemos ficar no terreno da observação, pois há inúmeras coisas que não foi dado ao homem conhecer. Quando estiver mais evoluído, certamente o véu que encobre esse mistério lhe será levantado!"

Deus, em Sua suprema justiça, quer que todos os reinos evoluam, desde o mineral, passando pelo vegetal, o animal, até chegar ao hominal. Então, perguntamos: o homem já foi um mineral? Léon Denis disse: "A alma dorme no mineral, sonha no vegetal, agita-se no animal e desperta no homem".

Sobre esse assunto, ainda estamos longe de um entendimento que seja minimamente razoável. Como a evolução é uma das Leis de Deus, tudo deve evoluir, tanto os seres vivos quanto o próprio planeta em que vivemos. Aquele que estivesse destinado a ser sempre um animal estaria sendo eternamente castigado pela Criação. Basta observar que, dentro de um mesmo reino, temos uma infinidade de espécies, onde umas já estão bem mais evoluídas do que as outras.

O diamante é mais evoluído que a pedra bruta; a figueira é mais evoluída que a samambaia; o cachorro é mais evoluído que o rato, e assim por diante. O processo de evolução, dentro do mesmo reino, é sempre contínuo. A inteligência do homem, por ser ainda muito limitada, não lhe permite compreender como a evolução acontece dentro do mesmo reino, ou seja, quando um animal deixa a sua espécie para nascer numa espécie mais evoluída. Se dentro do mesmo reino já é difícil compreender como a evolução se processa, que dirá de um reino para outro!

A teosofia nos ensina que os animais estão vinculados a uma "alma-grupo". Depois da morte, eles retornam para essa alma trazendo consigo a experiência que adquiriram na última encarnação. Assim, a alma-grupo vai evoluindo até o momento em que um determinado animal não precisa mais renascer como animal. Nesse momento, ele passa a ter suas primeiras encarnações como Espírito individualizado. No entanto, como e quando isso acontece, ninguém sabe.

74. A CRIAÇÃO

O princípio das coisas, ou melhor, como elas surgiram, faz parte dos segredos de Deus. Sabemos que Ele é o autor de todas as coisas. Mas quando e como Ele as criou? A matéria existe, assim como Deus, desde toda a eternidade? Eis perguntas para as quais não temos respostas. Os diferentes mundos resultam da aglomeração e da transformação da matéria. Assim como todos os corpos materiais, certamente eles tiveram um começo e terão um fim, seguindo as leis que regem o Universo.

Deus criou os mundos materiais e colocou os Espíritos para viver neles. Não conhecemos a origem nem de que maneira os Espíritos são criados. Apenas sabemos que eles são criados "simples e ignorantes", ou seja, sem sabedoria e sem discernimento entre o bem e o mal. Entretanto, possuem a inteligência para se aperfeiçoarem. À medida que o Espírito evolui, através das inúmeras encarnações, ele adquire o livre-arbítrio, que é a liberdade de fazer ou não alguma coisa. É nesse momento que ele passa a ser responsável pelo bem ou pelo mau que venha praticar.

O objetivo de todo Espírito é sempre a evolução. Através dela, ele alcança a perfeição e desfruta, em consequência disso, da felicidade suprema. Ela pode ser conquistada de maneira mais lenta ou mais rápida, dependendo de como ele vai usar o seu livre-arbítrio. Os Espíritos encarnados constituem a humanidade. A alma do homem é um Espírito encarnado. A vida espiritual, por ser eterna, é a vida verdadeira do Espírito. A vida em corpo físico é transitória e não passa de um instante na eternidade. A encarnação do Espírito é uma lei do Universo. Ela é necessária para que ele desenvolva a sua inteligência.

O Espírito não pode adquirir, numa única existência corpórea, todas as qualidades intelectuais e morais que haverão de conduzi-lo à perfeição. A cada nova existência ele traz, das anteriores, o que adquiriu em inteligência e em moralidade. Traz também as imperfeições das quais ainda não se livrou. O número de encarnações terrenas é diretamente proporcional ao progresso moral e intelectual que o Espírito realiza em cada uma delas.

75. O CORPO ASTRAL E AS MANIFESTAÇÕES MEDIÚNICAS – PARTE 1

Os Espíritos têm um corpo fluídico ao qual chamamos de "perispírito" ou "corpo astral". A sua substância é retirada do *"fluido cósmico universal"*, que forma tudo o que existe no Universo. O corpo astral é mais denso nos Espíritos inferiores e mais sutil nos superiores. Ele também varia em conformidade com a natureza dos mundos. Nos mundos inferiores, ele é mais grosseiro e se aproxima da matéria bruta. Nos superiores, ele é diáfano, etéreo, transparente e chega a tangenciar a imaterialidade.

Durante a encarnação, o Espírito conserva o corpo astral que possuía antes de reencarnar. O corpo físico para ele não passa de um segundo envoltório, mais grosseiro e resistente, porém apropriado às funções que o Espírito deve executar na Terra. Por ocasião da morte, o Espírito se despoja desse segundo envoltório mais grosseiro, que é o seu corpo físico. O corpo astral serve de intermediário entre o Espírito propriamente dito e o corpo de carne. Ele transmite as sensações do Espírito para o corpo e vice-versa.

Devido a sua natureza fluídica, o corpo astral tem a propriedade de se expandir, de se irradiar para o exterior. Assim, comandado pelo "pensamento" e pela "força de vontade", o corpo astral forma em torno do corpo de carne uma espécie de atmosfera, que pode se expandir muito ou pouco em obediência a essa vontade. É graças a essa propriedade de expansibilidade que pessoas distantes umas das outras podem manter contato através de seus corpos fluídicos e transmitirem, sem ter consciência, as suas impressões e, às vezes, até mesmo a intuição de seus pensamentos.

O corpo astral, sendo um dos elementos que constituem o homem, desempenha um papel muito importante em todos os transtornos pelo qual ele passa, sejam eles físicos ou mentais. Toda doença que atinge o homem, seja ela qual for, tem seu início no corpo astral, para só depois se materializar no corpo físico. Quando a medicina levar em conta a influência que o corpo astral exerce sobre o físico e a mente, novos horizontes irão se abrir, e a cura de muitas moléstias surgirá de forma natural e simples. Aguardemos!

76. O CORPO ASTRAL E AS MANIFESTAÇÕES MEDIÚNICAS – PARTE 2

É por meio do seu corpo astral que os Espíritos atuam sobre a matéria inerte e produzem os diversos fenômenos mediúnicos. A natureza etérea do corpo astral não constitui um empecilho para que os Espíritos produzam esses fenômenos. Eles misturam uma parcela do fluido do seu corpo astral com o "fluido nervoso" ou "ectoplasma" exsudado pelos médiuns e, assim, por força da sua vontade, podem manipular a matéria produzindo os diversos efeitos físicos, tais como: pancadas, ruídos de toda espécie, elevação de objetos, transporte, lançamento de objetos no espaço e assim por diante. Os Espíritos também podem se manifestar pela transmissão do seu pensamento, pela aparição, pela palavra, pelo tato, pela escrita, pelo desenho, pela música etc.

Essas manifestações podem ser espontâneas ou provocadas. As espontâneas ocorreram em todas as épocas e em todos os países. Na Antiguidade, o meio de provocar essas manifestações já era conhecido, mas era privilégio de algumas castas que só o revelavam a alguns iniciados e sob condições rigorosas. Escondê-lo do povo em geral era uma forma de dominá-lo pelo prestígio de um poder oculto. Entre alguns indivíduos, esse poder oculto se perpetuou pelo tempo até os nossos dias, mas quase sempre desvirtuado pela superstição ou associado às práticas ridículas de magia, o que contribuiu para desacreditá-lo.

A Doutrina Espírita, ao estudar essas manifestações de maneira séria, retirou delas o lado sobrenatural, mágico e supersticioso. Foram os próprios Espíritos que, por intermédio dos diversos médiuns, trouxeram o esclarecimento de como os fenômenos acontecem. Foi um véu que se levantou sobre séculos de escuridão. Uma vez estudadas e compreendidas, as manifestações mediúnicas tomaram o seu verdadeiro lugar. E por que o véu não foi levantado antes? Porque a humanidade ainda não estava pronta para compreender de que modo as manifestações acontecem. Os médiuns, naquela época, eram considerados bruxos, e muitos foram queimados nas fogueiras da Inquisição. Esconder a mediunidade era a única maneira de salvar a pele. Era a batalha entre a força bruta da ignorância de um lado e a verdade ainda não compreendida de outro.

77. A EUTANÁSIA NOS ANIMAIS

A eutanásia acontece quando, por misericórdia, se tira a vida de alguém para abreviar seu sofrimento. É permitido fazer a eutanásia nos animais? Essa questão é complexa, uma vez que pode ser analisada por diversos ângulos. Entretanto, aqui, é preciso fazer uma distinção entre o homem e o animal. A Doutrina Espírita nos ensina que ninguém está autorizado a tirar a vida de quem quer que seja, pelo simples fato de que não foi ele quem a deu.

Todos os Espíritos reencarnados na Terra, sem exceção, têm um carma a resgatar e uma missão a cumprir. Esse carma provém das vidas anteriores. Somente Deus sabe o momento exato em que Seus filhos devem retornar. Mesmo nos casos de muito sofrimento, em que não há mais esperança de retorno à vida, ainda assim não se pode cometer a eutanásia.

O Espiritismo também nos esclarece sobre o quanto é importante para o Espírito os seus últimos momentos de vida. Como a nossa visão é limitada, enxergamos apenas o lado material da situação, e não nos é dado ver o lado espiritual, onde a verdadeira vida acontece. Todo aquele que abrevia a vida de alguém, mesmo que seja a título de compaixão, comete um crime aos olhos de Deus, pois encerra uma vida que não lhe pertence. Não existe diferença entre tirar a vida de uma pessoa faltando uma semana para ela morrer ou faltando um minuto. O crime é o mesmo!

Quantos arrependimentos esse Espírito não poderia ter em seus últimos minutos de vida? Não podemos interferir nos desígnios de Deus, seja qual for a desculpa que se dê para isso.

Quanto aos animais, o caso é um pouco diferente. Eles não têm carma a resgatar, uma vez que não possuem livre-arbítrio. Se não praticaram o bem, também não praticaram o mal. Se já foram utilizados todos os recursos para manter a vida do animal e ainda assim ele continua sofrendo, sem perspectiva de retorno a uma condição saudável, é lícito se optar pela eutanásia. O animal não colherá proveito algum do sofrimento que experimenta, pois não tem do que se arrepender. Tudo é uma questão de bom senso!

78. Presente, passado e futuro – parte 1

Se colocássemos a nossa mente para viver somente no presente, evitaríamos uma série de contratempos que atrapalham o nosso dia a dia, mas por que não conseguimos? Porque estamos tão acostumados a fazer a conexão com o passado e com o futuro que nem nos damos conta. Ligamos o automático e seguimos em frente.

Sempre que deslocamos a nossa mente para o passado, levamos junto a nossa energia. Como não é possível realizar nada no passado, perdemos um tempo precioso permanecendo lá. Quando retornamos, deixamos para trás uma parte da energia que foi deslocada. Tanto isso é verdade que as pessoas que vivem relembrando o que passou tendem a ser depressivas e desvitalizadas, pois a energia que deixam no passado lhes falta para agir no presente.

Quando deslocamos a mente para o futuro, resolvendo problemas que ainda não aconteceram, e que talvez nem aconteçam, levamos também a nossa energia. Assim como acontece com o passado, uma parte da energia que foi deslocada não retorna conosco. Fazem parte desse número as pessoas que vivem sonhando, fazendo planos para o futuro e nunca aterrissam, não realizam nada de útil no presente, porque lhes falta energia e vontade. Essa energia deslocada, tanto para o passado quanto para o futuro, somente poderá ser dissipada pelo tempo.

O próprio Jesus disse: *"Não se preocupem com o dia de amanhã, pois o amanhã se preocupará consigo. A cada dia já basta o seu próprio mal"*. As boas ou as más obras só podem ser realizadas no presente. Existem várias máximas populares traduzindo essa verdade de forma inconsciente: "quem vive de passado é museu"; "o futuro a Deus pertence"; "o que passou, passou"; "amanhã resolvemos isso, deixa aí, mais tarde eu olho..." Não há lógica que justifique resolver problemas que ainda não existem, como também não há em tentar mudar o que já aconteceu. Quem vive no presente não tem tempo para sofrer com o passado nem com o futuro, porque um já não existe mais, e o outro talvez nem venha a existir.

79. Presente, passado e futuro – parte 2

Então, segundo o texto anterior, não devemos recordar o que passou nem ter sonhos para o futuro? Claro que não! Para tudo na vida deve haver um equilíbrio, pois a virtude estará sempre no meio. Não chegaremos a lugar algum remoendo o passado com pensamentos do tipo: "eu era feliz e não sabia"; "bons tempos aqueles"; "antigamente havia mais respeito"; "se não tivesse tido uma educação rígida, não seria o que sou hoje"; "naquele tempo tudo era mais fácil"; "as pessoas conversavam mais..." Aprender com os erros e acertos do passado é uma coisa, ficar preso nele é outra bem diferente.

O mesmo se pode dizer daqueles que colocam toda sua expectativa no futuro dizendo: "amanhã vai ser melhor do que hoje"; "quando eu tiver dinheiro, as coisas vão melhorar"; "estou aguardando a minha promoção para breve"; "assim que eu me formar, vou conseguir o emprego que mereço"; "ano que vem vou morar na praia"; "quero me casar com alguém que tenha muito dinheiro". E os sonhos tendem ao infinito...

Nem tanto ao mar, nem tanto a terra. As coisas acontecem no presente, e é nele que realizamos os nossos sonhos. Ninguém realiza nada no passado nem no futuro. É por isso que quando saímos da terceira dimensão, onde nos encontramos, o tempo é percebido de forma totalmente diferente, como no mundo dos Espíritos, por exemplo. O que para nós leva dez anos, lá pode parecer uma semana, um mês, um ano. Quanto mais sutil for o nosso corpo astral, menor será a influência do tempo sobre ele. Nas dimensões superiores, não existe nem passado nem futuro, tudo é o eterno agora.

Fica muito difícil imaginar as coisas acontecendo sem estarem sujeitas ao tempo. Levamos um tempo para nos deslocar de um ponto a outro, e isso pode ser representado por uma reta. Agora, se o tempo for representado por um círculo, ele não terá nem início nem fim. Assim, não poderá mais ser medido do mesmo modo que na Terra. O "pensamento" pode viajar para trás ou para frente, o "sentimento" não. Ninguém consegue sentir nada no passado nem no futuro, somente no presente. Exemplo: não se pode sentir frio no passado!

80. A TRANSFIGURAÇÃO

As propriedades do corpo astral de um Espírito desencarnado são as mesmas que de um Espírito encarnado. O corpo astral do homem não está confinado ao seu corpo físico. Em determinadas situações, ele pode sofrer modificações e se irradiar formando uma espécie de atmosfera fluídica que envolve todo o seu corpo de carne.

Quando isso acontece, ele pode tomar, por momentos, uma aparência completamente diferente, ou seja, tomar a aparência de outra pessoa ou mesmo a aparência do Espírito que está combinando os seus fluidos com o dele. Essa combinação pode dar a um rosto feio o aspecto de um rosto bonito e radioso, assim como a um rosto bonito o aspecto de um rosto feio. Tal fenômeno é conhecido como "transfiguração" e ocorre quando determinadas circunstâncias provocam uma expansão mais abrangente do corpo astral.

O fenômeno da transfiguração pode se manifestar em diferentes intensidades, conforme o grau de pureza do corpo astral. Esse grau de pureza está ligado intimamente à elevação moral do Espírito. Às vezes, a transfiguração se limita a uma simples mudança no aspecto da fisionomia. Outras vezes, ela pode dar ao corpo astral uma aparência luminosa e admirável. Desse modo, o corpo físico pode tornar-se invisível, desaparecendo sob o fluido que se irradiou do corpo astral. Essa irradiação pode ser considerada como um novo corpo, que possui propriedades novas e que, por isso, não pode ser estudado pelos processos comuns da ciência, mas que não deixam de ser propriedades naturais. A pessoa, portanto, pode, ao se transfigurar e misturar os seus fluidos com o fluido do Espírito, tomar a aparência de uma pessoa que já morreu. A ilusão é tão completa que aqueles que assistem ao fenômeno julgam estar na presença do falecido. A aparência da pessoa viva pode variar de acordo com a vontade do Espírito.

Embora muito raro, o fenômeno da transfiguração nada tem de sobrenatural, pois ele obedece às leis de expansibilidade do corpo astral. Na literatura espírita, encontramos a descrição de vários exemplos desse fenômeno.

81. O MAU-OLHADO

Existe mesmo o mau-olhado ou o olho gordo, como se costuma dizer? Infelizmente sim, e é uma realidade que pode trazer grandes prejuízos. Ele nada mais é do que uma vibração mental de intensidade muito negativa. Ele está presente nas pessoas que ainda estão dominadas pelos vícios e pelas más paixões, tais como: ciúme, orgulho, egoísmo, vaidade, sensualidade e, principalmente, inveja.

O mau-olhado pode ser endereçado a pessoas, crianças, animais, plantas e até mesmo a objetos inanimados. Essa energia negativa, que é lançada sobre as pessoas e as coisas, pode ser intencional ou não. Normalmente, a pessoa não tem a intenção de fazer mal, mas como ela é invejosa, essa energia negativa se desprende sem que ela consiga dominá-la.

No caso das crianças em tenra idade, o mau-olhado é conhecido como "quebranto". Acontece quando alguém vai visitar um recém-nascido e acha a criança muito bonita, por exemplo, e mentalmente pensa: "como eu gostaria de ter um filho assim!" A energia negativa se desprende da pessoa e atinge em cheio a criança, que, sem conseguir se defender, pouco tempo depois começa a sentir-se mal, ficando febril, irritadiça e chorando sem motivo aparente.

Antigamente as vovós, por pura intuição, colocavam uma fita vermelha na lapela das crianças para evitar o mau-olhado. Aquele que ia visitá-las direcionava seu olhar, de modo instintivo, para a fita vermelha e ali descarregava sua energia negativa. Depois que a visita ia embora, a fita era colocada no lixo e trocada por uma nova.

No espectro das cores, a energia vermelha é a de mais baixa vibração, por isso toda energia negativa vibra na cor vermelha. Não é por acaso que os prostíbulos são iluminados com a cor vermelha! O olho gordo se manifesta quando alguém gostaria de estar no nosso lugar e possuir as mesmas coisas. As energias negativas do sentimento de inveja nos atingem e, de uma hora para a outra, tudo começa a dar errado. Por isso, quanto menos ostentação, melhor!

A energia negativa do mau-olhado pode causar grandes prejuízos e até levar à morte. Os pássaros que vivem em gaiola são muito atingidos por essa energia nefasta, que provém de pessoas invejosas. Era muito comum os criadores de canários, por exemplo, esconderem seus pássaros de certas pessoas que eles sabiam de antemão possuir muita inveja. Achavam as aves lindas e desejavam ardentemente serem seus proprietários. Era o que bastava para o animalzinho morrer dois ou três dias depois. O mesmo acontece com as plantas mais sensíveis que enfeitam os ambientes. Depois da visita de alguém que possui o mau-olhado, elas simplesmente murcham e morrem.

Existem pessoas que não são atingidas pelo mau-olhado, pois a sua vibração não permite que as energias negativas se depositem sobre elas, mesmo quando são vítimas de pessoas invejosas. A energia que emana do bem nunca será atingida pelas más vibrações, pois não existe afinidade entre elas, ou melhor, elas não se misturam. As criaturas que atraem muitos olhares sobre si, por terem comportamento extravagante, usarem roupas sensuais, tatuagens esquisitas, piercings e assim por diante, recebem em cheio o impacto do mau-olhado que provém de pessoas invejosas que gostariam de também ser como elas, mas que, por diversos motivos, não podem ou não conseguem. Sendo assim, quanto menos a pessoa se expuser, chamando a atenção sobre si mesma, melhor.

Um amigo, que não ia a velório, me dizia: "quem não é visto não é lembrado". Aqueles que acham que isso é bobagem deveriam ter a consciência de que, se o pensamento negativo de uma única pessoa basta para nos fazer mal, o que não fará o de uma multidão?

A crendice popular utiliza inúmeras simpatias para afastar o mau-olhado. Entretanto, a mais eficaz é, sem dúvida, ter bons pensamentos. No caminho contrário ao do mau-olhado, temos as benzedeiras, criaturas de bom coração que trabalham de graça pelo simples prazer de curar. Ao impor suas mãos, desintegram e afastam os fluidos negativos, trocando-os por bons. A queima das verrugas no rosto e nas mãos é um belo exemplo de como usar a energia boa para ajudar as pessoas.

82. A PENA DE MORTE

A pena de morte resolve o problema dos crimes hediondos? Essa é uma pergunta que se fosse feita a nível mundial, talvez, a resposta passasse em muito dos 50%. A solução não é tão simples assim, pois nos países em que ela foi adotada o problema não foi resolvido.

Muitas vezes, nos deparamos com situações que a gente mesmo diz: "uma pessoa que faz isso, só matando". Mas será que isso adianta? Será que é assim mesmo? Segundo as Leis de Deus, ninguém tem o direito de tirar a vida de quem quer que seja. Autorizar a pena de morte hoje em dia seria retroceder aos tempos da barbárie. Temos que levar em consideração que estamos vivendo num planeta inferior, ou melhor, num planeta de provas e expiações, onde coisas terríveis ainda acontecem. Se fôssemos Espíritos mais evoluídos, certamente, estaríamos em mundos melhores onde nada disso teria lugar.

O mundo material e o mundo espiritual são a continuidade um do outro. Matar uma pessoa que cometeu uma atrocidade, aniquilando o seu corpo físico, é enviar para o mundo espiritual um delinquente. Como ninguém morre, ele continuará vivendo lá. Na verdade, apenas transferimos o delinquente de um plano para outro. Agora, serão os desencarnados que terão que conviver com esse indivíduo, ou seja, o problema não foi resolvido. Também é preciso lembrar que é justamente para lá que iremos depois do nosso desencarne. Ninguém se melhora somente porque morreu.

Todos nós, sem exceção, já fomos delinquentes e cometemos atrocidades. Se nos melhoramos e hoje não praticamos mais esses atos repugnantes é porque recebemos ajuda de irmãos mais evoluídos. Não estaríamos sendo egoístas ao querer essa ajuda somente para nós? Não seria egoísmo transferir o problema sem procurar resolvê-lo?

Temos ainda uma situação para qual não há solução: quem vai se encarregar da execução? Essa pessoa não terá que responder por esse ato? Quem de nós gostaria de se tornar um assassino somente por estar cumprindo ordens? A prisão perpétua, para esses casos, ainda parece ser a melhor solução.

83. A INSANIDADE DA GUERRA – PARTE 1

Por que existem guerras? Por que será que o homem precisa destruir e matar para se sentir feliz e poderoso? Essa resposta somente poderá ser dada pela evolução da humanidade como um todo. As pessoas de bem, por mais que queiram compreender uma guerra, não conseguem. Não existe nada de mais insano que destruir e matar somente para conseguir um poder que será sempre temporário. Nenhuma nação até hoje conseguiu manter tudo o que conquistou pelas guerras.

O Espírito, depois que desencarna, passa a ver a vida com outros olhos, ou melhor, com os olhos verdadeiros. Nessa nova condição, ele muda o seu foco de interesse e consegue perceber a inutilidade de várias coisas, como a guerra, por exemplo. Somente por pouco tempo as nações conseguem se estabelecer pela força, pois ela é contrária às Leis de Deus, que direcionam o homem para desenvolver o amor, a harmonia, a bondade, a serenidade, enfim, todas as virtudes que procedem do coração.

Os grandes Espíritos pacíficos que encarnaram na Terra – a começar por Jesus, o maior deles, Mahatma Gandhi, Krishna, Sidarta Gautama (Buda), Madre Teresa, Irmã Dulce, Chico Xavier, dentre tantos outros – até hoje são lembrados e venerados pelo rastro de luz que deixaram, ao passo que os belicosos são odiados.

A maioria dos Espíritos que participam de uma guerra não gostaria de estar nela, por isso, quando retornam ao mundo dos Espíritos, depois de terem sido abatidos, percebem a monstruosidade do que significa conquistar as coisas pela força bruta. Muitos sentem-se envergonhados pelo fato de terem participado de combates em defesa da sua pátria. Mas que pátria? Não somos todos irmãos? Por acaso existem duas humanidades? Por que uns têm que ser melhores do que os outros? Se os países se ajudassem, ao invés de guerrear, não seria melhor para todos? A resposta parece óbvia, mas, ainda assim, não é o que os homens fazem! Pobres criaturas, que terão que retornar para expiar o mal que fizeram. Pobres criaturas, que Deus com um sopro pode abater!

84. A INSANIDADE DA GUERRA – PARTE 2

Os costumes de um povo são o fruto de séculos de convivência. Passam pelas mesmas dificuldades, sofrem as mesmas necessidades, comemoram as mesmas vitórias, formam, na verdade, uma grande família. As pessoas se acostumaram a viver daquele modo e são felizes assim. No entanto, aquilo que serve para uns nem sempre serve para outros, e ninguém está certo ou errado.

Para determinados povos, casar-se com mais de uma mulher é normal, para outros, é um procedimento errado que certas religiões condenam. Quem está com a razão? Ninguém! A razão está no sentir-se bem sem prejudicar os outros; no ajudar sem precisar ser chamado; no dar sem esperar receber nada em troca. Então, os costumes de um povo são algo que somente a ele diz respeito. Nenhuma nação, por mais poderosa que tenha sido, jamais conseguiu impor seus costumes a outros povos. Eles até se submetem pelo poder da força e do medo, porém, como é impossível exercer a força o tempo todo, ao primeiro sinal de desgaste, aqueles que foram subjugados se reúnem e retomam o poder novamente. Pode demorar séculos, mas acaba acontecendo.

Não temos notícia de nenhum povo que tenha sido subjugado para sempre. Então, perguntamos: será que aqueles que buscam o domínio não sabem disso? Até sabem, mas como estão tomados pela ilusão do poder, não levam essa verdade em consideração.

É durante as guerras que a maldade humana tem a oportunidade de se mostrar como ela realmente é. A nossa decadência moral e espiritual expõe o lado monstruoso do ser humano. Os Espíritos inferiores, que ainda não compreenderam o seu verdadeiro papel na obra divina, se juntam à turba de homens insanos e potencializam seus desatinos. Aqueles que pudessem abarcar com a sua visão os dois lados do confronto, ou seja, o lado espiritual e o material, ficariam horrorizados e sentiriam vergonha de pertencer ao reino hominal. A guerra, tal como a conhecemos hoje, tende a desaparecer, assim como aconteceu com o duelo. Somente o tempo e a evolução das consciências poderão resolver esse problema.

85. Colônias ou cidades espirituais – Parte 1

O Mestre Jesus disse: *"Há muitas moradas na casa de meu Pai. Se não fosse assim, eu já teria dito a vocês"*. A principal função de uma colônia espiritual é servir de morada aos Espíritos desencarnados, enquanto eles aguardam a sua próxima encarnação na Terra. Lá, os Espíritos trabalham, estudam, têm momentos de lazer, encontram os familiares já desencarnados e procuram aproveitar a oportunidade para aprender uma série de coisas que só é possível no plano espiritual.

Ao longo de todo o Brasil, existem inúmeras cidades espirituais, e elas estão situadas acima das grandes cidades terrenas. Umas mais distantes da crosta, e outras mais próximas. Os habitantes da Terra não podem ver essas colônias, pois elas possuem uma agregação molecular menos densa, por isso vibram numa frequência mais elevada. Elas podem não ser reais para os encarnados, entretanto, para os que estão na mesma frequência, elas são tão reais quanto o plano material é para nós. Para interagir com uma determinada frequência, é preciso sintonizar com ela, como acontece com as ondas de rádio, por exemplo.

O que rege a formação das colônias espirituais é a Lei da Afinidade. Assim, elas têm uma destinação específica, tais como: socorrer aos que desencarnam ainda ligados aos problemas terrenos, e estes são a grande maioria; aos viciados de todos os tipos; aos doentes mentais; aos que desencarnam após doenças prolongadas; aos que se suicidam, e assim por diante. Também existem as colônias onde os Espíritos estudam aquilo que gostam, como a música, a pintura, a física, a química, a matemática, a literatura etc. Os Espíritos superiores comparecem a essas colônias e, através de suas palestras, proporcionam conhecimentos novos com o intuito de esclarecer seus moradores.

As casas são simples, pois não existe luxo, nem ostentação nem coisas supérfluas. Tudo tem uma utilidade. Os espaços são compartilhados e obedecem à lei da boa convivência. Podemos dizer que as cidades terrenas são uma cópia muito imperfeita das colônias espirituais. Os que vivem lá ficam muito tristes quando recebem a notícia de que em breve precisarão reencarnar!

86. Colônias ou cidades espirituais – parte 2

As colônias espirituais não são construídas com argamassa, tijolo e cimento, como fazemos na Terra. Elas não necessitam de guindastes nem de trabalhadores braçais. Então, como elas são construídas? A matéria do plano astral é muito plástica e pode ser conformada pela ação da vontade. Assim, os Espíritos puros, que possuem todas as qualidades e já desenvolveram todas as faculdades, utilizam a sua mente para moldar edifícios, casas, mesas, cadeiras, praças, jardins, fontes de água e tudo o que é preciso para compor uma cidade.

Muitos não vão aceitar essa explicação e até vão dizer que isso é impossível, mas, felizmente, a literatura espírita hoje possui inúmeros relatos, provenientes de diversas fontes, falando sobre a criação das colônias espirituais. O mais conhecido de todos é o livro *Nosso Lar*, psicografado por Chico Xavier. Nesse livro, o Espírito André Luiz descreve, com detalhes impressionantes, a colônia Nosso Lar, que fica situada, mais ou menos, acima da cidade do Rio de Janeiro. Sugerimos a leitura desse livro para aqueles que querem aprofundar seus conhecimentos sobre esse tema.

Chico Xavier tinha o que se chama de mediunidade mecânica, ou seja, ele não tinha consciência do que escrevia. Ele também ficou muito impressionado com os relatos sobre a cidade espiritual Nosso Lar. Chegou mesmo a pensar que estava sendo usado por Espíritos brincalhões que queriam apenas iludi-lo. A descrença naquilo que estava recebendo chegou a tal ponto que a comunicação com o Espírito André Luiz começou a ficar prejudicada.

Numa noite, enquanto seu corpo físico dormia, os mentores responsáveis pela obra levaram Chico, desdobrado, até a colônia astral Nosso Lar. Lá, ele visitou todos os departamentos, o bosque das águas e tudo o que estava sendo descrito no livro. Ao acordar pela manhã, ele tinha uma vaga lembrança do que havia visto. Entretanto, isso foi suficiente para que ele conseguisse terminar de receber o livro. Podemos dizer que, enquanto nós trabalhamos com os braços, os Espíritos superiores trabalham com a mente.

87. As diversas Nossas Senhoras

Para os homens que estão na Terra, existem diversas Nossas Senhoras, e elas possuem diversos nomes bem conhecidos: Nossa Senhora Aparecida; Nossa Senhora de Fátima; do Rosário; do Perpétuo Socorro; da Conceição, da Aparecida e assim por diante. E qual delas é a verdadeira Nossa Senhora? Se alguém é devoto de apenas uma delas, como ficam as outras? Não seria melhor ser devoto de todas ao mesmo tempo? Quantas existem? Só a impossibilidade de responder a essas perguntas indica que as coisas não podem ser bem assim. Na verdade, as pessoas talvez nunca tenham parado para fazer essa pergunta, ou seja, por que existem tantas Nossas Senhoras?

A mãe de Jesus foi uma só, pois não existe a possibilidade de alguém ter mais de uma mãe. Jesus, sendo o Espírito mais perfeito que já encarnou na Terra, não poderia ter como mãe um Espírito qualquer. Maria, a verdadeira mãe de Jesus, era um Espírito muito especial, com muitas qualidades e com virtudes bem acima da média, para que pudesse ter o merecimento de receber como filho alguém que mudaria os rumos da humanidade.

Jesus disse: *"Não pensem que eu vim destruir a lei ou desmentir o que os profetas disseram..."* Sendo assim, Jesus não poderia nascer de uma virgem, pois estaria destruindo não uma, mas diversas Leis da Natureza. As coisas são muito simples, mas alguns insistem em torná-las difíceis ao entendimento das pessoas comuns. Como alguém pode nascer de uma virgem? Esse fato vai contra toda a lógica possível! Ninguém precisa ser virgem para possuir virtudes. Isso, por si só, já estaria rebaixando todas as mulheres que perderam a virgindade!

A mãe de Jesus, como um Espírito especial que é, continua sua missão de ajudar a todos que lhe pedem graças. Aqueles que tiveram a oportunidade de vê-la, pelos vários cantos da Terra, também devem ter sido merecedores dessa visão. Ela é, portanto, um Espírito como todos os outros, filho do mesmo Pai, que é Deus, e que recebeu a sublime missão de ser a mãe de Jesus na Terra. Somente Espíritos muito evoluídos podem receber missões de tamanha envergadura e responsabilidade!

88. O SUCESSO E A FAMA

A maioria das pessoas trabalha para ser bem-sucedida em seu ramo de atividade. Quem não gosta de receber elogios? Isso faz parte da nossa realidade como Espíritos encarnados vivendo em um planeta inferior como a Terra. O sucesso é o desejo de todos, mas ele não pode nem deve ser obtido a qualquer preço.

Existem aqueles que lutam a vida inteira para, através do sucesso, se tornarem famosos em suas áreas de atuação. Passam pelas mais diversas privações, se prostituem se for preciso e fazem coisas que depois se arrependerão no futuro. Quantos não há que se envergonham hoje do seu passado, dos filmes que fizeram, das atitudes que tiveram que tomar? E tudo para alcançar o sucesso tão almejado.

O problema maior não é o sucesso em si, ao contrário, ele até é bem-vindo e deve ser desejado. No entanto, como sucesso e fama andam de mãos dadas, o perigo está em as pessoas se obstinarem em alcançá-lo, independentemente do preço que tenham que pagar. A mídia que coloca uma pessoa nos píncaros da glória é a mesma que a destrói sem a menor piedade. Aqueles que conseguem perceber isso a tempo, inteligentemente, saem de cena antes que o pior lhes aconteça.

A fama é algo limitante, pois a pessoa famosa perde totalmente sua privacidade. Ela não poder sair à rua, entrar num supermercado, caminhar na praia, entrar num restaurante etc. O preço a ser pago é muito alto. Será que vale a pena?

A fama não causa transtornos somente quando estamos na Terra, pois os famosos, quando desencarnam, também são reconhecidos no mundo dos Espíritos, e o assédio continua do outro lado da vida. É um fardo que só terá fim com a próxima encarnação. Poucos são os que têm condições de conviver com ela. É bom lembrar, porém, que é uma missão que o Espírito pede, antes de reencarnar, para utilizá-la como um exemplo a ser seguido, principalmente pelos jovens. Pelo fato de ela arrastar multidões, o compromisso assumido é gigantesco. A fama será sempre abençoada por Deus, desde que seja um espelho a refletir bons exemplos.

89. Causas atuais das aflições

As contrariedades da vida têm duas origens bem distintas: a primeira pertence a esta vida, e a outra pertence a vidas passadas. A maioria dos males terrenos tem como responsável o próprio homem.

Quantos não são vítimas do seu próprio desleixo, imprevidência, orgulho, ambição, falta de perseverança, mau proceder e por não saberem limitar seus desejos? Quantas uniões infelizes são constituídas com base no interesse, no dinheiro e na beleza? Quantas enfermidades não resultam da falta de moderação e dos excessos de toda ordem! Quantos pais tornam-se infelizes por não combaterem as más tendências que os filhos apresentam desde a infância, por indiferença e comodismo? Mais tarde, ao colherem o que semearam, ficam espantados e aflitos com a falta de respeito e a ingratidão dos filhos.

Normalmente, o homem é o autor do seu próprio infortúnio, mas, em vez de reconhecer, acha mais fácil e menos humilhante para a sua vaidade colocar a culpa na sorte, em Deus, nos maus Espíritos, na sua má estrela, quando, na verdade, a sua má estrela é a sua própria negligência. Os males dessa natureza somente serão evitados quando o homem se aperfeiçoar moral e intelectualmente. As leis humanas procuram punir somente as faltas que causam prejuízo à sociedade, portanto, não atingem aqueles que cometem faltas contra si mesmo. Deus, querendo o progresso de todos os Seus filhos, não deixa impune nenhum desvio do caminho reto. Não há uma só falta, por menor que seja, que não acarrete consequências mais ou menos dolorosas. Então, podemos dizer que o homem é sempre o responsável pelos erros que comete e, consequentemente, pelo seu destino.

A experiência que se adquire através do sofrimento faz com que seja possível perceber a diferença entre o bem e o mal. Se não fosse assim, o homem não teria motivos para se corrigir. Confiante na impunidade, retardaria seu adiantamento e sua felicidade futura. Isso vale tanto para a Terra quanto para o mundo dos Espíritos, porque lá também é possível continuar delinquindo. Desse modo, o homem é seu próprio juiz e somente a si mesmo pode culpar.

90. Causas anteriores das aflições

Existem aflições nas quais somente o homem é culpado e aflições que são alheias à sua vontade e que parecem atingi-lo como que por fatalidade. São acontecimentos que ele não tem como evitar, por exemplo: perda de pessoas amadas, calamidades naturais, enfermidades de nascença, doenças mentais e muitas outras.

Aquele que nasce com uma doença ou deformidade, seguramente, nada fez nesta vida para merecer uma sorte tão triste. Como explicar que numa mesma família possam nascer pessoas sadias e outras com deformidades físicas? Qual a explicação para as crianças que morrem pequenas e que da vida só conheceram o sofrimento? São esses problemas que nenhuma filosofia ou religião pôde resolver até hoje e que seriam a negação da bondade e da Justiça de Deus, na hipótese de que a alma e o corpo fossem criados ao mesmo tempo e de que a sorte deles dependesse apenas de uma única existência terrena.

Assim, podemos dizer com toda a certeza que aquele que sofre está resgatando erros cometidos em existências anteriores, não há outra possibilidade, pois, caso contrário, Deus não estaria sendo justo e, se Deus deixasse de ser justo, não seria mais Deus! A justiça divina se manifesta, de forma rigorosa, quando permite que o homem sofra aquilo que fez os outros sofrerem. A prosperidade do mal sempre será momentânea e passageira, porque se a pessoa não for punida hoje, certamente, será amanhã.

Não é só pelo sofrimento que o Espírito pode resgatar suas faltas. Tendo consciência do mal que praticou, ele pede, antes de reencarnar, a oportunidade de praticar o bem. Deus, em Sua bondade infinita, dá ao homem a condição para reparar seus erros através das sucessivas reencarnações e não o condena, de forma definitiva, pelas faltas cometidas. A Doutrina Espírita, ao rejeitar o ensinamento das "penas eternas", ministrado pela Igreja, está muito mais de acordo com a lógica e com a razão, pois ninguém pode pagar eternamente por um erro cometido, seja ele qual for. Se o Espírito ficasse eternamente num lugar, não evoluiria, e isso contraria as Leis da Natureza!

91. Sofrer com resignação

Uma das coisas mais difíceis é encontrar alguém que sofra de forma resignada, sem reclamar. Queiramos ou não, o sofrimento sempre será justo, mesmo que a princípio não pareça. Se houvesse a possibilidade de alguém sofrer sem ter feito nada para merecer esse sofrimento, a humanidade estaria à deriva, ou melhor, Deus não estaria no controle ao permitir que uma injustiça desse tamanho acontecesse.

Ao dizer *"Bem-aventurados os aflitos, pois serão consolados"*, Jesus estava se referindo à recompensa que terão aqueles que sofrem de maneira resignada, pois compreendem que o sofrimento atual está ligado a erros que cometeram em outras encarnações. Sendo assim, sofrer de forma resignada é sempre o início da cura. O sofrimento é uma oportunidade abençoada para que possamos corrigir esses erros. Eis por que é feliz aquele que salda seus débitos com a justiça divina. As dores suportadas pacientemente na Terra nos pouparão séculos de sofrimento na vida futura.

O homem que sofre assemelha-se àquele que deve uma enorme quantia e seu credor lhe diz: "se você me pagar hoje, mesmo que seja a centésima parte do que me deve, vou lhe dar a quitação de toda a dívida e estará livre". Qual devedor não ficaria feliz em pagar a centésima parte do que deve, mesmo sabendo que vai passar por privações? Em vez de reclamar do seu credor, não lhe agradeceria? Esse é o sentido das palavras "bem-aventurados os aflitos, pois serão consolados".

Entretanto, se quitarem o débito de um lado e se endividarem de outro, aumentarão o tempo necessário para sua libertação. Cada nova falta aumenta a dívida. Não existe uma única falta contra as leis divinas que não crie a necessidade da reparação. Se não for hoje, será amanhã; se não for nesta vida, será noutra. Ao reclamar, estamos contraindo novos débitos, que terão que ser pagos em condições mais adversas. Encarar a vida terrena, levando em conta a certeza de uma vida futura, ajuda a suavizar as provas. No entanto, para as pessoas que somente valorizam a matéria, a dor cai sobre elas com todo o seu peso.

92. O Espiritismo

A Doutrina Espírita trouxe uma série de novos conhecimentos e elucidou vários aspectos da vida que antes não eram compreendidos e que, por isso, ficavam no terreno do maravilhoso e do sobrenatural. Esclareceu sobre: a necessidade de reencarnar, para que o Espírito vá evoluindo a cada encarnação; a impossibilidade de adquirir todas as virtudes e de abandonar todos os vícios em uma única encarnação; a não existência das "penas eternas", do Céu e do Inferno; a certeza de que ninguém morre; a *vida futura*; o intercâmbio que existe entre o plano material e o plano espiritual; que os *anjos* são Espíritos mais antigos, que evoluíram pelo trabalho e que não nasceram assim das mãos do Criador; que os *demônios* são Espíritos inferiores, ainda voltados ao mal, mas que também vão evoluir e se tornar bons; que o *diabo* é uma criação da mente humana; que a evolução é o objetivo principal de todo o Espírito; enfim, mostra ao homem de onde ele vem, para onde ele vai e o que está fazendo na Terra.

Com tantos esclarecimentos sobre diversos assuntos que são importantes para a humanidade, por que o número de adeptos não é maior? Porque a grande maioria não acredita em Espíritos e não está preocupada com essas coisas. Dizem que tudo isso é uma grande bobagem e que Deus não existe, porque, se existisse, o mundo não estaria no caos em que se encontra. Argumentos com esse teor dificultam o trabalho de qualquer doutrina ou daqueles que tentam iluminar os que estão nas trevas da ignorância sem se importarem com isso. Tudo acontecerá no devido tempo, mas, até lá, é preciso aguardar que os frutos amadureçam.

A raça humana está evoluindo, mas a seu modo. O Espiritismo, pelos esclarecimentos que trouxe à humanidade, é considerado a terceira revelação. Moisés e Cristo foram as duas primeiras. O grande mérito da Doutrina Espírita está no fato de ela não ter sido revelada a ninguém em especial. Ela é fruto da manifestação de um sem-número de Espíritos que, por intermédio de diversos médiuns que moravam em lugares diferentes e não se conheciam, deram a mesma resposta para a mesma pergunta. É, portanto, um ensinamento de caráter universal e não está vinculado a pessoas ou lugares.

93. Os diversos mundos habitados – parte 1

Os Espíritos nos ensinam que os diversos mundos habitados se encontram em condições muito diferentes uns dos outros quanto ao grau de adiantamento ou inferioridade de seus habitantes. Dentre eles, existem mundos inferiores à Terra, tanto na parte física quanto na parte moral. Alguns encontram-se no mesmo nível, enquanto outros são mais ou menos superiores em todos os aspectos.

Nos "mundos inferiores", a existência é "toda material", as paixões reinam absolutas, e quem governa é a lei do mais forte. As leis morais praticamente não existem. À medida que a vida moral vai se desenvolvendo, a influência da matéria vai diminuindo. Assim, nos mundos mais avançados, a vida é praticamente toda espiritual. Se considerarmos a situação em que cada mundo se encontra, podemos classificá-los da seguinte maneira.

* *mundos primitivos*: destinados às primeiras encarnações humanas;
* *mundos de provas e expiações*: onde o mal predomina;
* *mundos de regeneração*: recebe os Espíritos que ainda têm o que resgatar. Lá, eles adquirem novas forças, para continuar sua jornada;
* *mundos felizes*: onde o bem supera o mal;
* *mundos celestes ou divinos*: onde moram os Espíritos puros e somente existe o bem.

A Terra pertence à categoria dos mundos de provas e expiações, por isso o homem é alvo de tantas misérias. Os Espíritos não estão presos a um mundo para sempre e não cumprem nele todas as etapas do progresso para atingir a perfeição. Quando os Espíritos alcançam o grau de adiantamento que aquele mundo pode oferecer, eles passam para outro mais avançado e assim sucessivamente até chegarem ao estado de Espíritos puros. Muitos Espíritos, por persistirem no mal, deixam o mundo onde estão vivendo e reencarnam em mundos inferiores, onde o sofrimento e a infelicidade serão ainda maiores.

94. Os diversos mundos habitados – parte 2

Muitos se surpreendem por encontrar na Terra tantas maldades e paixões grosseiras, tantas misérias e doenças de todos os tipos. Assim, concluem que a "espécie humana" é algo muito triste. Esse julgamento parte de uma premissa errada, porque apenas uma pequena parte da humanidade está na Terra. A "espécie humana" é formada por todos os seres dotados de razão que habitam os incontáveis mundos do Universo. A população da Terra é ínfima se comparada com a população do Universo.

Se a Terra for usada como ponto de comparação, podemos ter a ideia do que seja um mundo inferior. Ainda encontramos no planeta povos selvagens e nações bárbaras, que são os resquícios de nosso estado primitivo. O homem percorre incontáveis encarnações em sua evolução, por isso fica difícil reconhecer nos Espíritos puros, aqueles mesmos que um dia foram primitivos, assim como fica difícil reconhecer no homem adulto, o embrião que lhe deu origem.

Nos mundos que atingiram um grau superior de evolução, a vida material e a vida moral são totalmente diferentes das que encontramos na Terra. Em todos os mundos, o corpo sempre tem a forma humana, mas, nos mundos evoluídos, ela se apresenta embelezada e aperfeiçoada, devido ao estado de purificação dos Espíritos que vivem lá. O corpo, por ser menos material, não está sujeito às necessidades, às doenças nem às transformações decorrentes do envelhecimento. Sua locomoção é rápida e fácil, pois ele desliza sobre a superfície ou plana na atmosfera somente pelo esforço da vontade.

A pouca resistência que a matéria oferece aos Espíritos evoluídos torna muito mais rápido o desenvolvimento dos corpos, por isso a infância é muito curta. A vida, sem as preocupações e as angústias, é proporcionalmente muito mais longa do que na Terra. O tempo de vida é sempre proporcional ao grau de adiantamento de cada mundo. A morte, por não apresentar os horrores da decomposição, não causa pavor e é considerada uma transformação feliz, pois a dúvida sobre o futuro não existe. Os Espíritos desfrutam de muita liberdade e lucidez, o que permite a livre transmissão do pensamento.

95. Os mundos felizes

Nos mundos felizes, as relações entre os povos são sempre amistosas, e entre eles não existe a ambição de escravizar seu vizinho. Assim, não há guerras nem qualquer tipo de conflito. Não existem senhores, nem escravos e, muito menos, privilegiados de nascença. A supremacia de uns em relação aos outros é estabelecida pela inteligência e pela superioridade moral. A autoridade somente é conferida aos que possuem mérito, por isso todos a respeitam, pois ela é sempre exercida com justiça.

O homem, para buscar o seu aperfeiçoamento, não procura se elevar acima de quem quer que seja, mas somente acima de si mesmo. Ele tem como desejo chegar à categoria dos Espíritos puros, porém esse desejo não é para ele um tormento, e sim uma nobre missão que faz com que se dedique aos estudos com muito afinco. Nos mundos felizes, todos os sentimentos nobres da espécie humana se encontram aumentados e purificados. Os sentimentos de ódio, ciúme e inveja são totalmente desconhecidos. Não deveríamos ficar alegres sabendo que o destino da humanidade é viver num mundo assim? Quantos de nós não dariam tudo em troca de um lugar como esse?

Alguns podem dizer: "isso é uma utopia, pois não existem tais mundos!" Aquele que só conhece o quarteirão onde nasceu não pode fazer ideia do que seja a cidade onde mora! Nesses mundos, os mais fortes ajudam os mais fracos, pois todos estão unidos por um sentimento de amor e de fraternidade. Lá, não há necessidade de resgatar erros cometidos em existências anteriores, por isso ninguém sofre com a falta do necessário.

Na Terra, o homem está preso à dualidade. Precisa do mal para dar valor ao bem; da noite para admirar a luz; da doença para valorizar a saúde. Nos mundos superiores, não existe necessidade desses contrastes. Os maus não têm acesso a esses mundos. Deus, sendo imparcial, não dá privilégios a ninguém e faz com que todos Seus filhos partam do mesmo ponto. Portanto, viver num mundo feliz é fruto de muito trabalho e esforço. Permanecer séculos nas camadas mais baixas da humanidade ou evoluir é uma escolha de cada um.

96. Progressão dos mundos

O progresso é uma Lei da Natureza, por isso deve ser o objetivo final de todos os Espíritos. Deus, em Sua bondade, quer que *tudo* cresça e prospere. Todos os seres da criação, animados e inanimados, estão submetidos à Lei do Progresso. Assim, progridem juntos os homens, os animais, que são seus auxiliares, os vegetais e tudo o que está na natureza, pois nada fica estacionário. A própria destruição, que nos parece o fim das coisas, é apenas um meio de se chegar, pela transformação, a um estado mais perfeito. Tudo morre para renascer, e nada volta ao nada.

Enquanto os seres vivos progridem "moralmente", seus mundos progridem "materialmente". Muitos não entendem como um mundo pode progredir materialmente, mas se fosse possível acompanhar um mundo, desde a sua criação, veríamos que ele progride continuamente, porém de forma imperceptível para cada geração. Esse progresso oferece a seus habitantes uma morada cada vez mais agradável.

Como é grandiosa e digna do Criador a ideia dos diversos mundos habitados. Como é pequena e indigna a pretensão de que somente na Terra existe vida inteligente, reduzindo a humanidade a alguns homens que a habitam! A Terra já esteve, material e moralmente, num estado inferior ao atual, mas, seguindo a Lei da Progressão dos mundos, atingirá, sob o aspecto material e moral, um estado mais avançado em relação ao que se encontra hoje.

Nossa morada atualmente está passando por um período de transição, onde ela deixará de ser um mundo de provas e expiações para se tornar um mundo de regeneração, em que o bem vai predominar sobre o mal. Os Espíritos que não aproveitarem a encarnação atual serão afastados para mundo inferiores e terão como missão auxiliar no desenvolvimento dos Espíritos primitivos que estão nas suas primeiras encarnações. Eles levam para lá todo o conhecimento adquirido na Terra. Como terão que cuidar da sua sobrevivência, caçando e construindo abrigos, não haverá tempo para praticar o mal.

97. O UMBRAL

O umbral é uma região que foi plasmada pela mente de diversos Espíritos inferiores que ainda não se afastaram da prática do mal. Poderíamos dizer que o umbral está situado numa região espiritual próxima à crosta terrestre e se estende para dentro da Terra, onde a luz do Sol tem dificuldade de penetrar. As cidades umbralinas são feias e possuem um aspecto triste e sombrio. Existem vários níveis no umbral e, à medida que vamos nos afastando da crosta em direção ao interior da Terra, onde estão situadas as trevas e os abismos, esse aspecto sombrio vai ficando cada vez pior. Aqui é preciso esclarecer que a expressão "deslocar-se para dentro da Terra" é utilizada apenas para uma melhor compreensão, porque, na verdade, estamos falando da diminuição na frequência vibratória dos planos que constituem o umbral.

Apesar de o umbral ser um lugar onde a permanência do Espírito é temporária, pode-se dizer que o sofrimento nessas regiões é muito intenso e está totalmente vinculado ao tipo de vida que a criatura levava na Terra na sua última encarnação. E quem vai para o umbral? Todos que cometeram faltas graves contra si e contra os outros; que enganaram; que traíram; que roubaram o dinheiro público; que foram egoístas; que mataram; que se suicidaram e assim por diante. Resumindo: os que não aproveitaram a encarnação para abandonar os defeitos e adquirir virtudes. Não basta não fazer o mal, é preciso fazer o bem.

No umbral há pouco oxigênio. Os Espíritos socorristas, que possuem a missão de retirar aqueles que de fato se arrependeram e imploraram a Deus o resgate, relatam a dificuldade de respirar nessas regiões. Essa dificuldade aumenta à medida que eles se deslocam em direção às trevas a aos abismos. Os recém-chegados, por serem Espíritos culpados e não possuírem "força moral", tornam-se escravos dos mais antigos e são obrigados a obedecer às suas ordens.

Se as pessoas soubessem o que as espera do outro lado da vida, certamente, não fariam nem a metade do que estão fazendo. O principal responsável pelo fato de o umbral receber muita gente está no desconhecimento de que a vida continua e de que ninguém escapa da punição da qual é merecedor.

98. Deus pune Seus filhos?

Muitos perguntam se Deus castiga aqueles que cometem faltas contra si e contra seus irmãos de caminhada. Deus, sendo todo bondade e todo justiça, jamais castigaria um de Seus filhos. A partir do momento em que Ele nos concede o livre-arbítrio, passamos a ser responsáveis por nossas decisões, sejam elas boas ou más. Assim, somente podemos culpar a nós mesmo quando algo dá errado.

A Lei da Ação e Reação nos diz que tudo o que se faz, de bom ou de mal, retorna para nós. Ela também pode ser expressa de várias formas: "a semeadura é livre, a colheita é obrigatória"; "colhemos aquilo que plantamos"; "aqui se faz, aqui se paga"; "quem semeia vento colhe tempestade"; "não se colhem uvas dos espinheiros", e assim por diante.

Sempre será mais fácil dizer: "isso aconteceu comigo porque Deus me abandonou!" O difícil é compreender que Deus não se envolve em punição nenhuma, pois se a lei existe, ela se cumprirá, e a vontade Dele não pode interferir. Como Deus poderia revogar uma lei criada por Ele mesmo?

Felizes são aqueles que creem sem precisar enxergar, sem precisar colocar o dedo nas chagas de Jesus, como fez Tomé. Se a evolução do Espírito também é uma lei, ela se cumprirá com ou sem a intervenção divina. Ele vai evoluir pelo amor ou pela dor. Os que escolhem o caminho da dor o fazem por livre e espontânea vontade. Quando, mais tarde, colhem os frutos, ficam surpresos com a "maldade" de Deus, que os abandonou à própria sorte, como se isso fosse possível. Alguém que só prejudica os outros, que promove a maledicência, que rouba, que desvia dinheiro público, que faz tudo isso para obter vantagens efêmeras pode querer colher coisas boas? Se para colher o bem fosse necessário praticar o mal, a humanidade estaria perdida.

E o que dizer daqueles que, mesmo conhecendo a lei, promovem o mal? Jesus disse: *"A quem muito foi dado, muito será pedido e cobrado"*. Certamente, esses sofrerão cem vezes mais, pois não poderão usar a desculpa de que não sabiam. Infelizmente, o número deles ainda é muito grande. Enquanto não se melhoram, somente o sofrimento lhes faz companhia!

99. A Santíssima Trindade

A doutrina cristã diz que a Santíssima Trindade é composta pela união de três pessoas distintas, mas que possuem uma só essência ou natureza: o Pai (Deus), o Filho (Jesus Cristo) e o Espírito Santo; seria, então, a existência de três pessoas diferentes num único Deus. De onde vem essa ideia? Do Concílio de Constantinopla, que no ano de 381 asseverou que Deus é Pai, Filho e Espírito Santo. Com base nessa afirmação, foi formulado um dos dogmas mais importantes do Cristianismo – a Santíssima Trindade.

É possível existir três pessoas em uma? A Doutrina Espírita nos elucida que cada Espírito é um ser único e indivisível, independentemente de estar encarnado ou desencarnado. A lógica mais simples nos remete à impossibilidade de um mesmo Espírito se dividir em três para compor a divindade. Entretanto, segundo os teólogos, as três pessoas da Santíssima Trindade cristã são distintas, mas, ao mesmo tempo, elas são iguais e possuem os mesmos poderes. Na verdade, o homem, no atual estágio de evolução em que se encontra, não tem condições de entender quem seja Deus, e muito menos que Ele seja dividido em três. Nos textos abaixo, retirados da Bíblia, Jesus se refere ao Pai (Deus) como sendo outra pessoa o que comprova de maneira irrefutável a impossibilidade de ele e o Pai serem a mesma pessoa.

Jesus disse: *"Aquele que não me ama, não guarda as minhas palavras, e a palavra que vocês têm ouvido não é a minha, mas a do meu Pai que me enviou"* (João, 14:24).

Ao perguntarem a Jesus, quando seria o final dos tempos, ele respondeu: *"no que diz respeito ao dia e a hora, ninguém sabe, nem os anjos que estão no Céu, nem mesmo o Filho, mas somente o Pai"* (Marco, 13:31 e 32; Mateus, 24:35 e 36). *"Eu desci do Céu, não para fazer a minha vontade, mas para fazer a vontade Daquele que me enviou"* (João, 6:38).

Quando se diz que Jesus é filho único de Deus, é preciso entender no sentido de que não há outro igual a ele, pelo menos na Terra. Como dogma, a Santíssima Trindade deve ser aceita sem discussão, mesmo que a razão nos mostre a impossibilidade de alguém ser dividido em três, e esses três desfrutarem do mesmo poder! É, portanto, uma criação humana, e não divina.

100. O DIA DE SÁBADO

Segundo a Bíblia, Deus trabalhou arduamente durante seis dias para construir o Universo, incluindo a Terra, e descansou no sétimo dia, que na época era o sábado. A ciência nos diz que o Universo demorou um pouco mais para ser formado, ou seja, ele remonta a mais ou menos cinco trilhões e quinhentos bilhões de anos.

Moisés recebeu os Dez Mandamentos no Monte Sinai. No terceiro mandamento, Deus lhe pediu que o dia de sábado fosse santificado. Foi através desse descanso semanal que Moisés conseguiu manter a ordem entre um povo rude e indisciplinado. Obedecer a esse mandamento teria sido quase impossível se ele não tivesse uma procedência divina. Outro benefício em guardar o dia de sábado foi o de reunir os hebreus, semanalmente, em torno da adoração de um Deus único. Essa atitude dificultou a disseminação de outros cultos pagãos entre o povo. Assim, guardar o dia de sábado foi importante naquela época, pois atendia às necessidades materiais e espirituais de um povo que, fugindo do Egito, onde eram escravos, foram conduzidos por Moisés à Terra prometida.

Entretanto, santificar o dia de sábado, nos dias atuais, não faz o menor sentido. O que Deus quer de Seus filhos é que eles tenham pureza e amor no coração durante todos os dias da semana, e não somente no dia de sábado. A Doutrina Espírita, ao ensinar que todos os dias são do Senhor, deixa que cada um escolha o dia e a hora que mais lhe convém para fazer suas preces e repousar.

A intolerância de alguns fanáticos em observar ao pé da letra os textos religiosos que remontam há outros tempos, quando os costumes eram diferentes, é que leva algumas pessoas a continuarem, ainda hoje, não trabalhando no dia de sábado. Para Jesus, não havia sentido em guardar o dia de sábado, tanto é assim que ele viajava, curava e ensinava nas sinagogas aos sábados. Jesus, ao dizer que o sábado foi feito para o homem, e não o homem para o sábado, demonstrava, naquela época, a sua contrariedade quanto a essa questão. A maioria dos que não trabalham aos sábados não sabe o motivo!

101. A Doutrina Espírita já evitou vários suicídios

Todos os suicídios têm como causa principal um descontentamento. Podemos dizer que a vida humana, em relação à eternidade, representa bem menos que um dia. Quem está oprimido pelo infortúnio e não acredita na continuação da vida julga que tudo acaba com a morte. Desse modo, a morte passa a ser a única solução para seus problemas. Por não esperar nada, ele acha natural e até mesmo muito lógico abreviar suas misérias pelo suicídio.

O suicida não tem conhecimento de que o Espírito não morre. Ao infringir a Lei de Deus, tirando a vida do corpo, ele tem seu sofrimento aumentado dez, vinte vezes ou mais em relação ao que teria caso permanecesse na Terra. Os principais incentivadores do suicídio são: as ideias materialistas; o desconhecimento de que a vida continua após a morte; não possuir crença alguma; dívidas que se acumulam; problemas de relacionamento; revolta contra os infortúnios da vida; perda de entes queridos, e assim por diante. Quando um cientista, apoiado em todo seu conhecimento, afirma que após a morte nada mais existe, ele, na verdade, está convidando os que sofrem a cometerem o suicídio.

Infelizmente, o pensamento do suicida tem lógica, pois se o suicídio é o único remédio para o sofrimento e após a morte encontramos o "nada", por que continuar sofrendo por mais tempo? As ideias materialistas introduzem nas pessoas o pensamento do suicídio. Aqueles que propagam essas ideias assumem uma imensa responsabilidade e terão que responder por isso.

A Doutrina Espírita, por nos ensinar que ninguém consegue se matar e que a vida continua depois da morte do corpo físico, já evitou inúmeros suicídios. As pessoas, sabendo que terão pela frente um desfecho completamente diferente daquele que imaginavam e tendo a consciência do sofrimento que terão que enfrentar, pensam várias vezes antes de tirar a própria vida. São os próprios suicidas que vêm nos relatar a condição infeliz em que se encontram no mundo espiritual. Esses relatos comprovam que ninguém viola impunemente a Lei de Deus, que proíbe ao homem abreviar a sua vida. O suicida precisará de várias encarnações para reparar o dano que causou ao seu corpo astral.

102. ASTROLOGIA

Os astros podem influenciar a nossa vida? Esse é um tema que tem sido estudado desde os primórdios da humanidade. A astrologia relaciona a posição dos astros no Céu e a influência que eles podem exercer sobre a personalidade e o futuro das pessoas. Não devemos confundir astrologia com astronomia, que é a ciência que verdadeiramente estuda os astros e como eles se formam, utilizando como base as Leis da Física. A ciência simplesmente não admite a astrologia. Não há absolutamente nada que possa explicar ou provar que o alinhamento de determinados astros tenha alguma influência no psicológico e no comportamento das criaturas na Terra. Tanto a teoria gravitacional de Newton e Einstein quanto a teoria eletromagnética de Maxwell concordam que o efeito dos astros nas pessoas é completamente desprezível.

Os signos provêm da influência de imagens da mitologia dos babilônios, egípcios, gregos e romanos. A palavra "signo", em grego, significa "círculo de animais" e indicava o grande cinturão celeste que marcava a trajetória do Sol naquela época. Cada constelação, por onde o Sol passava, simbolizava um signo. Os 12 conjuntos de estrelas que representam os signos de hoje foram todos criados na Antiguidade.

Se utilizássemos uma nave espacial para nos aproximar das figuras que as estrelas formam no Céu, veríamos que elas iriam se desfazendo à medida que fôssemos nos aproximando. Sob esse prisma, não faz o menor sentido achar que uma imagem, vista da Terra, representa este ou aquele animal. Isso sem levar em conta que muitas das estrelas que vemos atualmente no Céu nem existem mais, visto que estamos recebendo somente a sua luz, que continua viajando pelo Espaço. Assim, como acreditar que os astros possam ter alguma influência sobre o comportamento das pessoas? Como acreditar que num mapa astral esteja o futuro de alguém? Não é por acaso que nos esquecemos do passado.

Na questão n. 867 de *O Livro dos Espíritos*, Kardec pergunta aos Espíritos superiores: "De onde vem a expressão 'nascer sob uma boa estrela'? Isso é uma antiga superstição, segundo a qual as estrelas estariam ligadas ao destino de cada homem. Trata-se de uma alegoria que algumas pessoas cometem a tolice de levar a sério".

Como então explicar que existem mapas astrais que preveem o futuro das pessoas e descrevem como elas são? Qualquer um que se dispuser a fazer um mapa astral encontrará inúmeras possibilidades, que deverão ou não ser confirmadas. Numa leitura de mapa astral é dito tanta coisa que algumas têm que se confirmar inevitavelmente. Entretanto, trata-se de probabilidades, e não da influência deste ou daquele planeta ou estrela. É como aquele que, numa roleta, aposta em diversos números ao mesmo tempo e tem sua chance de ganhar aumentada.

E as pessoas que consultam o horóscopo diariamente e encontram nele muitos acertos? O horóscopo é feito de generalidades, sendo assim, as pessoas sempre vão se encaixar em algumas características apresentadas. Nos doze signos do zodíaco, sempre haverá algo que combina com a nossa personalidade. A influência sobre o nosso comportamento é sempre mental, ou seja, se o horóscopo diz que o dia será desfavorável, a postura negativa daquele que acredita contribuirá sobremaneira para que realmente seja assim.

Como um astro, que talvez nem exista mais, pode influenciar no comportamento de uma pessoa? Como o dia do nascimento de alguém pode determinar que a pessoa seja desta ou daquela maneira? Que seja propensa a isto ou aquilo? Basta um olhar mais atento para percebermos que nada disso pode ser razoável. E a Lua tem influência sobre a Terra? Tem, com certeza! Por estar muito próxima, ela influencia as marés, as plantações etc., mas não tem influência sobre o comportamento das pessoas.

O dia do nascimento de uma pessoa depende muito mais de fatores biológicos ligados à mãe e à criança do que a possível influência de uma conjunção de astros. Pode depender também de fatores externos, como o clima; acontecimentos do dia a dia; uma notícia boa ou ruim; uma emoção qualquer, enfim, inúmeras coisas que podem antecipar ou retardar o dia de um Espírito renascer. Aquele que reencarna será sempre o fruto da soma de todas as suas encarnações anteriores. Seu comportamento sofrerá a influência dos pais, do meio e da educação que receber, e não dos astros que estão no Céu!

103. Perda de pessoas amadas: mortes prematuras

Quando a morte leva os mais jovens no lugar dos mais velhos, sem nenhum critério lógico, segundo o nosso entendimento, dizemos que Deus não é justo, pois sacrifica aquele que é forte, útil e tem um futuro pela frente para manter os mais velhos, que já viveram longos anos e que não servem mais para nada! A morte prematura parte o coração de uma mãe ao levar a criança que fazia toda sua alegria.

É preciso se elevar acima do plano terreno para compreender que, muitas vezes, o bem está onde se acredita ver o mal. Que a sabedoria de Deus está onde se acredita ver a cega fatalidade do destino! Por que queremos medir a Justiça de Deus com o mesmo valor que medimos as nossa? Será que Ele iria querer, por um simples capricho, impor a alguém penas cruéis? Tudo o que acontece tem a sua razão de ser.

A morte prematura é, muitas vezes, um benefício que Deus concede para aquele que parte, pois este fica livre das misérias da vida ou das seduções que poderiam arrastá-lo para perdição. Aquele que morre na flor da idade não é vítima da fatalidade, até porque ela não existe. Se ela existisse, a humanidade estaria entregue à própria sorte, o que efetivamente não é possível. Quando alguém retorna jovem é porque Deus julga não ser mais necessário que ele permaneça na Terra.

Todos consideram ser uma grande desgraça quando uma vida cheia de esperanças é interrompida tão cedo! Por acaso estão falando das esperanças da Terra, onde aquele que morreu poderia ter construído um caminho brilhante, ter ficado rico? Será que são nulas as esperanças da vida futura? Será que é mais importante ter uma posição entre os homens do que entre os Espíritos felizes? Deveríamos ficar alegres quando Deus resolve retirar um de Seus filhos desse vale de lágrimas. Não será egoísmo querer que ele permaneça aqui, sofrendo com os que ainda precisam ficar? Essa dor só faz sentido para aqueles que não têm fé e veem na morte uma separação definitiva. Os Espíritos sabem que a alma vive melhor quando está livre do seu corpo físico. A Doutrina Espírita nos ensina a não colocar todas as nossas esperanças na Terra.

104. A EUTANÁSIA

Deve-se colocar um fim na vida daquele que está sofrendo e não tem esperança de cura? Quem está encarnado na Terra precisa concluir suas provas, e uma boa parte daquilo que lhe acontece é fruto de suas existências anteriores. Ninguém deve se entregar ao sofrimento passivamente, alegando que, se está passando por isso, é porque merece. A busca de uma condição melhor deve ser contínua, mesmo sabendo que essa condição é temporária. Numa moradia, por mais precária que seja, as pessoas sempre vão procurar arrumá-la da melhor maneira possível. Isso é fruto da Lei do Progresso, que está gravada na consciência de cada um.

Quando se está na presença de alguém que sofre, não devemos dizer: "é a Justiça de Deus se manifestando, é preciso que ela siga seu curso". Devemos dizer ao contrário: "vejamos que meios o Pai misericordioso colocou à minha disposição para suavizar o sofrimento desse irmão. Quem sabe se as minhas consolações morais, o meu apoio material e os meus conselhos não podem ajudá-lo a transpor essa dificuldade com mais ânimo, paciência e resignação".

Sob o pretexto de que o sofrimento é merecido, não deveria o homem sentir-se no direito de aumentar ainda mais a aflição daquele que tem contas a ajustar com o seu passado? Não! O homem sempre deverá ser um instrumento para fazer cessar o sofrimento de seus irmãos.

Mesmo sabendo que o momento final de um doente está próximo, ninguém pode dizer com certeza quando a sua hora derradeira vai chegar. A própria ciência já se enganou várias vezes a esse respeito. No momento final da sua agonia, o doente pode se reanimar, recuperar sua lucidez e ter um instante de arrependimento. Esse instante poderá lhe poupar muitos sofrimentos no futuro. O espírita, que sabe o que acontece após a morte, tem consciência do valor desse último pensamento. A ninguém é dado o direito de abreviar a vida, seja qual for o argumento utilizado. Aquele que interrompe a vida de uma pessoa, faltando um minuto para ela morrer ou um mês, comete um crime do mesmo jeito! Portanto, devemos nos abster de interferir nos desígnios de Deus!

105. Os inimigos desencarnados

Sabemos que a maldade não é o estado permanente dos homens e que ela é fruto de uma imperfeição temporária. A cada encarnação, o homem mau vai se melhorando até o dia em que reconhece seus erros e entra no caminho do bem. Aquele que tem conhecimento sabe que a morte de um desafeto apenas o deixa livre da presença física do seu inimigo, mas que esse pode persegui-lo, com seu ódio, mesmo após ter deixado a Terra. A vingança nunca atinge o seu objetivo, ao contrário, ela aumenta a desavença que, com frequência, passa de uma encarnação à outra.

Estava reservado ao Espiritismo demonstrar, pela experiência e pelas leis que regem as relações entre o mundo visível e invisível, que a expressão "extinguir o ódio com o sangue" é completamente falsa, pois o sangue realimenta o ódio, mesmo após a desencarnação. Assim, temos uma "utilidade prática" para o ato de perdoar, que é a de escapar das cadeias de ódio que criamos quando não pagamos o mal com o bem, conforme Jesus nos ensinou.

Podemos, portanto, ter inimigos entre os encarnados e os desencarnados. Os inimigos desencarnados manifestam a sua maldade através das obsessões e subjugações, que são responsáveis pelo sofrimento de inúmeras pessoas. Se não existissem homens maus na Terra, não haveria Espíritos maus. Se devemos perdoar e ter misericórdia com os inimigos encarnados, devemos ter também com os inimigos que desencarnaram.

Os Espíritos maus, erroneamente chamados de demônios, somente serão pacificados por meio da caridade e do amor que a eles for destinado. A caridade que puder ser feita a esses Espíritos é a única maneira de, aos poucos, ir fazendo com que eles deixem de praticar o mal e comecem a praticar o bem. É desse modo que o ensinamento do Cristo para amar os seus inimigos não fica restrito somente aos que estão encarnados, mas se estende também aos desencarnados. A palavra "amar", aqui, deve ser entendida no sentido de fazer tudo o que estiver ao nosso alcance para ajudar os que estão no mau caminho. Também já fomos maus e recebemos auxílio. Cabe-nos, agora, fazer o mesmo.

106. AS DIMENSÕES – PARTE 1

Tudo no Universo é energia. A própria matéria é energia condensada. Existem no Universo inúmeras dimensões, e elas se encontram em diferentes vibrações. A menor vibração é a do plano físico, onde estão bem definidas as três dimensões cartesianas, ou melhor, o comprimento, a largura e a altura. Na *terceira dimensão* o tempo é real, ele existe e é linear, ou seja, as coisas levam um tempo para acontecer. Sessenta segundos, que é uma medida de tempo, tem início, meio e fim. Uma árvore leva um tempo para crescer, uma pessoa leva um tempo para nascer, um projeto também precisa de um tempo para se materializar.

A *quarta dimensão* é o "pensamento", é a imaginação, é o mundo dos sonhos. Tudo que é realizado na terceira dimensão é elaborado na quarta através do nosso pensamento. Na quarta dimensão, é como se o tempo assumisse a forma circular. Ele não tem começo, nem meio nem fim, tudo é presente, não existe nem passado nem futuro. Se eu pensar num lugar, eu já estou lá em Espírito, mesmo que o corpo físico permaneça imóvel. O mundo espiritual e o mundo dos sonhos estão na quarta dimensão. Lá, as coisas não têm um espaço definido, circunscrito, como aqui na Terra.

A *quinta dimensão* é o "sentir". É ela quem comanda a quarta dimensão, isto é, os nossos pensamentos. A frequência vibratória da quinta dimensão é 27 vezes mais rápida que o pensamento. Eu tenho o "desejo", o sentimento de ter um carro novo (quinta dimensão); começo a "pensar" como vou fazer para realizar esse desejo (quarta dimensão); quando eu compro o carro, eu materializo o desejo na terceira dimensão. A quinta dimensão é onde estão os Espíritos puros, ou melhor, os chamados anjos e arcanjos.

A consciência habita em todas as dimensões. Como todas as criaturas estão conectadas umas nas outras, o que uma faz, de bom ou de errado, repercute no todo. Assim, todos os indivíduos que compõem a humanidade precisam evoluir, uma vez que estão interligados. É por isso que aqueles que já expandiram a sua consciência precisam ajudar os retardatários.

107. AS DIMENSÕES – PARTE 2

No Universo existem bilhões de galáxias e bilhões de Vias Lácteas. A nossa mente não tem condição de formar uma imagem do que seja isso. Quantas dimensões existem? Não temos condições de responder a essa pergunta, até porque devem existir dimensões das quais não fazemos a menor ideia.

As pessoas acham que é preciso se deslocar fisicamente para passar de uma dimensão para outra, que é preciso ter um portal que facilite a saída de uma e a consequente entrada na dimensão seguinte. Na verdade, cada dimensão tem uma vibração específica, e quanto maior for essa vibração, mais sutil e etérea ela será. Sendo assim, bastaria aumentar a nossa vibração, sem precisar sair do lugar, para que pudéssemos entrar na dimensão seguinte. O problema é que só conseguimos esse aumento vibracional através da evolução moral e intelectual da nossa alma, não existe outra possibilidade. Através da "meditação", conseguimos atingir dimensões superiores, mas não conseguimos permanecer lá por muito tempo, pois a nossa vibração não é compatível.

Quando a pessoa desencarna, ela entra automaticamente numa dimensão mais sutil, que é a do plano espiritual. Como o nosso corpo astral tem um peso específico que lhe é próprio, ele vai se situar, dentro do plano espiritual, numa posição que seja compatível com esse peso específico. As pessoas ruins, que só fizeram o mal, possuem um corpo astral muito materializado, o que faz com que elas desçam (vibratoriamente) para as zonas umbralinas. As pessoas boas ascendem a regiões mais sutis, como as colônias espirituais, por exemplo.

Como cada dimensão possui uma vibração que lhe é própria, podemos ter, no mesmo lugar do Espaço, diversas dimensões coexistindo juntas sem que uma interfira na outra. São os Universos paralelos. O homem encarnado possui sete corpos, que são: o corpo físico, o duplo etérico, o astral, o mental inferior, o mental superior, o búdico e o átmico, e cada um deles vibra numa dimensão distinta. Desse modo, estamos nos manifestando em várias dimensões ao mesmo tempo, pois todas estão interligadas. A consciência do cérebro físico está na terceira dimensão, enquanto a do cérebro do corpo astral está na quarta.

108. Os Espíritos e a física quântica – parte 1

O estudo do átomo, que é a estrutura primordial da matéria, deu origem à física quântica. Até agora, o Espírito, que é uma das forças vivas da natureza e, portanto, parte integrante do Universo, não foi levado em consideração. Os cientistas descobriram que as leis da mecânica clássica de Newton e as da teoria da relatividade de Einstein não podem ser aplicadas para descrever a natureza dos fenômenos atômicos. Eles não seguem os postulados que são válidos para essas teorias e não podem ser descritos por equações matemáticas.

Princípio da incerteza de Heisenberg: na física clássica, é possível determinar com precisão a velocidade e a posição de um corpo em relação a um referencial. Na física quântica, Werner Karl Heisenberg postulou que não se consegue medir com precisão e de forma simultânea a velocidade e a posição de uma partícula atômica, um elétron, por exemplo. Toda vez que tentamos medir a velocidade do elétron, perdemos a posição em que ele se encontra. Toda vez que tentamos medir a posição onde o elétron está, perdemos a velocidade. Portanto, na física quântica, não temos uma "equação de movimento" objetiva e precisa, mas, sim, uma "equação de probabilidade". Desse modo, não é possível antever com precisão quando um evento vai acontecer.

O papel do observador (Espírito encarnado): para que o olho humano possa enxergar um objeto qualquer, esse objeto precisa refletir o raio de luz que incide sobre ele. Entretanto, quando um observador emite um raio de luz para enxergar um elétron, por exemplo, esse raio de luz interage com o elétron, e esse elétron não reflete a luz de volta. Assim, aquilo que o observador enxerga não é mais o elétron, e sim o resultado dessa interação. "O observador modifica a realidade do mundo atômico porque interage com ele". Como o mundo atômico é um mundo de probabilidades, o observador interfere nessas probabilidades, mudando seus valores. Se o observador, que é um Espírito encarnado, interfere com o seu pensamento no processo, os Espíritos desencarnados também devem interferir. Assim, eles precisam ser levados em consideração. Até onde eles interferem e com que intensidade? Ainda não se sabe!

109. Os Espíritos e a física quântica – parte 2

O movimento descontínuo ou salto quântico: vamos imaginar um átomo de hidrogênio (o mais simples que existe) com o seu núcleo, seu próton e, ao redor desse núcleo, girando um elétron numa determinada órbita. Quando fornecemos energia a uma partícula, ela fica acelerada, e toda partícula acelerada perde energia. Se essa partícula for um elétron, ela, ao perder energia, deveria descrever uma órbita espiral em direção ao núcleo, mas não é o que acontece. Ao receber energia, o elétron salta para uma órbita mais afastada e, quando retorna, emite um fóton de luz. Esse salto é inexplicável porque não existe trajetória entre uma órbita e outra. Existe um movimento descontínuo, ou seja, é como se o elétron desaparecesse numa órbita e aparecesse noutra mais afastada do núcleo. O mais intrigante é que o tempo que o elétron leva para ir de uma órbita para outra é zero, ou melhor, a velocidade dele é infinita! No entanto, segundo a teoria da relatividade de Einstein, ninguém pode andar mais rápido que a velocidade da luz! Até hoje não existe uma explicação definitiva para isso. A teoria da relatividade é válida para massas grandes, mas não para o mundo atômico. Não há uma fórmula matemática para unir as duas.

O correlacionamento quântico: quando dois elétrons interagem formando um par, se um gira no sentido horário, o outro, obrigatoriamente, gira no sentido anti-horário. Quando afastamos um elétron do outro e alteramos o sentido de giro de um deles, o outro passa a girar no sentido contrário "instantaneamente", e isso independe da distância que os elétrons foram colocados. Pergunta: como o segundo elétron soube que o primeiro alterou o seu giro? Quem levou essa informação? Einstein diz que nada pode viajar numa velocidade superior à da luz, mas o resultado é instantâneo. Ocorre uma interação não local, pois os elétrons estão afastados. Os neurocirurgiões estão descobrindo que os neurônios também se comunicam de forma não local, sem necessidade de corrente elétrica para estimulá-los. O correlacionamento quântico não local poderia explicar a cura a distância e a telepatia, que é a interação de duas pessoas não importando a distância em que se encontrem etc. A ciência ainda está à procura de uma explicação mais definitiva.

110. O Espírito interage com o mundo quântico – a dupla fenda

A experiência da dupla fenda: vamos imaginar uma chapa quadrada com uma fenda no meio. Quando jogamos bolas de gude sobre essa chapa, as que passam pela fenda vão marcar a parede que está colocada ao fundo, com uma linha vertical. Colocando uma segunda fenda na chapa, ao lado da primeira, as bolas de gude que passarem pelas duas fendas vão marcar a parede que está ao fundo com duas linhas verticais.

Ao colocarmos a chapa com uma fenda dentro da água, deixando cair uma pedra, esta formará ondas na água. As ondas passam pela fenda e atingem a parede ao fundo, formando uma linha vertical, assim como fizeram as bolas de gude. Ao acrescentarmos a segunda fenda na chapa, ocorre uma interferência entre as ondas. Quando o pico de uma onda encontra o pico da outra, elas formam, na parede ao fundo, linhas de maior intensidade de brilho. Quando o pico de uma onda encontra com o fundo da outra, elas se anulam mutuamente e formam, na parede ao fundo, linhas escuras. A visão então seria: uma linha vertical de brilho intenso (formada pelo somatório entre os dois picos da onda) e uma linha vertical escura (formada pela anulação entre as ondas) e dispostas de forma intercalada.

Um elétron é um pedacinho bem pequeno de matéria. Quando disparamos um feixe de elétrons por "uma fenda", eles se comportam do mesmo modo que as bolas de gude, ou seja, formam uma linha vertical na parede que está ao fundo. Se dispararmos o feixe de elétrons pelas "duas fendas", deveríamos ter, na parede do fundo, duas linhas verticais. Entretanto, não é o que acontece, *os elétrons se comportam como "ondas"* e formam linhas de brilho intenso intercaladas com linhas escuras na parede do fundo! Como pedaços pequenos de matéria podem criar um padrão de interferência como se fossem ondas? Mesmo disparando os elétrons, um de cada vez, eles formam o mesmo padrão de ondas. Ao serem observados, os elétrons voltam a se comportar como partículas, como bolinhas de gude, e formam duas linhas verticais ao fundo. É como se eles tivessem consciência de que estão sendo observados. Assim, o Espírito (encarnado) interfere no mundo quântico. Se ele não observa, os elétrons se comportam como "onda", se ele observa, os elétrons se comportam como "partículas". Até hoje não existe uma explicação para o fato.

111. O Espírito, a física quântica e a teoria da relatividade

A experiência da dupla fenda, descrita anteriormente, foi realizada pela primeira vez no ano de 1801 pelo britânico Thomas Young. Essa experiência mostrou a interferência do Espírito encarnado no comportamento das partículas. Se elas não estão sendo observadas, elas se comportam como onda, mas, a partir do momento que passam a ser observadas, elas mudam e se comportam como partículas. Como pode uma partícula ter consciência de que está sendo observada? O que faz ela mudar de procedimento?

A partir dessa realidade, o Espírito passa a ser um componente integrante do sistema quântico, pois ele interfere diretamente no processo. Os cientistas não sabem ainda como isso acontece. Se levarmos em conta que tudo é energia, as possibilidades do Espírito se ampliam ao infinito. Ele deixa de ser um mero assistente e passa a ser protagonista, passa a fazer parte da energia universal e, o mais importante, ele interage com essa energia.

Muitos não aceitam que possa haver essa interferência, e isso levou Einstein a dizer: "Deus não joga dados!" No entanto, ele não conseguiu explicar como isso acontece. A teoria da relatividade funciona muito bem para coisas grandes, como planetas, sóis e assim por diante. Entretanto, quando ela é aplicada ao mundo atômico, suas leis simplesmente não funcionam. Segundo Einstein, nada pode viajar mais rápido do que a velocidade da luz, porém, quando um elétron salta de uma órbita para outra, sem utilizar uma trajetória definida e de forma instantânea, esse postulado não pode ser aplicado. Também não se pode usar a teoria de que o elétron se desintegra numa órbita e se reintegra na outra, porque, para isso, ele precisaria de um tempo.

A Doutrina Espírita esclareceu a humanidade sobre vários pontos, mas não sobre todos. Existem coisas que ainda constituem um mistério. A experiência da dupla fenda, o salto quântico e o correlacionamento quântico estão entre eles. O fato de o elétron mudar seu comportamento de onda para partícula, quando observado, tem deixado os cientistas intrigados. Eles ainda não conseguiram uma explicação razoável, mas continuam não acreditando em Espíritos!

112. Os registros akáshicos

A palavra "akasha" vem do sânscrito e significa além do tempo e do espaço. Assim, tudo que aconteceu no Universo, desde a sua criação até os dias de hoje, está gravado no éter cósmico ou no akasha. Por consequência, tudo o que nós fizemos, desde as primeiras encarnações, todas as eras pelas quais a Terra passou, desde o seu início como planeta até nossos dias, também está gravado nesses registros akáshicos e podem ser acessados. É como se ele fosse um imenso banco de dados. No akasha, não existe matéria, tudo é energia.

Os registros akáshicos estão sob a proteção de seres de luz, os chamados mestres ascensionados. Esses registros estão situados na sétima dimensão, que é uma dimensão atemporal, ou seja, lá o tempo não existe. O presente, o passado e o futuro tornam-se uma coisa só. Desse modo, é possível acessar o Antigo Egito, a Civilização Grega, o Império Romano, a chegada de Jesus etc. No entanto, para acessar certas passagens, é preciso ter permissão. Tudo deve ter uma finalidade útil, que com certeza não é a satisfação da nossa vã curiosidade.

Esses registros podem nos mostrar todo o encadeamento cármico de um Espírito encarnado, ou seja, todas as relações que ele teve no passado com as pessoas que fazem parte da sua vida atual. Revela o porquê de ele ter tanta dificuldade de relacionamento com certas pessoas e com certas situações. Para acessá-lo, além do consentimento dos mestres ascensionados, é preciso expandir a consciência até a sétima dimensão. Isso somente se consegue através da meditação e com treinamentos específicos.

O acesso aos registros não tem nenhuma conotação religiosa ou dogmática e não tem por objetivo prever o futuro. É possível acessar os registros de tudo o que se imaginar: pessoas, coletividades, locais, animais, plantas etc. A leitura dos registros akáshicos de uma pessoa só pode ser feita com a sua permissão. Ele possibilita: curar doenças físicas e emocionais; eliminar bloqueios energéticos; repetição de padrões negativos; receber orientações, compreender o porquê de algumas coisas. É como se uma ponta do véu que encobre nosso passado recebesse a permissão para ser levantada.

113. FAZER O BEM SEM OSTENTAÇÃO

Jesus recomendou aos homens: *"Que a sua mão esquerda não saiba o que faz a sua mão direita"*. Fazer o bem sem ostentação tem um duplo mérito, pois além de ser caridade material é também caridade moral. Quem age assim respeita os sentimentos do beneficiado, fazendo com que ele aceite o que recebe, sem ferir o seu amor-próprio e respeitando a sua dignidade humana. Ocultar a mão que dá é ainda mais louvável, pois é um sinal de uma grande superioridade moral. Aquele que faz a caridade e renuncia à satisfação que o aplauso dos homens proporciona, na verdade, se preocupa somente com a aprovação de Deus. Entretanto, existem aqueles que preferem somente a aprovação dos homens. Para esses, a vida presente é mais importante do que a vida futura.

Quantas pessoas ajudam na esperança de que essa ajuda tenha grande repercussão. Que, em público, dariam grandes somas em dinheiro, e que, sozinhas, não dariam sequer uma moeda! Foi por isso que Jesus disse: *"Aquele que faz o bem com ostentação já recebeu a sua recompensa. Quem procura a sua glorificação na Terra, pelo bem que faz, já pagou a si mesmo, e Deus nada mais lhe deve, resta-lhe apenas receber a punição pelo seu orgulho!"*

Existem pessoas que escondem a mão que dá tendo o cuidado de deixar aparecer uma parte da sua ação, na esperança de que alguém observe o que estão fazendo. Esse é um procedimento ridículo em relação aos ensinamentos do Cristo. Se o benfeitor orgulhoso já é desconsiderado entre os homens, imaginem o quanto não será diante de Deus. Ele também já recebeu a sua recompensa na Terra. Foi visto e ficou satisfeito por ter sido visto. É tudo o que terá.

Muitos dão esmola, mas não se dignam a olhar para aquele que recebe. Outros até olham, mas jamais pegarão na mão que se estendeu! Qual será a recompensa para os que fazem com que seu irmão sinta o peso do benefício recebido, exigindo-lhe demonstrações de reconhecimento? Para esses nem mesmo a recompensa terrena existe, pois eles serão privados da satisfação de ouvir outras pessoas falando bem de seus nomes.

114. A sintonia com a Natureza primitiva

Por que será que os sons que emanam da Natureza, como os da água descendo pelas pedras de uma cachoeira, dos pássaros cantando, da chuva caindo e das ondas do mar acalmam a nossa mente? A explicação está na reconexão com a Natureza primitiva. Já dissemos que as energias negativas são uma criação da mente humana, uma vez que elas não existiam no planeta antes da nossa chegada. Antigamente, o homem era obrigado a morar perto dos rios, das fontes e viver em harmonia com os diversos tipos de animais. Ele era muito mais feliz, pois o pouco lhe era o bastante. É bem verdade que não tinha o conforto nem as facilidades que existem hoje, mas também não sofria a pressão e o estresse que os tempos modernos lhe impõem.

Alguns, depois de um infarto, passam pela experiência de quase morte (EQM). Entram pelo túnel de luz e lá no fim escutam: "sua hora ainda não chegou, retorna porque a vida vai lhe dar mais uma oportunidade". Aquele que já passou por isso, normalmente, muda por completo o seu estilo de vida e passa a dar mais valor à saúde do corpo. Temos vários exemplos de empresários bem-sucedidos e de pessoas importantes que deixaram tudo e foram se reencontrar com a Natureza. Foram em busca de uma vida mais simples, sem estresse, sem reuniões, sem celulares, sem horário para chegar e sair e não se arrependeram, ao contrário, perguntam-se: "por que não fiz isso antes?" É preciso ter muita coragem para tomar uma decisão como essa, mas quem já tomou garante que o dinheiro não é o que mais importa para ser feliz. É difícil de acreditar, mas os exemplos estão aí.

De um modo geral, podemos dizer que tudo o que emana da Natureza está mais próximo de Deus, e tudo o que emana dos homens está mais distante. Os Espíritos, ao abandonarem o corpo físico, ficam com suas percepções ampliadas e conseguem fazer um julgamento mais preciso das coisas. Compreendem que viver com simplicidade é muito melhor. Mas será que é preciso morrer para descobrir essa verdade? Infelizmente, para a grande maioria, sim! O homem é o único ser vivo que destrói o seu próprio santuário, nenhum outro animal é capaz de destruir o lar onde mora.

115. As redes sociais e os games

A necessidade de interagir nas redes sociais está fazendo nascer uma humanidade com um novo perfil. É uma revolução sem precedentes na nossa história. Não pode ser comparada com a chegada do rádio nem da televisão. As pessoas estão ficando escravas dos celulares, das redes sociais, da exposição desnecessária, da opinião alheia etc. Basta observar: se tiverem dez pessoas sentadas aguardando um voo, oito ou nove estão olhando para os seus celulares, quem achar que não é bem assim que se dê ao trabalho de contar!

Viver no mundo digital e no verdadeiro, ao mesmo tempo, está nos adoecendo física e mentalmente, e não se vislumbra no horizonte um fim para essa pandemia chamada inteligência artificial, infelizmente. Quem já não presenciou essa cena num restaurante: um casal, de frente para o outro, e os dois olhando o seu celular, completamente alheios ao que está acontecendo ao redor. Nem sequer sentem a necessidade de conversar, tamanha é a imersão!

Quem também já não viu alguém fazendo as refeições e olhando para o celular ao mesmo tempo? Então, podemos dizer que se trata de um vício?

Sim, com toda certeza! É um vício a nível mundial, pois em todos os lugares isso está acontecendo. No terreno dos *games* a situação piora, e muito. Os jogos são extremamente excitantes e fazem de seus aficionados verdadeiros escravos digitais. Nem sonham que os Espíritos que desencarnaram na mesma *vibe*, além de jogarem junto, ainda sugam toda sua energia vital. Em alguns casos mais graves, os envolvidos deixam até mesmo de se alimentar e fazem as necessidades básicas durante o jogo! Isso não é mais lazer, é loucura total. Aqueles que acham que estamos exagerando deveriam estar presentes nos inúmeros casos que já atendemos em nosso grupo de desobsessão.

É preciso analisar os diversos ângulos que as redes sociais abrangem. Ela deu voz a milhares de pessoas que nunca teriam a oportunidade de se manifestar, de dar a sua opinião sobre diversos assuntos, e isso é muito saudável. O problema surge quando elas abandonam a realidade e passam a interagir somente com a telinha. A exposição demasiada sempre trará consequências indesejáveis. Basta dar uma opinião que não seja politicamente correta para ser rotulado de racista, homofóbico, machista, fascista e assim por diante. Será que vale a pena?

116. A REBELIÃO DA NATUREZA

Nas tragédias naturais que assolam o planeta, é possível verificar o real tamanho do homem e a sua impotência. A Lei da Ação e Reação é uma lei universal e está presente em todos os mundos habitados. Ela se manifesta não somente na vida das pessoas, mas também no clima. Tudo o que fazemos contra a Natureza retorna de alguma forma. É por isso que o clima do planeta está mudando de uma forma tão intensa. Não há mais dúvida de que a conta chegou! A Natureza primitiva, apesar de exuberante, tem seus limites. Todos os reinos da Natureza estão apreensivos, pois sentem que coisas muito maiores estão por chegar!

Tudo o que acontece na Terra repercute no mundo dos Espíritos, mesmo que não consigamos ver. Nas grandes tragédias climáticas, milhares de pessoas e de animais desencarnam ao mesmo tempo e adentram ao mundo espiritual. São as chamadas desencarnações coletivas. Como é humanamente impossível atender a todos, o sofrimento daqueles que precisam esperar para serem atendidos é muito grande.

Atualmente, o planeta está envolto numa aura escura, fruto do pensamento desequilibrado de milhões de pessoas. A vibração dessa energia negativa, juntamente com a poluição do monóxido de carbono, de alguma forma, precisam ser dissipadas. As tempestades, mesmo com os estragos pontuais que causam, são uma das formas que a Natureza encontra para limpar um pouco essa atmosfera poluída. Quem já não sentiu a diferença na qualidade do ar depois de uma chuva forte? Ele parece que se torna mais puro. Essa impressão vem dos miasmas desintegrados pela chuva e pelo vento.

Se a Natureza estivesse preservada em seu estado primitivo, muitas das doenças atuais seriam evitadas, e a expectativa de vida, com qualidade, seria bem maior. Estamos perdendo muitas coisas de real valor devido à ganância em busca do dinheiro e de realizações comprovadamente efêmeras. Entretanto, os sentimentos de que a vida terrena é eterna e de que ninguém vai morrer parecem que estão enraizados na cabeça dos que habitam a Terra. Aquele que desmata a floresta é o mesmo que terá sua casa destruída pelo fogo descontrolado. Quando todos saem perdendo é porque alguma coisa deve estar errada.

117. A Santa Inquisição

A Santa Inquisição foi criada pela Igreja Católica Romana no século 13, durante a Idade Média. Seu objetivo era combater as heresias, ou seja, aqueles que eram contra os dogmas pregados pela Igreja, as blasfêmias, as bruxarias e todo tipo de manifestação mediúnica ostensiva. Ela foi criada pelo Papa Gregório 9º em 1233. Na Europa, a Inquisição atuou, principalmente, na França, na Itália, na Alemanha, na Espanha e em Portugal. Entretanto, foi na Espanha que ela teve a sua maior força. Somente o frade espanhol Tomás de Torquemada, inquisidor nomeado pelo Papa Inocêncio 8º, enviou para as fogueiras em torno de 2.200 pessoas. Suas maiores vítimas foram os bígamos (os que tinham duas esposas), os agiotas, os judeus, os homossexuais, as bruxas, os médiuns e os hereges.

Foi uma época muito difícil, sobretudo para aqueles que reencarnavam com mediunidade, que naquela época era confundida com atos de bruxaria e tida como manifestações do diabo. Como a pessoa não podia usar a sua mediunidade, ela ficava reprimida e sem controle, podendo se manifestar a qualquer momento. Quando isso acontecia em lugares públicos, era o que bastava para que fossem perseguidas, julgadas e enviadas para as fogueiras. Do ponto de vista da Igreja, a perseguição era fundamental para que as heresias, o judaísmo e as bruxarias não desarticulassem o cristianismo na Europa.

O tribunal do Santo Ofício ficou em atividade por quase 300 anos e teve o seu fim decretado em 31 de março de 1821, casualmente no mesmo dia em que desencarnou Kardec – 31 de março de 1869. A inquisição foi, sem dúvida, um dos períodos mais tristes da história. Como pensar que Deus pudesse concordar com a morte de alguém pelo simples fato de essa pessoa não seguir alguns preceitos, não concordar com alguns dogmas, ter mediunidade de nascença? Entretanto, o que mais chama a atenção é que os inquisidores eram *todos*, sem exceção, pessoas de muita cultura. Então, por que eles agiam assim? Infelizmente, para manter o poder da Igreja e garantir a submissão dos fiéis, que nem de longe ousavam ter ideias contrárias às vigentes na época. Toda religião que precisa se impor pela força, para que seus seguidores acreditem em seus princípios, deve ser lamentada!

118. A COLHEITA DA INQUISIÇÃO

O que aconteceu aos inquisidores que mandaram milhares de pessoas para as fogueiras? Essa questão precisa ser analisada com muito cuidado, pois seus desdobramentos são inúmeros. Conforme já sabemos, a semeadura é livre, porém a colheita é obrigatória. Sendo assim, é claro que todos eles tiveram diversas encarnações de muito sofrimento. Alguns deles reencarnaram poucos anos mais tarde e experimentaram, ainda na época das fogueiras, o desespero de ser queimado vivo. Sentiram eles mesmos a autoridade e o poder insensível dos inquisidores que, por motivos fúteis, julgavam e condenavam as criaturas.

Outros passaram pela terrível experiência de desencarnar em meio às chamas de um incêndio. Como nada acontece por acaso, num mesmo incêndio, muitos se salvam e outros morrem. Então, podemos dizer que aqueles que morrem foram os inquisidores do passado? Não é tão simples assim, existem inúmeros motivos para que uma pessoa desencarne dessa forma. Entretanto, é bem provável que, nos grandes incêndios mundiais acontecidos nos séculos 20 e 21, haja entre os mortos muitos inquisidores do passado. Sentem na própria pele o que impuseram a seus semelhantes no tempo em que tinham poder. É uma triste realidade, mas, infelizmente para os devedores, a Lei de Causa e Efeito se cumpre independentemente de eles acreditarem nela ou não.

A enfermidade conhecida como fogo selvagem (pênfigo) é uma doença autoimune e consiste no aparecimento de bolhas, cheias de líquido, que se espalham por todo o corpo. Essas bolhas, ao se romperem, deixam a pele com feridas em carne viva, que podem ocupar grandes extensões do corpo. A medicina ainda não encontrou a causa para essa doença terrível. Os Espíritos, por meio de diversas mensagens, têm vindo nos esclarecer que o pênfigo é uma doença cármica, ou seja, ela tem a sua causa no passado. É com tristeza que precisamos ver muitas criaturas resgatarem seus desmandos, cometidos na época da Inquisição, através do pênfigo. Graças ao trabalho incansável da senhora Aparecida Conceição Ferreira (Vó Cida), desencarnada em 2009, temos hoje o hospital Lar da Caridade, na cidade mineira de Uberaba, que acolhe e trata os portadores dessa doença terrível.

119. O RACISMO

O racismo é uma das chagas da nossa humanidade e que ainda não foi extirpado. Ele está presente em todos os países, em alguns mais, noutros menos. O racismo não deixa de ser um sinal de que ainda estamos muito longe de uma sociedade evoluída e justa. Julgar alguém pela cor da pele é uma conduta inominável que já deveria ter sido abolida do nosso cotidiano. Os abolicionistas foram os primeiros a enfrentar o problema, e a atuação deles desencadeou uma série de outros movimentos que fizeram com que a sociedade, aos poucos, fosse compreendendo o absurdo dessa discriminação.

Hoje, podemos dizer que a situação está bem melhor se comparada há 150 anos, por exemplo, quando o negro era escravo e, segundo alguns, não tinha alma. Então, por que o racismo ainda não foi extinto? Porque o tempo também precisa fazer a sua parte no que diz respeito à evolução moral da raça humana, que, infelizmente, não acompanhou a evolução intelectual.

Já dissemos que a Doutrina Espírita ensina que colhemos aquilo que plantamos, através da Lei de Causa e Efeito e das diversas encarnações do

Espírito. Muitos dos que hoje estão experimentando a discriminação da cor são os mesmos que outrora discriminaram seus irmãos negros. Reencarnam agora com a pele escura e sofrem as mesmas humilhações. Será que se todos soubessem que existe a possibilidade de nascer negro na próxima encarnação o racismo já não estaria muito mais abrandado? É pelo esclarecimento que o Espiritismo vem dar a sua contribuição sobre um tema tão importante. O próprio Cristo disse: "Não façam aos outros aquilo que vocês não gostariam que os outros fizessem a vocês!"

Se a situação melhorou, desde o tempo da escravidão até nossos dias, por que não continuaria melhorando? A inclusão da raça negra na sociedade atual é uma realidade, apesar de ainda estar longe de ser a ideal. A conscientização das massas sobre esse problema aumenta a cada dia. Manifestações em estádios são punidas com rigor, piadas racistas, tão comuns antigamente, hoje são cada vez mais raras, e os que ainda insistem em contá-las expõem-se ao ridículo.

120. A EVOLUÇÃO DA HUMANIDADE

No início, o homem apenas utilizou a sua inteligência para procurar alimentos, para se proteger das intempéries e para se defender dos inimigos. Para diferenciar o homem do animal, Deus deu-lhe o desejo incessante de buscar sempre o melhor para si. Foi isso que o conduziu às grandes descobertas e ao aperfeiçoamento da ciência. Essa busca desenvolveu sua inteligência e aperfeiçoou sua moral. As necessidades do corpo vêm antes das necessidades do Espírito. Depois do alimento material, ele necessitou do alimento espiritual. Foi assim que o homem passou do estado de selvagem para o de civilizado.

O progresso que cada um realiza individualmente, durante a sua vida, é muito pequeno. Esse progresso não é percebido, mesmo quando analisamos um número grande de indivíduos. Sem a preexistência e a reencarnação da alma, a humanidade não teria como evoluir. Se as almas deixassem a Terra todos os dias, para não mais voltar, não haveria mais progresso, pois somente seres primitivos encarnariam incessantemente e teriam que começar do zero e aprender tudo outra vez.

Se vivêssemos apenas uma vida e não evoluíssemos através das sucessivas encarnações, não haveria razão para que o homem de hoje fosse mais avançado que o homem primitivo. A cada nascimento, o trabalho intelectual teria que recomeçar, e o mundo não estaria no grau de evolução em que se encontra. A alma, retornando com o progresso que já realizou nas existências anteriores, traz consigo um conhecimento que será sempre aprimorado a cada encarnação.

Então, por que a reencarnação não é aceita por muitos? Por que tanta dificuldade para compreender uma coisa que parece ser tão simples e óbvia? Será que não se dão conta de que é impossível fazer toda evolução numa única existência? E os que morrem cedo, como ficam? Como vão evoluir? Deus estaria privando esses seres do progresso? Não existem respostas para essas perguntas se não levarmos em conta a reencarnação. Portanto, o ensinamento de que se vive apenas uma existência terrena é falso, e quanto mais o homem insistir nessa ideia absurda, mais afastado estará da realidade.

121. DE QUE MODO O PENSAMENTO É TRANSMITIDO?

O *fluido cósmico universal* está presente em todos os mundos e é a matéria-prima para a composição de tudo o que conhecemos, desde os minerais, vegetais e animais até o homem. Para compreender a transmissão do pensamento, é preciso imaginar todos os seres, encarnados e desencarnados, envolvidos no *fluido cósmico universal* que ocupa todo o Espaço do mesmo modo que a atmosfera envolve toda a Terra.

Assim como o som se propaga por meio do ar, o pensamento se propaga através do *fluido cósmico universal* e é impulsionado pela ação da nossa vontade. A diferença é que as vibrações, no ar, atingem uma determinada distância, enquanto as vibrações no *fluido cósmico universal* se estendem ao infinito. Quando o pensamento é dirigido a um ser qualquer, esteja ele encarnado ou desencarnado, forma-se uma corrente de fluidos entre os dois, e o pensamento é transmitido de um para outro, da mesma maneira que o ar transmite o som.

O Espiritismo, ao explicar de que forma o pensamento é transmitido, explica também como os bons Espíritos recebem a prece que fazemos. A intensidade da corrente fluídica depende da força do pensamento e da vontade de quem faz a prece ou o pedido. Assim, a prece que vem do coração tem mais força do que aquela que é simplesmente repetida de forma maquinal, com o pensamento noutro lugar. É pelo fervor que os bons Espíritos ouvem as preces que lhes são dirigidas. Não precisamos estar num templo, ela pode ser feita em qualquer lugar, basta o pensamento firme naquilo que estamos pedindo. Entretanto, a eficácia da prece sempre estará subordinada à vontade de Deus.

Os Espíritos evoluídos comunicam-se pelo pensamento, e não pela palavra. A telepatia tem como base a transmissão do pensamento através do *fluido cósmico universal*. Quando pensamos numa pessoa e em seguida ela nos liga ou aparece, é porque captamos o seu pensamento. É provável que ela também estivesse pensando em nós. Todo pensamento, uma vez emitido, pode ser captado, e qualquer um pode ter acesso a ele, principalmente os Espíritos desencarnados, portanto, muito cuidado com o que você está pensando!

122. A Igreja Católica Apostólica Romana

A Igreja Católica foi a maior instituição que já existiu do lado ocidental do planeta. A influência que ela exerceu sobre a humanidade, principalmente no Velho Mundo, não tem precedente. Por um longo período, todas as nações se curvaram diante do seu poder. Os papas mandavam mais que os reis e os chefes de Estado. Ninguém ousava questionar seus dogmas e seus ensinamentos, sobretudo durante a Idade Média.

O problema é que esses ensinamentos estavam e estão baseados na *fé cega*, ou seja, é assim e não há discussão. Antigamente, quem não concordava ou se opunha tinha como destino as fogueiras da Santa Inquisição. Entre os *dogmas* mais importantes da Igreja estão:

* *As penas eternas* – a pessoa é julgada e condenada, sem remissão, a viver eternamente no Céu, no Inferno ou no Purgatório.

* *A ressurreição dos mortos no dia do juízo final* – todos vão retornar a viver no mesmo corpo que utilizaram durante a vida terrena, no dia do juízo final.

* *A existência única* – só é possível viver uma única vida na Terra.

* *O pecado original* – as almas já nascem pecadoras, pois herdam o pecado cometido por Adão e Eva no paraíso.

* *O batismo* – somente pelo batismo é possível remover a mancha do pecado original.

* *Os anjos* – constituem uma criação distinta da humanidade, pois são seres detentores de todos os poderes e virtudes.

* *Os demônios* – são os anjos decaídos, também detentores de grande poder, mas voltados para o mal.

* *Satanás* – entidade maligna, que comanda os demônios, e que teria o mesmo poder de Deus, mas voltado para o mal.

* *A Santíssima Trindade* – é a interação de três entidades, o Pai (Deus), o Filho (Jesus) e o Espírito Santo, para formar um único Deus.

* *A confissão dos pecados* – só é possível obter o perdão dos pecados se eles forem perdoados por um sacerdote.

* *Os limbos* – é o lugar para onde vão as crianças depois da morte.

* *O celibato* – os sacerdotes não podem se casar e, por consequência, não podem ter relações sexuais.

* *Os santos* – foram pessoas boas que, em sua passagem pela Terra, realizaram milagres reconhecidos pela Igreja.

Com todos esses *dogmas*, que não se sustentam à luz da razão, fica fácil compreender por que a Igreja, nos últimos tempos, vem perdendo tantos fiéis!

123. OS MAGOS NEGROS

Os primeiros templos iniciáticos foram construídos no Antigo Egito por volta do ano de 1.300 a.C. Os mais importantes foram os de Luxor e Karnak. Na Grécia, destacavam-se os templos do Parthenon, Poseidon e Zeus. Entre outras coisas, eles tinham por objetivo desenvolver as faculdades mentais dos iniciados, através de muito treinamento e disciplina. Assim, os mestres passavam aos jovens os seus conhecimentos para que esses trabalhassem no bem e no auxílio dos mais necessitados.

Com o passar do tempo, esse objetivo foi se desvirtuando. Aqueles que desenvolviam as faculdades mentais, ao invés de usá-las para o bem, começaram a utilizá-las em benefício próprio. Uma mente treinada tem um poder muito grande sobre pessoas comuns. Eles utilizavam esse poder mental para satisfazer seus caprichos, conquistar mulheres, afastar aqueles que não concordavam com seus desmandos e até mesmo para matar, se fosse preciso. O egoísmo tomou conta desses iniciados, que se perderam na vaidade e se afastaram de seus mestres. Toda mente que se desenvolve jamais retorna ao seu tamanho original. Ela sempre será uma mente treinada. Usá-la para o bem ou para o mal é apenas uma opção.

Ao retornar para o plano espiritual, essas criaturas passam a ter um poder ainda maior, pois não tem mais a barreira do corpo físico, que atenuava em muito o seu poder mental. Desse modo, eles exercem um domínio completo sobre os Espíritos culpados que vivem no umbral. Esses Espíritos são escravizados e passam a obedecer aos magos negros com medo de serem punidos. Os magos, por serem Espíritos egoístas, formam cada um o seu próprio exército de escravos. Não há acordo entre eles, e os detentores de maior força mental são muito respeitados e temidos. Ninguém ousa desafiá-los em seus domínios. Por não quererem abandonar esse poder, evitam a reencarnação, pois têm consciência dos que os espera! Como é impossível burlar as Leis de Deus, eles reencarnam de forma compulsória, contra a sua vontade. Assim, podem ser facilmente reconhecidos pelo mal que fizeram e ainda fazem a seus irmãos encarnados. A título de ilustração, vamos citar apenas o maior deles: Adolf Hitler.

124. A PROSTITUIÇÃO

Dizem que a prostituição é a profissão mais antiga do mundo, o que pode ser verdade. A energia gerada pelo ato sexual, mesmo sendo para preservação da espécie, é de ordem primitiva. Ela situa-se no chacra da base, que é aquele que possui a menor frequência vibratória dentre os sete chacras principais.

O sexo é de natureza divina, se não fosse assim, Deus não o teria disponibilizado aos homens. O problema surge quando utilizamos o corpo para fazer dele um comércio. Todo Espírito encarnado que utiliza a prostituição como forma de ganhar dinheiro contrai um carma muito grande para esta e para as próximas encarnações. O sexo desregrado, sem nenhum sentimento de afeição, e que tem por finalidade somente o prazer fugaz deixa as pessoas envoltas em energias de baixíssimo padrão vibratório.

A energia gerada por esse tipo de sexo cria uma espécie de imantação, e como cada parceiro tem uma vibração que lhe é própria, aquele que se envolve com vários fica imantado nesses diversos tipos de energias de baixo teor vibratório. Elas aderem ao seu corpo astral de tal maneira que, na presente encarnação, não há nada que possa ser feito para retirá-las. Será preciso mais de uma encarnação, sem se envolver com a prostituição, para que o corpo astral possa ir drenando e se desfazendo dessas energias que a ele ficam aderidas.

Como a prostituição não deixa de ser um vício, ao desencarnar, o Espírito continua sentindo a necessidade do sexo. Como não pode satisfazê-lo no plano espiritual, seu sofrimento é muito grande. Alguns ficam tão dependentes dessas vibrações que passam a frequentar os motéis e lugares afins, onde conseguem sorver a vibração sexual dos casais encarnados.

Como em tudo na vida, aqui também é preciso fazer uma distinção. Existem aqueles que se prostituem por absoluta necessidade, como último recurso. Nesse caso, mesmo havendo a imantação, que é inerente ao exercício da profissão, ela fica de alguma forma atenuada. O mesmo não ocorre com aqueles que se prostituem por opção, pois tiveram o livre-arbítrio para escolher. As consequências da colheita sempre serão maiores para aqueles que têm o conhecimento de como as coisas funcionam.

125. O aborto

O Espírito que retorna ao plano espiritual depois de ter sido rejeitado pela mãe, que não quis acolhê-lo, o faz em condições lastimáveis, pois perde a oportunidade que lhe foi concedida em detrimento de muitos outros que também esperam para reencarnar. A sensação de rejeição cria um carma, um débito muito grande entre o Espírito reencarnante e a mãe.

As desculpas para cometer o aborto são as mais diversas, e todas elas estão vinculadas à vida presente, onde o que importa é manter as aparências, como, por exemplo: "não quero estragar meu corpo"; "minha família não pode saber"; "meu pai vai me matar"; "o que meus amigos vão dizer"; "isso vai atrapalhar muito a minha vida"; "eu ainda não estou preparada para ser mãe"; "logo agora que consegui esse emprego". As desculpas tendem ao infinito, mas nenhuma delas é válida, pois trata-se de um assassinato contra uma criatura indefesa.

A mãe que rejeita um filho ou mais de um cria para si um débito que precisará ser resgatado nas encarnações seguintes. São hoje as mães que querem engravidar e simplesmente não conseguem, pois não aproveitaram a oportunidade abençoada de ser mãe que lhes foi concedida outrora.

É um erro olhar o aborto somente pelo lado material, como se fosse uma decisão como outra qualquer, uma vez que impede que o Espírito readquira um novo corpo físico para continuar evoluindo. Aos olhos de Deus, isso é muito grave. O gesto de abortar gera um compromisso muito grande para a mãe e para aquele que executa o aborto. Pela Lei de Causa e Efeito, esse erro terá que ser reparado numa existência futura, normalmente em condições menos favoráveis.

A Doutrina Espírita procura esclarecer os homens a respeito da continuidade da vida, da individualidade da alma, da não existência da morte, da necessidade de resgatar os erros cometidos etc. Antes de reencarnar, a mãe assume o compromisso de receber aquele Espírito como filho. O vínculo já existia no plano espiritual e iria se materializar no plano físico. Ninguém recebe um filho por acaso, por descuido, isso não existe. Assim, optar pelo aborto é quebrar um contrato que prevê gravíssimas consequências para o futuro.

126. O ESTUPRO E O ABORTO

O aborto é um crime aos olhos de Deus, pois estamos tirando a vida de uma criatura que não tem como se defender. Quem mata alguém com 90 anos ou com semanas é assassino do mesmo jeito. Existem várias correntes que defendem o aborto como sendo uma escolha da mulher, como se alguém pudesse ter o direito de decidir quem vai nascer e quem vai morrer. Nesse caso, não estaríamos tomando o lugar de Deus?

O estupro é, sem dúvida, um ato abominável e deve ser reprimido com rigor absoluto em todos os níveis da sociedade. Quando uma mulher engravida, depois de ter sido estuprada, ficamos diante de uma situação extremamente delicada. Pela lei dos homens, que não acreditam na reencarnação e onde existe somente a vida atual, a melhor solução seria o aborto. No entanto, quando deitamos o olhar sobre as leis divinas, que proíbem a quem quer que seja tirar a vida de alguém, independentemente do motivo, o problema está criado.

Todos nós já tivemos inúmeras existências para trás e teremos inúmeras pela frente. Deve haver alguma razão para que estejamos encarnados num planeta inferior, como é a Terra. Como nada acontece por acaso, para tudo deve haver uma explicação, e, se ela não está na existência atual, certamente deve estar nas existências anteriores. Deus jamais permitiria que uma mulher ficasse grávida num estupro, por acaso, por simples fatalidade. Com certeza, deve haver um grande motivo para que uma monstruosidade dessas aconteça.

Quando analisamos a questão com os olhos fixos somente no presente, fica impossível aceitar o fato. É preciso levantar o véu que encobre o passado para as coisas se esclarecerem. Como não temos acesso a esse passado, só nos resta confiar que Deus nada faz de inútil. O Espírito que reencarna dessa maneira deve ter a sua parcela de culpa. A mãe que o recebe, depois de um ato brutal como esse, também deve ter a sua. A reencarnação sempre será uma oportunidade de progresso para o Espírito, e ele não pode abrir mão dessa oportunidade. Se analisarmos a vida atual como uma parcela ínfima da vida do Espírito, todos os grandes acontecimentos tornam-se pequenos e desprezíveis.

127. A PRESCIÊNCIA

Os videntes são pessoas que se colocam numa condição em que podem abarcar acontecimentos que irão se realizar, mas que ainda não se materializaram no plano físico. Quando estão exercendo a vidência, deslocam-se para outra dimensão de espaço e tempo, onde o presente, o passado e o futuro tornam-se uma coisa só. Para que uma determinada previsão possa se cumprir, é preciso que ocorra um encadeamento de fatos que podem ou não acontecerem. Se ocorrerem, a previsão se cumprirá, caso contrário, não. Como esses fatos estão vinculados a inúmeros livres-arbítrios, o vidente nunca poderá afirmar com precisão se que aquilo que ele viu acontecerá. Se disser o contrário, está mentindo!

Vamos imaginar uma pessoa no alto de uma montanha, onde é possível ver uma estrada. Por ela viaja um carroceiro com sua esposa. Se o casal olhar para trás, enxergará o passado, ou seja, o caminho já percorrido. Se olhar para sua frente, enxergará o futuro, que é o caminho a ser percorrido. Se olhar para o lado, enxergará o presente, ou melhor, o caminho que estão percorrendo no momento. A pessoa que está no alto da montanha enxerga a carroça, o caminho já percorrido, o caminho que está sendo percorrido e o caminho a percorrer. Podemos dizer que ela enxerga, ao mesmo tempo, o passado, o presente, e o futuro.

Mais à frente, na estrada, haverá uma bifurcação. Se o casal optar pelo caminho da esquerda, em breve encontrará uma pequena cidade. Se optar pelo caminho da direita, encontrará um rio e uma vegetação exuberante. A pessoa que se encontra no alto da montanha, por estar numa posição privilegiada, faz a previsão e diz ao casal que logo à frente eles encontrarão uma pequena cidade. Ao chegar no ponto da bifurcação, se o casal tomar o caminho da esquerda, a previsão se cumprirá, caso contrário, não. Nesse caso, a previsão estará sempre vinculada ao livre-arbítrio do casal. É por isso que as pessoas que possuem a faculdade da vidência erram e acertam com tanta facilidade. Elas enxergam o desenrolar dos fatos, mas a materialização no plano físico nunca dependerá delas, e sim do encadeamento das coisas, e, sobre isso, elas não têm domínio.

128. A PORTA ESTREITA

Jesus recomendou: *"Entrem pela porta estreita, pois a porta da perdição é larga e o caminho que a ela conduz é espaçoso, e há muitos que por ela entram. Como é pequena a porta da vida! Como o caminho que conduz a essa porta é estreito! E como há poucos que a encontram!"* (Mateus, 7:13 e 14).

A porta da perdição é larga, porque as más paixões são numerosas, e o caminho do mal é frequentado pela maioria. A porta da salvação é estreita, porque o homem que deseja transpô-la deve fazer grandes esforços para vencer suas más tendências, e poucos são os que se submetem a isso. É a constatação do ensinamento moral: "Muitos são os chamados e poucos os escolhidos".

Quando a humanidade terrena evoluir, moral e intelectualmente, transformará a Terra num mundo de regeneração, e o caminho do bem será o mais frequentado. Se o estado normal da humanidade fosse viver num mundo de provas e expiações, como a Terra, Deus estaria condenando a maior parte de Suas criaturas à perdição, o que não é possível, desde que se reconheça que Deus é todo justiça e todo bondade.

A ideia de viver uma única existência faz com que o homem esteja sempre colocando em dúvida a Justiça de Deus. Se a alma nada fez de ruim antes dessa vida, por que a humanidade mereceria uma sorte tão triste, tendo que viver num mundo inferior? Qual a necessidade de uma porta tão estreita, onde somente poucos conseguem transpor, se o destino da alma já está definitivamente fixado após a morte? Ou ela vai para o Céu, ou para o Inferno, ou fica no Purgatório, e isso para sempre.

Com o ensinamento de que a alma já viveu várias existências, de que existem diversos mundos habitados e de que a alma não pode ficar estacionária, uma vez que precisa evoluir, o horizonte do homem se alarga, e a luz ilumina os pontos menos esclarecidos da fé. O presente e o futuro tornam-se consequência do passado. Somente com a preexistência da alma podemos compreender toda grandeza, toda verdade e toda sabedoria dos ensinamentos morais do Cristo.

129. A INGRATIDÃO DOS FILHOS E OS LAÇOS DE FAMÍLIA

A ingratidão é um dos frutos mais imediatos do egoísmo e revolta sempre os corações honestos. Entretanto, a ingratidão dos filhos em relação aos pais tem um caráter ainda mais odioso. Há pais que possuem filhos de comportamento difícil, que pagam com ingratidão aquilo que recebem, que possuem por eles uma repulsa instintiva sem que haja um motivo que possa justificar essa conduta. Então, é preciso voltar os olhos para o passado e dizer: com certeza, um de nós é culpado.

Quando um corpo é gerado, a alma que nele reencarna vem do plano espiritual para progredir. Portanto, os pais devem cumprir com zelo a sagrada missão de direcionar essa alma para o bem. Os cuidados e a educação que vão lhe dispensar ajudarão no seu aperfeiçoamento e no seu bem-estar futuro. A cada pai e a cada mãe Deus perguntará: "o que fizeram do filho que lhes foi confiado?" Se permaneceu atrasado por causa de vocês, seu castigo será vê-lo entre os Espíritos sofredores, pois sua felicidade dependia da dedicação que dispensariam a ele.

Muitos pais, em vez de combaterem, pela educação, os maus princípios de nascença, provenientes de existências anteriores, mantêm e desenvolvem esses mesmos princípios por serem fracos no agir ou por pura negligência. Mais tarde, com o coração amargurado pela ingratidão dos filhos, sofrerão, ainda nesta encarnação, o começo de suas expiações. A tarefa não é tão difícil quanto parece, uma vez que só exige dedicação. Assim, tanto o pobre quanto o rico e tanto o sábio quanto o ignorante podem cumpri-la.

Os pais que recebem filhos com desvios de conduta, já em tenra idade, deveriam saber que não é por acaso que eles nasceram na família. Certamente existem débitos cármicos entre eles. Cabe aos pais, que reencarnaram antes, combater as más tendências aos primeiros sinais de suas manifestações, sem esperar que elas criem raízes profundas. É preciso compreender que a reencarnação é uma oportunidade que não pode ser desperdiçada. Se tudo der certo, tanto os pais quanto os filhos retornarão com suas missões cumpridas.

130. A VIDA EM ISOLAMENTO

Que proveito pode ter para o Espírito passar uma vida inteira em isolamento, dedicando-se à prece, à meditação ou ao êxtase contemplativo? Aquele que se isola busca somente o seu adiantamento espiritual, pois, ao se afastar da matéria, acaba por não enfrentar as dificuldades da vida terrena. Se fosse para viver somente o lado espiritual, qual a necessidade de reencarnar? O budismo nos ensina que o caminho mais correto é o do meio, o do fio da navalha, nem para um lado nem para outro. Assim, desenvolver apenas o lado material da vida é tão errado quanto desenvolver somente o lado espiritual.

O isolamento é contrário às Leis da Natureza. Os homens não foram feitos para viver isolados, e sim em sociedade. Uma vez que ninguém possui todas as capacidades, é através das relações sociais que eles se completam mutuamente, asseguram o seu bem-estar e progridem.

Será que o homem não tem o direito de viver em isolamento absoluto? Por que isso seria condenável se ele encontra aí a sua satisfação? O isolamento absoluto é condenável porque aquele que se isola encontra, nesse isolamento, a satisfação do egoísta. Não pode ser agradável aos olhos de Deus uma vida em que o homem se condena a não ser útil a ninguém. Ao escolher viver sozinho, ele não faz o mal, mas também não faz o bem, e Jesus já havia nos advertido: *"não basta não fazer o mal, é preciso fazer o bem"*.

Como alguém que vive isolado poderá fazer a caridade? Como poderá exercer a Lei do Amor? É nas dificuldades do dia a dia que os homens forjam o seu caráter e aproveitam a reencarnação para progredir. O método da extrapolação serve para compreender melhor se uma conduta é certa ou errada, senão vejamos: se todos resolvessem se isolar, para ficar apenas meditando, em pouco tempo a humanidade morreria de fome, pois não haveria quem plantasse nem quem colhesse. Seria o caos absoluto! Ora, uma conduta que não pode ser aplicada a todos não é modelo a ser seguido. É somente vivendo em sociedade que conseguimos colocar um freio em nossas más tendências. Ao se isolar, o homem, não tendo a quem prestar contas, não evolui.

131. A HOMOSSEXUALIDADE

A Doutrina Espírita nos ensina que o Espírito não tem sexo e que ele reencarna tanto como homem quanto como mulher. Quando um Espírito tem várias encarnações seguidas como homem, por exemplo, ele fica como que imantado na vibração masculina, e o mesmo acontece com a mulher.

Para melhor compreender, vamos imaginar alguém que teve várias encarnações como mulher e, como é natural, gostava de homens. Nas primeiras encarnações como homem, o Espírito ainda está muito imantado na vibração feminina e, por consequência, continua gostando de homens. O que pode haver de errado nisso? Seria, por assim dizer, um Espírito feminino num corpo masculino. Ele precisará de algumas encarnações para firmar a sua vibração no novo sexo.

É claro que esse é apenas um dos fatores que levam as criaturas à homossexualidade, pois existem inúmeros outros. Aqui, estamos abordando apenas o lado espiritual da questão. Para que o Espírito tenha uma evolução completa, ele deve passar por todas as experiências, e a homossexualidade é uma delas. Tudo na vida dos Espíritos é aprendizado, e os indivíduos devem ser julgados pelo bem que praticam e pelo mal que evitam. Ao retornarem para o plano espiritual, não lhes será perguntado: "qual era a sua opção sexual?" Ao contrário, será perguntado: "quantas pessoas você ajudou?" "Quantas lágrimas secou?" "Que quantidade de mal você conseguiu evitar?" Aos poucos, a humanidade vai abrindo os olhos para o que realmente interessa.

No passado, os homossexuais foram muito perseguidos. Somente o tribunal da Santa Inquisição enviou milhares deles para a fogueira. É claro que eles ainda sofrem muita discriminação e que muita gente, infelizmente, não aceita. Entretanto, se compararmos com um passado não muito distante, verificaremos que a situação já melhorou muito e que a tendência é continuar melhorando. Hoje, as anedotas, as músicas, as brincadeiras com a orientação sexual de cada um estão diminuindo consideravelmente, e aqueles que ainda insistem passam pelo constrangimento de não serem mais aceitos. Graças a Deus!

132. O aperfeiçoamento do corpo físico e a evolução do Espírito

À medida que o Espírito se purifica, o corpo físico que o reveste se aproxima da natureza espiritual. A matéria torna-se menos densa, e suas necessidades físicas, menos grosseiras. A alimentação à base de carne não é mais necessária. Suas percepções ficam muito ampliadas, as paixões animais se enfraquecem, e o egoísmo dá lugar ao sentimento de fraternidade.

Nos *mundos superiores*, as guerras são desconhecidas. Os ódios e as discórdias não prosperam, porque ninguém pensa em prejudicar o seu semelhante. A certeza que seus habitantes têm da vida futura e a tranquilidade de possuir uma consciência isenta de culpas fazem com que a morte não lhes cause nenhuma apreensão. Eles a enfrentam sem nenhum temor e a entendem como uma simples transformação.

Nesses mundos, os Espíritos encarnados vivem por mais tempo. Eles possuem um corpo físico mais aperfeiçoado e estão moralmente mais adiantados. Quanto menos material for o corpo de carne, menos ele ficará sujeito às alternâncias que o desorganizam. Quanto mais puro for o Espírito, menos ele ficará sujeito às paixões que o consomem.

Os Espíritos somente podem habitar mundos que sejam compatíveis com o seu grau de evolução. Assim, não basta querer habitar um mundo melhor, é preciso merecer. Como tudo tem que progredir, as raças que hoje povoam a Terra desaparecerão um dia e serão substituídas por outras mais evoluídas e perfeitas, do mesmo modo que as atuais sucederam às mais atrasadas.

A matéria que forma o corpo astral é a mesma em todos os mundos, pois ela deriva do *fluido cósmico universal*. Entretanto, nos mundos mais evoluídos, ela é mais etérea que nos mundos mais atrasados. Ao passar de um mundo para outro, o corpo astral se reveste com a matéria própria do mundo em que o Espírito foi chamado a viver. Os Espíritos inferiores não podem sair do mundo em que vivem. Já os Espíritos puros, que habitam os mundos felizes, podem se locomover por toda parte e ir de um mundo a outro sem dificuldade.

133. O PROBLEMA DA CARNE

A alimentação à base de carne de animais tende a desaparecer à medida que os Espíritos vão evoluindo. Nos mundos mais adiantados, ela já foi totalmente erradicada. Assim também será na Terra, quando esta alcançar o progresso que lhe está destinado. Tanto isso é uma tendência que o número de pessoas vegetarianas e até mesmo veganas cresce a cada dia.

A carne, principalmente a que provém de animais mamíferos, possui uma frequência vibratória inferior à dos seres humanos. Isso porque os animais estão situados numa escala zoológica inferior à dos homens. Portanto, quando comemos a carne do animal, estamos rebaixando o nosso padrão vibratório, e ele só voltará ao normal quando ela for totalmente digerida e excretada pelo organismo.

O pressentimento da morte faz com que o animal, tomado de pavor e angústia, lance na carne, de forma inconsciente, uma energia negativa que rebaixa ainda mais a sua vibração. O porco possui uma sensibilidade mais aguçada que a dos bovinos em relação ao seu destino no matadouro. Desse modo, a energia negativa de angústia e medo que ele lança na carne é muitíssimo maior. Esse é um dos motivos pelo qual sua carne é mais indigesta e precisa ser mais cozida. Nos peixes e nas demais criaturas marinhas, essa energia negativa de angústia perante a morte é muito menor, razão pela qual a carne deles nos parece mais leve.

Os médiuns que trabalham regularmente com sua mediunidade devem se abster de comer qualquer tipo de carne, no mínimo, vinte e quatro horas antes do trabalho no Centro Espírita. A carne diminui consideravelmente sua sensibilidade mediúnica. Aqueles que praticam o desdobramento astral, ou seja, a saída do corpo e a consequente entrada no mundo espiritual "de forma consciente", precisam abster-se da carne, caso contrário, não conseguem efetuar o desdobramento.

É importante ressaltar que o fato de não comer carne não significa que a pessoa seja mais evoluída espiritualmente. Adolf Hitler, por exemplo, era vegetariano e abstêmio e, no entanto, fez o que fez. O tempo se encarregará de pôr um fim a esse costume.

134. A influência dos Espíritos sobre o pensamento humano

Os Espíritos podem influenciar o nosso pensamento? Sim, a influência deles é muito maior do que se possa imaginar. O nosso pensamento se mistura com o dos Espíritos que estão a nossa volta. Em alguns casos, são eles que dirigem as nossas vidas. Então, como saber se o pensamento é nosso ou está sendo sugerido? Em geral, os pensamentos próprios são aqueles que ocorrem em primeiro lugar. Entretanto, não devemos nos preocupar em fazer essa distinção. Muitas vezes, é até melhor não saber, porque assim agimos com mais liberdade. Tomar o caminho do bem ou do mal, do certo ou do errado, será sempre uma escolha de cada um, independentemente da influência que se possa receber. Se fosse útil distinguir com clareza os pensamentos que são nossos daqueles que nos são sugeridos, Deus nos teria dado um meio de fazê-lo.

Todo cientista que trabalha para descobrir algo que virá em benefício da humanidade sempre recebe o auxílio de Espíritos mais inteligentes que, pela intuição, suprem-no daquilo que lhe falta. Eles não se importam com o fato de o mérito ficar todo com aquele que realizou a descoberta, uma vez que o aplauso dos homens não lhes interessa mais. Na maioria das vezes, são Espíritos que estiveram na Terra e que também deram a sua contribuição. Na verdade, ninguém descobre nada sozinho, o intercâmbio entre um plano e outro é contínuo. Isso vale para todos os ramos da atividade humana, desde a música, a pintura, a literatura, as ciências em geral e assim por diante. Infelizmente, aqueles que projetam armas de guerra, por exemplo, também não trabalham sozinhos. Os Espíritos maus e inteligentes não se negam a dar a sua contribuição.

Por que os Espíritos imperfeitos nos induzem ao mal? Porque querem que os homens sofram como eles. Isso diminui seu sofrimento? Não! Eles agem assim pela inveja que sentem em ver aqueles que são mais felizes. Por que Deus permite que isso aconteça? Para experimentar a fé e a constância dos homens na prática do bem. Como o progresso do Espírito é infinito, ele precisa conhecer os dois lados e passar por todas as adversidades. Os maus Espíritos só podem influenciar aqueles que possuem tendência para o mal.

135. A POSSESSÃO

Um Espírito pode se introduzir no corpo físico de uma pessoa viva e agir no lugar do Espírito que se encontra encarnado nesse corpo? Não, um Espírito desencarnado não pode tomar o corpo de uma pessoa viva. Assim, não existe possessão propriamente dita, ou seja, dois Espíritos não podem coabitar o mesmo corpo físico. O que existe é o domínio mental do Espírito obsessor sobre a vontade do obsediado, que fica momentaneamente paralisada. Aquele que está nessa condição age como se não tivesse vontade própria e obedece ao comando mental do Espírito obsessor.

É preciso deixar claro que a dominação somente ocorre com o consentimento daquele que a sofre, seja por fraqueza, seja porque deseja. O Espírito encarnado sempre terá a palavra final sobre o seu corpo físico. Às vezes, a criatura sozinha não tem vontade firme o suficiente para se livrar do Espírito obsessor. Nesse caso, é necessária a intervenção de alguém que tenha superioridade moral sobre esse Espírito. Entretanto, ele nada poderá fazer se aquele que está sendo subjugado não concordar com o auxílio ou não acreditar nele. Existem pessoas que se alegram com uma dependência que satisfaça seus gostos e desejos.

As fórmulas que são utilizadas no exorcismo têm alguma eficácia sobre os maus Espíritos? Nenhuma! Os Espíritos riem e tornam-se mais teimosos ainda quando veem alguém levar isso a sério. A prece é um meio eficaz para combater a obsessão, mas não basta dizer algumas palavras para obter aquilo que se deseja. Deus dá assistência para aqueles que agem, e não para os que se limitam a pedir. É preciso que o obsediado faça a sua parte, destruindo em si mesmo a causa que atrai os maus Espíritos.

Todo Espírito obsessor, antes de qualquer coisa, é um Espírito sofredor que também precisa de ajuda. Ao invés de aproveitar sua permanência no plano espiritual para evoluir, se aperfeiçoar, perde seu precioso tempo obsediando criaturas infelizes. Quando conseguimos fazer com que esses Espíritos percebam o mal que estão fazendo a si mesmos, fica mais fácil afastá-los.

136. APOMETRIA – PARTE 1

A Apometria é uma técnica que foi liberada pelo plano espiritual superior e canalizada para o plano físico pelo Dr. José Lacerda de Azevedo. Depois de trabalhar anos testemunhando os benefícios e as facilidades que as novas técnicas proporcionavam aos trabalhos de desobsessão, ele resolveu nos brindar com dois livros que explicam como utilizá-las, são eles: *Espírito matéria: novos horizontes para a medicina* e *Energia e Espírito: teoria e prática da Apometria*. Entre outras vantagens, as técnicas permitem que aqueles que trabalham com desobsessão possam ter mais agilidade no trato e na condução de Espíritos obsessores que possuem grande força mental. Esses Espíritos, não todos, são conhecidos como magos negros. A contenção deles é feita projetando-se no espaço um campo de força eletromagnético no formato de uma pirâmide. Uma vez contidos no campo piramidal, eles não têm condições de saírem sozinhos. Assim, são levados em segurança para os hospitais da espiritualidade, onde são acolhidos e devidamente tratados. É importante ressaltar que todo grupo de Apometria trabalha ligado a um hospital da espiritualidade, que lhe dá cobertura!

Infelizmente, a Doutrina Espírita não reconhece a Apometria como uma ferramenta para tratar a questão das obsessões com maior rapidez. Os tempos mudaram e não se pode mais ficar tentando convencer um Espírito a mudar sua conduta. O próprio Allan Kardec disse: "Caminhando de par com o progresso, o Espiritismo jamais será ultrapassado, porque, se novas descobertas demonstrarem que ele está em erro acerca de um ponto qualquer, ele se modificará nesse ponto. Se uma verdade nova se revelar, ele a aceitará!" A Apometria é uma verdade nova que se revelou e, portanto, deve ser aceita. A Doutrina Espírita erra ao não lhe dar guarida.

A técnica da Apometria é extremamente eficiente no trato com obsessores mais obstinados que não aceitam abandonar suas vítimas. Já dissemos anteriormente que todo obsessor é, antes de tudo, um Espírito sofredor que também precisa de ajuda. O encaminhamento desses Espíritos para um hospital da espiritualidade, mesmo sem a sua concordância, é um ato de caridade. Quem está perturbado, preso na ideia fixa da vingança, não tem condições de perceber o prejuízo que está causando a si mesmo. Inúmeros são os casos que foram resolvidos no grupo de desobsessão que dirigimos há mais de vinte anos. São casos complexos nos quais a medicina convencional não obteve êxito.

137. APOMETRIA – PARTE 2

Os Espíritos sofredores que estão no mundo espiritual tendem a se agrupar por afinidade vibratória. Eles se juntam e, na maioria das vezes, não têm consciência uns dos outros, tamanho é o estado de perturbação em que se encontram.

Quando um Espírito perturbado se aproxima do médium que vai lhe dar passagem, ele sofre um "choque anímico", ou seja, um rebaixamento no seu padrão vibratório. Ele passa a vibrar, por alguns instantes, na mesma frequência do médium encarnado. Esse rebaixamento em sua frequência é o suficiente para que ele desperte no plano espiritual. Como eles estão agrupados e na mesma sintonia vibratória, o que um sente os outros também sentem. Assim, quando um desperta, ocorre o mesmo com todos os outros.

Esse é um dos motivos pelo qual a técnica da Apometria é tão eficiente, visto que não socorre um Espírito apenas, e sim de vário ao mesmo tempo.

Esses Espíritos formam o que chamamos de "bolsões de sofredores". Todos eles são encaminhados para tratamento nos diversos hospitais da espiritualidade.

Existem centros espíritas que não permitem que os médiuns deem passagem a Espíritos em sofrimento, pois isso poderia prejudicá-los. Trata-se de um desconhecimento completo de como funcionam as leis da sintonia vibratória. Não conhecemos ninguém que tenha tido algum tipo de prejuízo por emprestar seu corpo físico a esse tipo de manifestação. Quando o Espírito sofredor é encaminhado, a equipe espiritual que dá cobertura aos trabalhos auxilia na dispersão dos fluidos pesados que ficam imantados no médium. Bastam alguns minutos para que ele se recupere e esteja em condições para dar passagem novamente. A Apometria abriu novos horizontes para o tratamento das "obsessões complexas". Quem teve muito poder no passado e o utilizou para prejudicar outras pessoas sofre no presente a obsessão, não de um Espírito, mas de uma multidão. Não podemos nos esquecer que todos eles têm contas a ajustar com o encarnado que os prejudicou. Num atendimento convencional não é possível tratar esse tipo de obsessão. Os bons Espíritos sentem-se felizes em nos auxiliar.

138. Uma história interessante

Em 1964, quando estava indo para a escola, na cidade do Rio de Janeiro, vi um ônibus que tinha atropelado uma mulher. O lençol branco sobre o corpo estendido no asfalto nunca mais saiu da minha mente. No início do ano de 2005, recebemos no grupo de Apometria uma senhora de meia-idade que reclamava de dores por todo o corpo. Ela dizia-nos que já tinha feito todos os exames e que não haviam encontrado nada que pudesse justificar as dores.

Logo que iniciamos o atendimento, uma médium recebeu um Espírito que também se queixava de dores por todo o corpo. Estava muito confuso, pois não sabia ao certo o que tinha lhe acontecido. Dizia ele: "não sei o que aconteceu, só lembro que estava atravessando a rua, depois ficou tudo escuro e não consigo me lembrar de mais nada... Acho que fui atropelada, não sei, está tudo muito confuso... Minha cabeça dói muito..." Perguntamos: "onde você está agora?" "No Rio de Janeiro, o senhor não está vendo?"

"Sim, claro. Faz muito tempo que isso aconteceu?" "Não sei, mas acho que foi ontem, não tenho certeza." "Em que ano você está?" (Queríamos saber se o atropelamento era recente.) Para nossa surpresa, o Espírito disse que estava no ano de 1964 e depois acrescentou, mas o senhor não sabe nada mesmo hein! Ao ouvir o ano, abriu-se na minha frente uma tela fluídica com a cena da mulher atropelada e com o lençol branco por cima. Fiquei muito emocionado, pois tive a certeza de quem estava sendo atendido.

Passaram-se 41 anos e a mulher que tinha sido atropelada ainda não tinha certeza do que havia lhe acontecido. A percepção do tempo, no plano espiritual, é muito diferente da que temos na Terra. Por *afinidade*, ela se aproximou da senhora que veio nos pedir ajuda e percebeu que, ficando junto dela, suas dores diminuíam. Sem ter consciência, o Espírito da mulher atropelada se alimentava da energia vital da consulente, assim, por sintonia vibratória, esta passou a sentir as mesmas dores que o Espírito sentia. Encaminhamos o Espírito da mulher acidentada para atendimento no hospital Amor e Caridade. Depois de um mês, a senhora retornou ao grupo e disse estar se sentindo superbem e que as dores haviam passado. Se a causa for extinta, as consequências não podem se manifestar!

139. Os Centros Espíritas como último recurso

A maioria das pessoas procura o Centro Espírita como último recurso, depois que tentaram todas as alternativas, como se o Centro fosse fazer algum milagre. A medicina convencional comete um grande erro em não reconhecer os Espíritos como sendo uma das forças vivas da natureza, como entidades que realmente interagem conosco, tanto para o bem quanto para o mal. A obsessão, quando exercida por um longo período, pode causar danos irreversíveis. Se os casos fossem tratados desde o início, quando surgem os primeiros sintomas, tudo seria muito mais fácil.

O motivo mais comum, de todos os tipos de obsessão, é a vingança. O Espírito que foi prejudicado, numa encarnação anterior, não reencarna e, aproveitando-se da sua invisibilidade, inicia o seu assédio. Esse tipo de obsessão pode ser extremamente danoso para a vítima do presente, pois o

Espírito obsessor usa de todos os meios para atrapalhar a vida daquele que o prejudicou. Ele interfere nos relacionamentos, nos negócios e até na saúde física e mental. O obsessor lembra-se do que aconteceu, e o obsediado, não.

Outro caso muito comum de obsessão é quando um Espírito se aproxima de uma pessoa por *afinidade* de gostos e pensamentos. Ao colocar o seu corpo astral em contato com o da pessoa, esta passa a sentir tudo o que o Espírito está sentindo, ou seja, tristeza, vontade de chorar, dor, depressão, angústia e assim por diante. O Espírito absorve, de forma inconsciente, a energia vital da pessoa, que, com o tempo, passa a sentir-se cansada, com os ombros pesados, e não tem remédio que a faça melhorar. Ela tem a impressão que não dormiu, pois já acorda cansada. O Espírito, quando se afasta da pessoa, sente-se desvitalizado, pois lhe falta a energia do encarnado. Quando se aproxima, sente-se revigorado. Tudo obedece à Lei da Afinidade. Muitas enfermidades que a medicina convencional não consegue resolver tem como causa uma simples obsessão.

A Associação Médico-Espírita do Brasil (AME-Brasil), em conjunto com as AMEs espalhadas por todo o Brasil e com a AME-Internacional, tem a "finalidade de desenvolver e aplicar as propostas do Espiritismo no campo da medicina". Desse modo, seus membros, que são médicos de todas as especialidades, fazem um esforço muito grande para conscientizar seus colegas médicos sobre a obsessão, dentre outros temas caros à Doutrina Espírita, mas, infelizmente, além de eles não serem ouvidos por muitos, ainda são ridicularizados: "não vai me dizer que você acredita em Espírito!"

140. Um caso incrível resolvido com a técnica da Apometria

A título de ilustração, vamos relatar um caso que atendemos em nosso grupo. Recebemos uma senhora que se queixava de muita falta de ar. Ela nos disse que, depois de fazer todos os exames, os médicos não encontraram nada que pudesse justificar a falta de ar. Contou também que já tinha sido internada três vezes e que, em duas delas, precisou ser entubada.

Ao iniciar o atendimento, uma médium logo detectou um Espírito abraçado nela. Perguntamos quando tinha iniciado os sintomas. Ela pensou um pouco e respondeu: "foi mais ou menos há uns três meses, depois que o meu marido faleceu". "Do que ele morreu?" "Ele morreu enforcado, se suicidou." O Espírito do marido, completamente perturbado, não tinha a menor noção de onde estava. Apenas tinha seu sofrimento um pouco aliviado quando conseguia ficar próximo da viúva. Ela, por ressonância vibratória, passava a sentir tudo o que o marido estava sentindo. Auxiliado pela corrente socorrista que trabalha com o grupo, o Espírito suicida foi retirado de perto da senhora e levado para tratamento no hospital Amor e Caridade, que nos dá cobertura.

Solicitamos que ela voltasse em trinta dias para uma nova avaliação. Qual não foi nossa surpresa quando, quinze dias depois, ela voltou e disse que gostaria de fazer um relato ao grupo: "Não sei o que vocês fizeram, mas estou me sentindo ótima e nunca mais tive falta de ar. Vim agradecer e cancelar meu atendimento para a data que foi agendada". Embora tivéssemos recebido permissão do plano Espiritual para explicar o que de fato havia acontecido, preferimos não fazê-lo, pois nunca se sabe qual o grau de entendimento das pessoas em relação a esses assuntos nem como elas poderiam reagir.

Esclarecimento: ao ficar junto da esposa, no mesmo campo vibratório, o marido tinha suas dores atenuadas. Entretanto, passava toda angústia que sentia, devido à falta de ar, para esposa. Ele fazia isso por *afinidade* e de forma *inconsciente*. Não tinha noção de que estava prejudicando. Num atendimento convencional, o doutrinador tentaria conversar com o suicida, explicando-lhe a situação e pedindo para que se afastasse, como se isso fosse possível.

141. O Espírito sente dor e frio?

Esse é um assunto que intriga muita gente, pois o normal é que o Espírito, ao deixar seu corpo físico, não sinta mais dor nem frio, visto que essas sensações estão ligadas ao corpo físico. Entretanto, o Espírito que deu mais importância à vida material do que à vida espiritual, que se apegou excessivamente ao seu corpo físico, quando desencarna, continua sentindo as necessidades desse corpo. Isso é angustiante, porque ele não tem mais como satisfazer essas necessidades.

A dor, o frio e todas as demais sensações materiais que o Espírito sente não são reais. O que ele sente é a lembrança das sensações da dor e do frio que suportou quando estava encarnado. No entanto, como em vida ele se apegou demasiadamente à matéria, essa lembrança torna-se para ele uma realidade. Se alguém disser que o seu corpo astral não sente dor, ele não acreditará.

Forma-se uma espécie de ilusão, onde, por repercussão vibratória das lembranças de quando estava encarnado, as sensações materiais da dor e do frio são sentidas pelo Espírito como se fossem verdadeiras. A dor que ele sente não é uma dor física propriamente dita, é um sentimento íntimo muito vago que o próprio Espírito não compreende muito bem, uma vez que a dor não está localizada em nenhum órgão e não é produzida por um agente externo. É mais uma lembrança do que uma realidade

Ocorre o contrário quando a pessoa morre e ainda permanece presa ao corpo físico, como acontece no suicídio, por exemplo. O Espírito diz que não está morto, mas sente os vermes roerem o seu corpo. Seguramente os vermes não roem o corpo astral e muito menos o Espírito, mas apenas o corpo físico. Aqui, não se trata de uma lembrança, pois em vida ele nunca foi roído por vermes. É uma sensação atual, uma "visão" do que está acontecendo no seu corpo físico, ao qual o corpo astral ainda continua ligado, e que o suicida toma por realidade.

A sede da consciência encontra-se no Espírito. Assim, o corpo astral, sem a presença do Espírito, também seria um corpo morto. Os Espíritos puros, que já se despojaram do seu corpo astral pela evolução, não sentem dor.

142. O ARREPENDIMENTO SEM VOLTA

Um dos maiores sofrimentos que o Espírito experimenta após o desencarne é a terrível sensação do tempo perdido. Quando ele se dá conta de que passou uma encarnação inteira dando importância a coisas supérfluas, que só tinham valor enquanto ele estava encarnado, que perdeu uma boa parte do seu tempo cuidando das aparências e que nada produziu de útil, aí já é tarde demais!

Já foi dito que o Espírito desencarnado tem sua percepção ampliada e que, por isso, faz um juízo mais correto das coisas. Passa a dar valor ao que realmente interessa e sente-se apreensivo pelo que deixou de fazer. Sabe que terá que renascer e passar pela infância, adolescência, até chegar à fase adulta, ou seja, terá que voltar para fazer, na nova encarnação, aquilo que negligenciou. Como ele retorna com sentimento de culpa, sua condição nunca será igual a que tinha. Assim, ele enfrentará essa nova encarnação sempre numa condição inferior.

Muitos dizem: "há se eu soubesse que as coisas eram desse jeito; que ninguém morre; que a vida continua; que teríamos que voltar para fazer o que não fizemos; por que ninguém me avisou?" Poucas são as pessoas que se preocupam com esse assunto, quando deveria ser o contrário, pois a única certeza que se tem é a de que um dia vamos morrer e precisaremos retornar.

O relato dos Espíritos, com os quais temos conversado, deveria servir de alerta para os que ainda estão na carne. O arrependimento que eles carregam é muito grande, e o mais grave, segundo eles, é a sensação de impotência perante o fato de não poderem voltar para fazer o que não fizeram. Nunca é tarde para fazermos algo de útil, para deixarmos a nossa marca, mesmo que seja uma marca bem pequena, não importa. Ninguém reencarna a passeio. Por mais insignificante que seja a reencarnação, ela será sempre uma missão, cujo objetivo final é a evolução do Espírito. Portanto, não aproveitá-la constitui uma falta grave, que será punida pela nossa própria consciência, e não por Deus, como muitos acreditam.

143. ALMAS GÊMEAS

Existem almas gêmeas? Não! A teoria das *metades eternas* ou *almas gêmeas* é uma imagem que representa a união de duas almas ligadas pelo amor, pela simpatia e pela afinidade. Não são duas metades, não são pessoas que necessitam uma da outra para formar um inteiro. A Doutrina Espírita esclarece que não existem duas almas que tenham sido criadas por Deus exclusivamente uma para outra. O que existe são duas pessoas com interesses em comum, tanto na vida quanto no amor. O fato de possuírem muita afinidade faz com elas desejem estar juntas para sempre, o que obviamente não é possível. Se alguém tivesse como destino amar somente uma determinada pessoa, isso seria desvirtuar o sagrado objetivo da encarnação. O homem foi feito para viver em sociedade, e não para viver um relacionamento em que só tem lugar para dois.

Uma alma é predestinada a ficar junto de outra? Não! No entanto, duas almas que tiveram uma relação de amor intenso em uma vida podem sentir-se atraídas nas encarnações seguintes. Quando se encontram, surge uma atração inexplicável, pois elas compartilham dos mesmos valores que as fizeram ficar juntas no passado. Isso explica o que muitos chamam de "amor à primeira vista".

São almas que retornam, não necessariamente para viver uma paixão, mas para continuarem sua evolução juntas. Assim, podem ser amigos, parentes, colegas de trabalho etc. Elas sentem-se bem estando juntas, e isso é o que importa. A evolução das almas passa por diversas etapas, e quando essas almas afins se reencontram, elas se reconhecem. É aquele sentir-se bem na presença de alguém que acabamos de conhecer sem um motivo que justifique.

A existência das almas gêmeas, onde uma viveria eternamente para outra, seria a destruição da Lei do Progresso, pois essas almas teriam uma evolução limitada, visto que uma supriria apenas a vontade da outra. Seria, antes de tudo, uma vivência egoísta em relação ao todo. A lei diz que a evolução das almas tende ao infinito, portanto, fechar o círculo de relacionamentos impede que a lei se cumpra. Amar todos os indivíduos de forma igual é somente para os Espíritos puros.

144. ALGUMAS INFORMAÇÕES INTERESSANTES SOBRE O MUNDO QUÂNTICO

1. A mente interfere em tudo o que acontece na nossa dimensão, seja para o bem ou para o mal. Por isso, é preciso ter cuidado com aquilo que estamos pensando. O Universo da terceira dimensão, no qual estamos vivendo, é uma criação da nossa mente. Só conseguimos observar esse Universo porque, nessa dimensão, existe uma diminuição na velocidade das partículas. Elas diminuem a velocidade, e nós conseguimos ver aquilo que nos cerca, caso contrário, isso seria impossível.

2. Se o átomo fosse do tamanho de um estádio de futebol, seu núcleo seria do tamanho de uma bola de gude, e os seus elétrons seriam partículas de poeiras.

3. Quando o elétron absorve energia, ele passa de uma órbita interior para uma exterior; quando libera energia, ele passa de uma órbita exterior para uma interior e emite um fóton, que é a menor partícula de luz. O elétron ora se comporta como "onda", ora como "partícula"; o tempo inteiro ele é os dois; dependendo da velocidade, ele é onda; dependendo da velocidade ele é partícula. Quem promove essa mudança é a nossa mente, que interage com as partículas subatômicas que estão a nossa volta, arranjando-as ou desarranjando-as.

4. Os físicos trabalham com as seguintes partículas: elétrons, quarks, múons, taus, glúons, bósons, fótons, entre outras. Todas essas partículas atuam somente na terceira dimensão e, nessa dimensão, não podem se deslocar acima da velocidade da luz. Os aceleradores de partículas fazem com que elas se desloquem numa velocidade muito próxima à da luz, mas nunca igual. Se isso acontecesse, elas se desintegrariam. As partículas só conseguem se deslocar em velocidades superiores à da luz a partir da quarta dimensão. Lá, porém, as partículas são outras.

5. As doenças são causadas pela nossa mente, e a cura também. É por isso que a mesma doença é letal para uns e para outros não. Toda doença se manifesta primeiro no corpo astral, para depois se manifestar no corpo físico.

145. A VOLITAÇÃO

Volitação é a capacidade que o Espírito desencarnado tem de se deslocar no Espaço pela ação da sua própria vontade. Existem cursos no plano espiritual que ensinam os Espíritos a volitarem.

No 1º estágio, a volitação é lenta. O Espírito aprende a sair do solo e a andar lentamente por perto. Nesse estágio, é muito comum os Espíritos perderem o controle e baterem contra uma parede, por exemplo. Mas os Espíritos não conseguem atravessar as paredes e tudo o que é sólido? Não! Nem todos conseguem. Por que alguns não conseguem se eles são Espíritos? Porque a mente deles não permite, uma vez que ainda estão sob a influência das coisas terrenas. Estão desencarnados, mas agem como se estivessem de posse do corpo físico.

No 2º estágio, o Espírito pode percorrer grandes distâncias em velocidades muito altas. Pode-se dizer que ele já domina a técnica da volitação. Ele atravessa as coisas materiais como se elas não existissem. Sua mente está totalmente adaptada ao plano espiritual.

No 3º estágio, como o Espírito está na quarta dimensão, ele pode se deslocar com a velocidade do pensamento, e isso pela ação da sua própria vontade. É como se ele desaparecesse num lugar e aparecesse noutro, mas sem se desmaterializar, sem perder a sua integridade. Na terceira dimensão, segundo Einstein, nada pode andar mais rápido que a velocidade da luz.

Quando o Espírito encarnado está dormindo, ele se separa do corpo físico e vai para o mundo espiritual. Alguns, de forma inconsciente, experimentam a sensação de estar volitando. Quem já não sonhou que estava voando e depois caiu? Por que a gente cai mesmo em sonho? Porque temos medo e não acreditamos que é possível volitar. Assim, poderíamos traduzir o medo como sendo uma falta de fé em nossas próprias possibilidades. Se a mente tivesse a consciência plena do seu potencial, nós não cairíamos. Foi por isso que Jesus disse: *"Se vocês tivessem fé do tamanho de um grão de mostarda, transportariam montanhas e nada lhes seria impossível"*.

146. O PODER DA MENTE E AS PARTÍCULAS SUBATÔMICAS – PARTE 1

A mente do observador, ou melhor, do Espírito encarnado ou desencarnado, interfere o tempo todo nas partículas subatômicas, fazendo com que elas se manifestem ora como partícula, ora como onda. Não somos meros observadores, somos parte integrante do processo quântico. Cada observação que fazemos interfere no meio observado. Essa interferência da mente se dá tanto no meio externo quanto no nosso próprio corpo físico, por isso a qualidade daquilo que pensamos é tão importante.

Quando projetamos pensamentos de vingança ou de ódio para uma determinada pessoa, conseguimos desarranjar a sua estrutura subatômica. Como não é possível emitir 100% daquilo que pensamos, uma parte fica conosco. Essa parte que fica também desarranja a nossa estrutura subatômica. É por essa razão que se diz que o mal que desejamos ou fazemos aos outros retorna para nós. Na verdade, ele não retorna, uma vez que nem chegou a sair. Ele ficou em nós mesmos e se manifestará mais tarde através de uma doença qualquer. A mais comum delas é o câncer, que desestrutura as células a nível subatômico e que é causado, em parte, pela própria mente desequilibrada.

Um campo de magia nada mais é do que uma interferência pesada no meio quântico. Essa interferência pode desarranjar ou organizar tudo o que estiver ao seu redor, conforme a vontade do emissor. Na cidade espiritual Nosso Lar, as entidades com grande força mental, como os magos negros, por exemplo, precisam ser contidas em salas especiais de isolamento. Trata-se de uma prisão magnética, e não de uma prisão física, mas as entidades sentem como se estivessem aprisionadas fisicamente. O campo mental dessas criaturas interfere demais nas subpartículas, e elas teriam a capacidade de destruir a cidade Nosso Lar, magneticamente falando, se assim o desejassem.

Para que a vida possa acontecer naquela dimensão, as partículas subatômicas precisam estar estáveis, por isso não podem sofrer interferência. Todas as cidades espirituais possuem um cercamento eletromagnético para conter a invasão e o pensamento destrutivo de irmãos com a mente em desequilíbrio.

147. O PODER DA MENTE E AS PARTÍCULAS SUBATÔMICAS – PARTE 2

Tudo no Universo é composto de partículas atômicas. À medida que evoluímos e ampliamos a nossa percepção, a capacidade de interagir com essas partículas aumenta. Podemos utilizá-las para o bem, auxiliando na cura de doenças, ou para o mal, nos trabalhos de magia negra, por exemplo. Tudo vai depender de como queremos usar a força da nossa mente, pois é ela que interage com as partículas e promove sua desorganização molecular, causando doenças, travando relacionamentos, impedindo o sucesso dos empreendimentos etc. O contrário também acontece quando direcionamos essa força para realização das boas obras.

Sempre se disse que toda magia é mental. Assim, os ingredientes utilizados não passam de pretextos para que se possa cobrar algum dinheiro a mais pelo trabalho realizado. Nos trabalhos de magia, onde são sacrificados animais, o feiticeiro utiliza o sofrimento destes para potencializar a sua maldade. É a força mental de quem realiza o trabalho, no caso a do feiticeiro, que manipula essas partículas subatômicas, desagregando-as e tornando-as instáveis.

Einstein dizia que existe um único tecido chamado "campo" ou "espaço-tempo" que permeia todo o Universo. O nosso pensamento é uma ondulação no espaço-tempo. Toda emoção gerada pelo ser humano desloca uma grande quantidade de energia. Pode ser angústia, tristeza, alegria, medo, felicidade e assim por diante. Qualquer emoção gerada por nós se expande e afeta todo o campo áurico ao redor. Como fazemos parte do campo, também somos afetados. Se alguém sentindo tristeza chegar perto de nós, ele nos passa esse sentimento. Isso funciona para todas as emoções, tanto para as boas quanto para as ruins. Por estarmos todos conectados com o "campo" ou "espaço-tempo", aquilo que um faz repercute nos demais.

O poder da mente está na quantidade de energia que ela pode deslocar. Mentes treinadas deslocam mais energia, seja de ódio ou de amor. A intensidade dessa energia depende da concentração. Não foi por acaso que Jesus nos pediu que vigiássemos os pensamentos.

148. O PODER DA MENTE E AS PARTÍCULAS SUBATÔMICAS – PARTE 3

Devemos nos policiar para evitar emoções negativas. A vibração da energia negativa se espalha no campo (espaço-tempo) e interage com as entidades que querem praticar o mal. Não há necessidade de chamá-las, elas vêm por afinidade com aqueles que têm propósitos malignos. Manipular essas energias, com o propósito de fazer o mal, vai contra a intenção cósmica, contra os seres de luz. Não podemos nos esquecer que sofremos as consequências da energia que emitimos (Lei do Carma – colhemos aquilo que plantamos). Como não estamos sozinhos no Universo, tudo o que fazemos chega até nossos mentores cósmicos, e eles não permitem certas coisas, pois, se não fosse assim, o mal tomaria proporções inimagináveis.

O contrário também acontece. Quando um médium curador usa a sua força mental para realizar uma cura, ele emite uma onda de amor que se harmoniza com os seres iluminados, com as forças superiores. Desse modo, ele canaliza essas forças e fica com seu potencial energético de cura muito aumentado. Tudo o que se faz de bom ou de ruim pode ser ampliado pelos Espíritos das trevas ou da luz. As partículas atômicas são manipuladas pela nossa mente, mas não possuem a consciência do certo ou errado. Elas simplesmente obedecem ao comando que recebem.

Alguns físicos já perceberam a "interação" que existe entre a mente dos encarnados e desencarnados com as partículas subatômicas. O problema é que eles ainda são minoria e não é fácil quebrar o sentimento materialista que existe no meio. E por que pessoas tão inteligentes não admitem a intervenção dos Espíritos? Talvez seja para não ferir o orgulho em admitir que nem tudo pode ser expresso em equações matemáticas. As partículas da terceira dimensão não podem se deslocar com velocidade superior à da luz. As que estão na quarta e na quinta dimensões são partículas diferentes e viajam na velocidade do pensamento. As equações que valem para a terceira dimensão não se aplicam para as dimensões superiores. Lá as leis são outras e, para acessá-las, é preciso se espiritualizar, coisa que os físicos não querem nem ouvir falar. É ainda o espírito materialista exercendo seu domínio sobre as ideias espiritualistas. Uma pena!

149. Os pretos velhos

Quem são os pretos velhos? São Espíritos muito evoluídos que possuem a missão de ajudar seus irmãos menos esclarecidos. Muitos pretos velhos, num passado distante, foram magos negros. Portanto, eles possuem muito conhecimento que, infelizmente, naquela época foi usado para o mal. Podemos dizer que hoje os pretos velhos são magos brancos.

E por que eles se apresentam com esse aspecto? Porque essa é a referência que nós temos, ou seja, são pessoas boas, humildes, que ajudam os outros pelo simples prazer de ajudar; sabem aceitar as mazelas da vida sem reclamar. Nos tempos da escravatura, os negros tinham muito respeito e consideração pelos pretos velhos. Eles eram procurados para dar conselhos, para ouvir desabafos, receitar ervas, enfim, para amainar o sofrimento daqueles que viviam como escravos. Utilizavam muito o recurso da imposição das mãos para transmitir bons fluidos, que auxiliavam na cicatrização de feridas e na revitalização do corpo físico. Mesmo sem ter a intenção, eles se tornaram uma espécie de último recurso, um exemplo a ser seguido ou alcançado. Deus, em Sua bondade infinita, coloca o auxílio no meio daquilo que parece ser um sofrimento sem fim.

Esses Espíritos, conhecidos como pretos velhos, são assíduos nas casas espíritas. Auxiliam os médiuns no atendimento aos casos de obsessão e na limpeza de ambientes. Por serem ex-magos negros, conhecem como ninguém a maneira como as trevas trabalham para conseguir o que querem. Os pretos velhos, com o conhecimento que possuem, fazem coisas que outras entidades não conseguem, por isso a sua importância.

Alguns Centros Espíritas, por preconceito e desconhecimento de seus dirigentes, não permitem que os pretos velhos trabalhem. Alegam que o lugar deles é na Umbanda. Mal sabem esses dirigentes que eles também podem se apresentar como médicos da linha de Bezerra de Menezes, por exemplo, onde, então, são muito bem recebidos. Tem pessoas que se apegam mais à forma do que ao conteúdo. Certamente, elas terão que responder por isso!

150. Os agêneres

A palavra "agênere" significa incriado, ou seja, aquele que não foi criado (gerado). O agênere é um Espírito que consegue se materializar pelo ato da sua vontade. Para isso, ele combina o fluido que emana do seu corpo astral com o fluido do corpo astral de uma pessoa encarnada. Nessa condição, ele pode assumir a aparência de uma pessoa viva e produzir uma ilusão completa naqueles que estão ao seu redor. Ele se apresenta como se ainda estivesse no corpo físico. É uma espécie de aparição tangível, pois ele pode ser tocado. Essas aparições formam-se instantaneamente e desaparecem do mesmo modo por uma espécie de evaporação das moléculas fluídicas.

É possível conversar com um agênere e trocar ideias sem suspeitar da sua natureza. Pelo fato de a aparição ser sustentada pela vontade do Espírito, ele não pode permanecer muito tempo nessa condição. O agênere apresenta sempre algo de estranho e de anormal, algo que possui, simultaneamente, a aparência da materialidade e da espiritualidade. Seu olhar é vaporoso e penetrante, pois falta a nitidez que o olhar dos olhos de carne possui.

A linguagem do agênere é breve, e ele se expressa através de frases, não conseguindo ter a fluência da linguagem humana. A aproximação deles causa uma sensação particular e indefinível de surpresa, que se traduz numa espécie de temor. Normalmente, as aparições físicas são produzidas por Espíritos inferiores, que possuem um corpo fluídico mais materializado. Entretanto, os bons Espíritos também podem tomar essa aparência corpórea quando existe uma tarefa útil a ser realizada.

Embora não tenham a necessidade de se alimentar, eles podem aparecer à mesa com amigos para dar uma aparência ainda maior de que são de fato encarnados. O agênere sempre precisará de permissão superior para se manifestar, o que nem sempre lhe é concedido. Ele pode trazer uma informação, um conselho, fazer uma advertência etc. Os casos de agêneres são numerosos e muitos nem sonham em estar na presença de um desencarnado!

151. AS RELIGIÕES

Qual a melhor religião a ser seguida? Não existe uma religião melhor do que a outra, porque todas têm como ponto fundamental a existência de Deus! O termo "religião" significa "religar". Mas religar o quê? Religar o homem à divindade. Todas as religiões pregam, com maior ou menor ênfase, a obediência a Deus, o bom proceder, o respeito ao próximo, às leis, o desapego aos bens materiais e a consequente espiritualização do ser.

As religiões com mais adeptos são: o Cristianismo, o Islamismo, o Judaísmo, o Espiritismo, o Hinduísmo, o Budismo, entre outras. Toda religião que faz o homem melhor é boa, não importa qual seja. É preciso seguir alguma religião para se ter um lugar melhor na espiritualidade após a morte do corpo físico? Claro que não! Existem pessoas que não possuem religião e que só fazem o bem, só ajudam o próximo, que pensam primeiro nos outros para depois pensarem em si mesmas.

No Evangelho está escrito: *"Bem-aventurados os puros de coração; os mansos e os pacíficos; os que são misericordiosos"*. Não está escrito: bem-aventurados os que possuem uma religião ou uma crença! Jesus, o Mestre e modelo para a humanidade, não tinha religião! Ele apenas amava e ensinava as pessoas fazendo todo o bem que estava ao seu alcance.

O umbral, que é um lugar insalubre dentro do plano espiritual, está repleto de Espíritos que na Terra foram padres, freiras, dirigentes de Casa Espírita, oradores, monges, pastores e uma série de religiosos que, da religião, só tinham o verniz. No outro mundo, ninguém vai lhe perguntar: qual crença você professava? Era judeu ou católico? Protestante ou espírita? Mas, ao contrário, vão lhe perguntar: qual a quantidade de bem que você fez a seu próximo? Quantos conselhos úteis você deu? Deu comida aos que estavam com fome? Deu água aos que tinham sede? Na verdade, isso é o que importa, e não a religião que seguimos. Quantos não há que por meio da maledicência prejudicam os outros, que fingem ser o que não são e que, depois, vão a missa comungar e pedir perdão pelos pecados, vão a um Centro Espírita tomar um passe!

152. FAZER AOS OUTROS AQUILO QUE DESEJAMOS PARA NÓS

Fazer aos outros aquilo que gostaríamos que os outros fizessem a nós é a expressão mais completa da caridade, pois resume todos os deveres do homem para com o próximo. Não podemos encontrar guia mais seguro do que adotar, como regra, fazer aos outros aquilo que desejamos para nós. Com que direito poderemos cobrar bom procedimento, bondade e dedicação de nossos semelhantes se não lhes oferecemos o mesmo? A prática desse ensinamento moral leva à destruição do egoísmo. Quando esse princípio for adotado como regra de conduta nas instituições humanas, os homens terão paz, justiça e felicidade.

Esse ensinamento parece tão simples e tão óbvio que não se consegue compreender por que ele não é posto em prática. A humanidade como um todo, salvo algumas exceções, encontra-se num nível intelectual e moral ainda muito baixo. Nesse momento, a Terra está passando por uma transformação. Ela deixará de ser um "mundo de provas e expiações" e passará a ser um "mundo de regeneração", onde o bem vai predominar. Deus concedeu a todos os Espíritos a derradeira oportunidade para que eles, através da sua melhora, ainda consigam permanecer no planeta. Se não aproveitarem, serão transferidos para planetas primitivos. Esse é o motivo pelo qual estamos convivendo com tantas pessoas perturbadas e desajustadas mentalmente. A disseminação da droga talvez seja um resumo terrível do que está acontecendo com a humanidade.

Apenas um terço dos Espíritos permanecerá na Terra regenerada. Ela também já está recebendo Espíritos mais evoluídos, vindos de orbes mais adiantados, cuja missão é auxiliar aqueles que vão ficar. Como a natureza não dá saltos, é preciso um período de transição, e é justamente o momento pelo qual estamos passando. Os maus foram avisados, antes de reencarnar, que esta seria a última oportunidade. Daí o sentimento de que nunca houve tantos Espíritos maus na superfície do planeta. Deus, em Sua infinita misericórdia, não abandona Seus filhos. Nesses planetas primitivos, eles serão os aceleradores do progresso, pois trazem consigo o que aprenderam na Terra.

153. A SENOIDE DA VIDA

Einstein disse: "Toda mente que se abre para uma ideia nova jamais volta ao seu tamanho original". Tudo o que aprendemos é patrimônio adquirido, por isso ninguém poderá nos tirar. A evolução de uma alma é algo contínuo, e ela não está atrelada ao tempo nem ao espaço, pois acontece tanto na Terra quanto no mundo espiritual.

A nossa vida pode ser traduzida como sendo uma curva senoidal, ou seja, em um tempo estamos em cima (desencarnados), em outro estamos em baixo (encarnados). Essa mudança de plano vem ocorrendo há séculos. Assim, é possível perceber que o valor real que as coisas materiais possuem é muito relativo. Em um momento temos, logo em seguida não temos mais, depois voltamos a ter, mais adiante perdemos tudo outra vez, e o ciclo se repete indefinidamente.

As sucessivas encarnações podem ser comparadas aos nossos brinquedos de infância. Na idade de 5 anos, por exemplo, alguns brinquedos são importantíssimos para nós e possuem um valor inestimável. Chegamos mesmo a pensar que será sempre assim. Mais tarde, quando adultos, percebemos que eles nada mais representam e não compreendemos como foi possível dar-lhes tanta importância. O mesmo ocorre com as encarnações pretéritas. De que adianta ter a lembrança de que fomos ricos ou pobres ou de que já tivemos poder? A única coisa que importa é a nossa encarnação atual, aquilo que estamos fazendo hoje. Esses serão os frutos que vamos colher!

Mesmo que tivéssemos acesso ao passado, iríamos nos defrontar com tecnologias ultrapassadas e que não nos serviriam mais para nada. Teriam o mesmo valor que os nossos brinquedos de infância. Analisando por esse ângulo, é possível compreender o sentido real de cada existência e saber que o seu valor está no presente. Tanto isso é verdade que um fato que nos causou espanto, seja ele qual for, depois de um tempo, tende a cair no esquecimento. Nós também cairemos no esquecimento daqueles que convivem conosco. É por isso que a nossa vida é uma senoide que só anda para a frente. Assim, não há mal que sempre dure nem bem que nunca se acabe.

154. POR QUE DOIS IRMÃOS SÃO DIFERENTES ENTRE SI?

Às vezes nos perguntamos: "como pode dois irmãos nascerem tão diferentes? Como podem ter um comportamento tão distinto?" De fato, essas perguntas intrigam muita gente, porque, se eles nasceram na mesma família, tiveram as mesmas oportunidades, o mesmo exemplo dos pais, estudaram na mesma escola, como um possui virtudes e o outro tendências que não se recomendam? Como um tem boa educação, é esforçado, enquanto o outro é relapso e desleixado?

Para essa questão só há uma resposta: os Espíritos que reencarnam na mesma família são diferentes. Eles possuem qualidades e defeitos trazidos das encarnações anteriores. É muito comum um Espírito com predisposição a ter um comportamento hostil nascer numa família de Espíritos mais evoluídos e que vão lhe servir de exemplo. Cabe aos pais, na primeira idade, perceber as más tendências do filho. Ele terá que receber uma atenção especial e, certamente, precisará de uma educação diferenciada. Não é por acaso que esse Espírito nasceu no meio de Espíritos com maior número de qualidades morais.

Os pais e os irmãos da encarnação atual podem ter contribuído, em existências anteriores, para que ele tivesse um caráter que precisa ser aprimorado. Recebem agora o mesmo Espírito que no passado desprezaram. Assim, enquanto a família prosperou adquirindo virtudes, ele ficou para trás. Se ele não for ajudado hoje, será muito difícil para esse Espírito retardatário recuperar o tempo perdido. Às vezes, serão necessárias mais de uma encarnação para concluir o trabalho. O que importa, porém, não é o tempo, e sim o resultado, pois só há felicidade quando todos estão felizes.

A educação e o exemplo dos pais sempre serão fundamentais e indispensáveis para aperfeiçoar o caráter dos Espíritos que reencarnam na mesma família. É preciso saber que aquele que hoje se encontra numa situação melhor, moralmente falando, também já foi um Espírito de caráter não recomendável e que recebeu ajuda, uma vez que ninguém prospera sozinho. Cabe aos que foram ajudados no passado fazer a sua parte no presente.

155. ZOANTROPIA E LICANTROPIA

A matéria do plano espiritual é a mesma que compõe o corpo astral dos Espíritos e provém do *fluido cósmico universal*. Ela possui uma plasticidade muito grande e pode ser moldada pela força da mente. Todo Espírito desencarnado, com sentimento de culpa muito grande pelos atos criminosos que cometeu em sua última encarnação, fica refém desse sentimento. Assim, atormentado pela culpa que o consome, ele impõe ao seu corpo astral, de modo inconsciente, a forma animal.

Um Espírito maligno, que conhece os deslizes e as faltas graves cometidas, também pode fazer com que o Espírito devedor fique totalmente vulnerável a aceitar, por afinidade e por sintonia vibratória, o pensamento que lhe é imposto. Então, por pura maldade, esse Espírito, utilizando a sua força mental e a técnica da *sugestão hipnótica*, pode transformar seu corpo astral no animal que ele desejar. Alguém que foi vítima do Espírito criminoso e não sabe utilizar a técnica da sugestão hipnótica pode pedir, por vingança, auxílio a esses Espíritos malignos, que prontamente se apresentam para realizar a transformação, e isso somente pelo prazer de fazer o mal.

Com o corpo astral transfigurado na forma grotesca de um animal, o Espírito culpado perde o uso da palavra e assume as atitudes e as reações típicas do animal que o Espírito trevoso lhe impôs ou que ele mesmo moldou para o seu corpo astral. Desse modo, fica afastado por tempo indeterminado do convívio com outras criaturas que também estão no plano espiritual.

Nos trabalhos de desobsessão, temos nos deparado com essa triste realidade. Os animais mais utilizados são o lobo (licantropia), a serpente e as aves em geral (zoantropia). Com as técnicas da Apometria e com o auxílio dos Espíritos superiores, temos recebido a permissão para desfazer a ilusão a que foram expostos. Quando retomam a forma hominal, eles de nada se lembram, é como se acordassem de um sono profundo. A sugestão hipnótica só pode atuar sobre os Espíritos culpados. Sobre os bons, ela não tem permissão nem força para se manifestar. Podemos resumir assim: o mal só pode prosperar onde encontra terreno fértil.

156. Desigualdade das riquezas?

A desigualdade das riquezas é um desses problemas que inutilmente se procura resolver quando se leva em conta apenas a vida atual. A primeira questão que se apresenta é esta: por que todos os homens não são igualmente ricos? Não são por uma razão muito simples: é porque eles não são igualmente inteligentes, participativos e trabalhadores para adquirir os bens, nem igualmente moderados e previdentes para conservá-los. A humanidade encontra-se em níveis muito distintos de inteligência e sabedoria. Portanto, querer que todos sejam iguais por decreto é uma utopia que jamais se realizará. Todos os países que tentaram não obtiveram êxito.

Está matematicamente demonstrado que se a riqueza fosse igualmente repartida, caberia a cada indivíduo uma parcela mínima e insuficiente. Se essa divisão pudesse ser feita, o equilíbrio seria rompido em pouco tempo, porque as pessoas possuem capacidades e aptidões diferentes entre si. Entretanto, se por um acaso essa divisão se mantivesse ao longo do tempo, o resultado seria a interrupção das grandes obras que contribuem para o progresso da humanidade. O homem, ao perceber que já possui o necessário, não teria estímulo para realizar novas descobertas nem empreendimentos úteis.

Por que Deus coloca a riqueza na mão de pessoas incapazes de fazê-la frutificar para o bem de todos? Deus quer que o homem utilize a sua liberdade de agir para que consiga distinguir o bem do mal por experiência própria. Quer que a prática do bem seja o resultado de seus esforços e de sua vontade. A riqueza é um meio de provar os homens moralmente. No entanto, como ela é um poderoso meio de ação para o progresso, Deus não quer que ela fique muito tempo sem produzir frutos, por isso Ele a transfere incessantemente. Todos devem possuí-la, mas é materialmente impossível que todos a possuam ao mesmo tempo. Se todos fossem ricos, ninguém trabalharia, e o progresso da Terra ficaria prejudicado. É por essa razão que cada um a possui por sua vez. Assim, quem não a possui hoje é porque já a possuiu ontem ou vai possui-la numa próxima existência. A carência é, para uns, a prova da paciência e da resignação; a riqueza é, para outros, a prova da caridade e da abnegação.

157. A LÓGICA DA INFLAÇÃO

A "inflação" é uma dessas coisas que não pode ser explicada à luz da razão. Ela é fruto da ganância e da tendência que todos possuem de levar algum tipo de vantagem. "A Lei da oferta e da procura" é outra coisa que só pode ser explicada pela necessidade que alguns têm de obter um lucro fácil em cima de situações adversas. Se um produto está em falta e a procura sobre ele é muito grande, não seria mais racional que a prioridade fosse dada aos que por ele se interessassem primeiro? Por que o seu preço tem que aumentar? Isso só beneficia aos que têm uma condição melhor e podem pagar.

Todas as mercadorias possuem um valor intrínseco, um valor definido, e esse valor é fruto dos elementos que a compõem. Se todos os elementos mantivessem o seu valor, não haveria necessidade de a mercadoria final custar mais caro. Isso parece ser tão óbvio, mas, infelizmente, não é assim que acontece. Basta que um elemento aumente o seu preço para que a mercadoria final também aumente. Temos aí o início do desequilíbrio que, como um conjunto de dominós, vai contaminando todo o sistema.

A ilusão de aumentar o preço e achar que com isso está se ganhando alguma coisa chega a ser ridícula. Quando um produto qualquer aumenta de preço, *todos*, sem exceção, saem perdendo. Assim, os aumentos sucessivos tendem ao infinito e não podem mais ser controlados, porque ninguém controla o infinito. Então, por que não se faz um acordo onde *todos* sairiam ganhando? É porque a ganância não deixa, e aqueles que aumentam primeiro têm a falsa sensação de que estão ganhando alguma coisa!

A ilusão é tão grande que atravessa o portal da existência atual e continua do outro lado da vida. São inúmeros os Espíritos que se manifestam reclamando seus haveres, suas posses, o dinheiro que foi roubado deles, o ouro que possuíam, e assim por diante. Triste humanidade, onde o vil metal corrói até mesmo os sentimentos mais nobres. Jesus disse: *"Não acumulem tesouros na Terra, onde os vermes os consomem e os ladrões os desenterram e roubam! Acumulem tesouros no Céu, onde nada disso acontece"* (Mateus, 6:19 a 21, 25 a 34).

158. A evolução do Espírito para mundos melhores

Se no plano espiritual não existe dinheiro, como se faz para adquirir as coisas? Elas são adquiridas pelo merecimento, pelo trabalho que cada um executa para si e para o próximo, pela dedicação em ensinar os que sabem menos, pelas tarefas a que todos estão submetidos e que têm por objetivo o bem comum. Não existe a preocupação de estar trabalhando mais do que os outros, pois tudo é realizado com prazer. Assim, não havendo quem possa tirar vantagem, todos se resignam em trabalhar para conseguir o mínimo de bem-estar, sem a ilusão que o dinheiro oferece. A coordenação é feita pelos Espíritos mais evoluídos e inteligentes, e todos se submetem por reconhecer neles essa condição de superioridade.

Como uma sociedade pode viver sem dinheiro? Isso não seria impossível? Sim, para a realidade atual da Terra seria! As mudanças teriam que ser tantas e com tamanha profundidade que não seriam viáveis. No atual estágio moral e intelectual em que os homens se encontram, não há possibilidade de imaginar uma realidade assim. Isso só é possível nos mundos mais desenvolvidos, porque lá o orgulho, a vaidade, a ganância, a inveja, a maldade e outros defeitos semelhantes não existem mais. Parece uma utopia que possa existir civilizações vivendo dessa forma.

Existe ainda um outro fator a ser considerado. Aquele que trabalha para os outros não tem tempo para pensar, de forma egoísta, nas suas coisas. Sabe por intuição que aquilo que ele não puder produzir será produzido por outros e que a ninguém faltará o necessário. Imaginem como devem ser felizes aqueles que já alcançaram essa condição, ou seja, trabalhar para o próximo. Os que sabem mais se dedicam a fabricar e produzir equipamentos mais sofisticados. Os que possuem menos luzes ficam com os afazeres mais básicos, que também são importantes e necessários. É quase um cenário inimaginável para os habitantes da Terra, onde o que importa é o lucro de cada um, independentemente dos meios que são utilizados para obtê-lo. É por esse motivo que se diz que o principal objetivo do Espírito reencarnado é trabalhar para sua evolução. Os que vivem nesses mundos felizes já passaram pelo que estamos passando hoje! Como nós, eles também acreditavam que seria impossível uma sociedade assim.

159. O CARTÓRIO

A entidade "cartório" é um dos maiores atestados da nossa infância intelectual! Por que é preciso alguém para reconhecer a minha assinatura? Parte-se do princípio de que a pessoa não é honesta, pois não basta dizer: "esta assinatura é minha". A burocracia, o custo e a perda de tempo que isso acarreta à vida das pessoas é algo fantástico. Quem já não perdeu horas numa fila de cartório para autenticar um documento? O volume de papéis é tão grande que o tabelião não tem tempo de olhar e conferir um a um. Ele simplesmente assina um documento, passa para o seguinte e assim sucessivamente.

Todos aqueles que estão esperando atendimento poderiam estar sendo úteis em outras atividades. Mas, então, por que o cartório existe? A culpa não é dele, é dos homens que se utilizam de todos os recursos para burlar as leis e levar alguma vantagem, falsificando documentos que possam prejudicar ou beneficiar terceiros. É muito frustrante conviver com tudo isso. Como seria bom se voltássemos ao tempo do fio de bigode, onde a palavra dada era o suficiente para que houvesse confiança entre as partes. Nem se cogitava a possibilidade de alguém não cumprir com o que havia sido acordado. No dia em que a honestidade deixar de ser uma virtude e passar a ser uma coisa normal, a vida vai melhorar muito. Nesse dia, os cartórios serão entidades do passado. No entanto, até lá, eles precisarão continuar existindo e tumultuando nossas vidas, infelizmente!

No mundo espiritual não há necessidade de cartórios, pois aquilo que o Espírito pensa vai se plasmando ao seu redor. Então, não tem como ele querer enganar alguém ou tentar esconder as suas intenções. Ele fica refém do seu próprio pensamento. Sendo assim, não é possível fingir ser honesto, é preciso sê-lo de fato, caso contrário, a mentira se materializa diante dele. Lá ocorre uma seleção natural, e os Espíritos se agrupam por afinidade. Os desonestos não convivem com os bons porque seus corpos astrais possuem pesos específicos diferentes, ou seja, eles ficam em planos distintos, não se misturam. Aos poucos, essa triagem começa a acontecer na Terra, mas ainda será preciso aguardar que ela passe de um "mundo de provas e expiações" para um "mundo de regeneração", onde o bem irá predominar.

160. É PERMITIDO OBSERVAR AS IMPERFEIÇÕES ALHEIAS?

É lícito observar as imperfeições alheias, quando disso não resulta nenhum proveito para aquele que as possui, mesmo que não as divulguemos? Tudo vai depender da intenção com que se faz essa observação. Certamente, não é proibido ver o mal onde ele existe. Seria mesmo uma ilusão ver somente o bem, e essa ilusão prejudicaria o progresso. O erro está em rebaixar o próximo, perante a opinião pública, sem necessidade. Seria ainda condenável observar as imperfeições alheias apenas para satisfazer aos nossos sentimentos de maldade e de alegria ao verificar o defeito dos outros.

Ocorre o contrário quando lançamos um véu sobre o mal, ocultando-o do público e nos limitando a observá-lo para proveito próprio, ou seja, para estudá-lo a fim de evitar fazer aquilo que reprendemos nos outros. Essa observação é útil aos homens sérios, que se dedicam ao estudo da moral, pois como eles descreveriam os defeitos da humanidade se não estudassem seus exemplos?

Haverá casos em que pode ser útil revelar o mal dos outros? Se os defeitos de uma pessoa prejudicam somente a ela mesma, não existe nenhuma utilidade em divulgá-los. Entretanto, se esses defeitos podem prejudicar outras pessoas, é preferível preservar o interesse da maioria em detrimento do interesse de um só. Em alguns casos, desmascarar a hipocrisia e a mentira é um dever, visto que é preferível a queda de um homem do que vários serem vítimas da sua enganação.

A Terra é uma escola onde os Espíritos reencarnam para evoluir, e todos estão sujeitos ao erro. Aquele que, com o seu erro, prejudica apenas a si mesmo, somente à sua consciência terá que responder. No entanto, aquele que tem poder sobre vários, como o chefe de uma nação, por exemplo, e não aproveita a oportunidade para fazer coisas úteis em benefício do seu povo, preferindo, ao invés disso, se locupletar com as benesses do poder, terá várias encarnações de muito sofrimento. Sua consciência não lhe dará tréguas, e da própria consciência ninguém escapa, pois ela está sempre conosco. Jesus já havia nos advertido: *"Aquele a quem muito foi dado, muito será pedido e cobrado".*

161. É PRECISO DIVULGAR O CONHECIMENTO

Aquele que adquiriu conhecimento pelo estudo e pelas oportunidades que a vida lhe ofereceu tem obrigação de transmiti-lo a seus irmãos de caminhada. Contudo, não é sua responsabilidade a forma como eles vão aproveitar esse conhecimento para evoluir, para melhorar suas vidas e não trilhar caminhos errados. Essa responsabilidade será sempre individual e estará atrelada ao livre-arbítrio de cada um.

Pensei muito antes de escrever este livro, pois são poucos aqueles que estão dispostos a utilizar o conhecimento alheio para se melhorar, para quebrar paradigmas e enxergar a vida por um outro ângulo. Sempre vem o questionamento: de onde ele tirou tudo isso? Qual o nível de confiança que podemos ter no que está sendo apresentado? Não tenho a pretensão de mudar o pensamento de quem quer que seja, apenas trago algumas informações sobre temas muito discutidos e controversos. Não estou aqui para debater ou tentar convencer ninguém de nada.

A encarnação, por exemplo, é uma lei universal, pois está presente em todos os mundos habitados. Acreditar nela ou não é uma opção pessoal. É bem verdade que ela explica as desigualdades que existem entre os homens na Terra, as mortes prematuras, as dificuldades que cada um precisa passar nessa vida, a riqueza, a pobreza e uma infinidade de outras situações. No entanto, querer por conta disso que ela seja aceita sem contestação não nos parece o melhor caminho, uma vez que cada um tem o direito de acreditar naquilo que melhor lhe convém e de exercer o seu livre-arbítrio. Faço parte de uma família em que todos têm curso superior, no entanto, nem meus pais nem meus irmãos acreditam na encarnação. Sou motivo de gozação! Conto isso apenas para contextualizar.

Aqueles que estudam os fenômenos espíritas, que trabalham com eles, que adquiriram consciência de que não são coisas sobrenaturais e que não passam de uma simples manifestação dos Espíritos têm o dever de esclarecer os demais. Se os leitores vão aceitar ou não o que está sendo apresentado será sempre um problema de cada um. Sempre haverá contestações para as verdades que não enxergamos, e isso faz parte do nosso caminho evolutivo. Tomé precisou ver e tocar nas chagas de Jesus para acreditar que estava na presença do Mestre. Felizes daqueles que acreditam sem precisar ver nem tocar!

162. A CONSCIÊNCIA

Podemos fugir de tudo nesta vida: daquele amigo chato, dos credores, da lei, da polícia, dos inimigos, só não podemos fugir da nossa consciência. Ao retornar para o mundo espiritual, a quem vamos responder sobre aquilo que tivermos feito de errado na última encarnação? Para ninguém, somente para nossa consciência. Será ela quem vai nos cobrar e, cedo ou tarde, teremos que acertar nossas contas. O problema é que ela está sempre conosco, não conseguimos fugir, tapar os ouvidos, fechar os olhos, pois ela não pode ser enganada.

Muitos acham que terão que responder para Deus, para um colegiado de Espíritos superiores, como se isso fosse possível. Basta lembrar o número de mortes diárias que temos ao redor do planeta para termos a certeza da impossibilidade de prestar contas a alguém. No mundo espiritual existem mais Espíritos sofredores e dementados do que Espíritos em condições de ajudar. Assim, não será preciso prestar contas a quem quer que seja, porque nós seremos os nossos próprios juízes. Não adianta querer esconder uma parte do delito e achar que tudo está resolvido, visto que nossa consciência continuará nos cobrando. Jesus disse de forma figurada: *"não sairão de lá até que paguem o último centil [centavo]"*.

Um criminoso que assassinou várias pessoas não consegue se livrar da visão de suas vítimas, pois elas ficam ao seu redor cobrando o porquê de ele as ter assassinado. Na verdade, não são as próprias vítimas que fazem a cobrança, e sim a consciência pesada do criminoso que projeta em sua tela mental uma visão holográfica daqueles que foram assassinados. Para ele, essa visão é tão real que ele tem certeza de que suas vítimas estão ali, na sua frente, gritando por piedade e pedindo clemência. É em vão que ele tenta se esconder, tapar os ouvidos, fechar os olhos, pois suas vítimas não desaparecem! Todas as cenas permanecerão em sua mente até que o arrependimento venha do fundo do coração. Às vezes, somente uma reencarnação compulsória é capaz de colocar um fim a tamanho sofrimento. E ainda existem aqueles que não compreendem por que a cada encarnação é preciso esquecer o passado!

163. Os espíritas têm medo da morte?

Essa pergunta tem a sua razão de ser, porque aqueles que militam na Doutrina Espírita afirmam que a morte não existe, que ninguém morre, que a vida continua, que a morte é apenas uma passagem e assim por diante. Então, eles não têm medo da morte? Claro que sim! São tão medrosos quanto aqueles que não seguem ou não conhecem os ensinamentos espíritas. Mas se eles conhecem tanto sobre o mundo espiritual, por que o medo? Uma coisa é a teoria, outra é a prática. A teoria não deveria torná-los mais confiantes em relação a esse assunto? Sim, deveria, mas infelizmente não é o que acontece.

Na hora da morte, todos têm as mesmas apreensões. A única diferença é que o espírito vai compreender antes o que de fato aconteceu, ou seja, que ele desencarnou, que retornou para o plano de onde saiu para viver sua experiência terrena. Entretanto, isso não retira seu medo de morrer. No entanto, se a morte é inevitável, é óbvio que quanto antes soubermos da verdade, melhor, mais rápido vamos nos acostumar à nova vida. Conforme foi explicado, todos passam pela perturbação, que é inerente à mudança de plano. Para aqueles que não têm conhecimento nenhum sobre o assunto, essa perturbação é muito mais duradoura, porque a pessoa não compreende o que de fato está acontecendo. Ela tem certeza de que não morreu, pois o seu corpo astral é tão material para ela quanto era o seu corpo físico, e esse é o principal motivo para a confusão.

Todos os seres vivos, desde os mais ínfimos na escala zoológica até o homem, possuem o instinto de conservação. Ninguém quer morrer. Todos os animais, instintivamente, procuram preservar a sua vida. A barata, antes de ser apanhada pelo chinelo, corre muito para salvar sua vida, e o mesmo acontece com todos os animais, independentemente do lugar em que estão na escala zoológica.

Quando um espírita perde um ente querido, seu sofrimento é muito grande. Mesmo sabendo que mais adiante vai reencontrar com esse ente querido, a dor bate firme em sua porta. Talvez ele possa ter um consolo maior que os demais pela compreensão que adquiriu, mas isso não evita que ele sinta a dor da separação, assim como sentem todos aqueles que perdem seus entes queridos.

164. As decepções no Centro Espírita

Infelizmente, tivemos a oportunidade de presenciar inúmeras situações constrangedoras durante esses anos trabalhando na seara espírita. Sem dúvida, a que mais nos chamou a atenção foi observar pessoas simples, de comportamento humilde, que foram nossas companheiras de trabalho, mudarem completamente seu perfil quando guindadas a postos de comando, principalmente o de presidente da Casa.

E por que isso acontece? Porque o poder exerce sobre as pessoas um domínio que não pode ser compreendido à luz da razão. As criaturas literalmente se transformam. Passam a ter outras atitudes, a mostrar um lado que ninguém poderia imaginar que possuíssem. É muito triste ver isso acontecer, sobretudo dentro de um Centro Espírita, onde as pessoas estão lá por vontade própria, para trabalhar seus defeitos, para se melhorarem, para agir com humildade, para se doarem em benefício do próximo.

A impressão que temos é que quanto maior o cargo, maior a transformação e, por consequência, maior a decepção. Os que chegam a dirigentes sentem-se como se estivessem no Olimpo (morada dos deuses). Mudam completamente a sua maneira de agir, nem parecem as mesmas pessoas que outrora conhecemos. O pior é que não adianta avisar, chamar sua atenção, pois além de não aceitarem, ainda se consideram perseguidas. Dizem que estamos querendo tomar o seu lugar. Fazem coisas inacreditáveis e sempre conseguem amealhar irmãos que lhes prestam reverência, que ficam ao seu lado, como se fosse possível ter partidos dentro de uma Casa Espírita.

A perturbação do dirigente parece ser diretamente proporcional ao tamanho do Centro e a importância que ele tem na comunidade. Muitos daqueles que militam hoje no Espiritismo foram padres, freiras, bispos, arcebispos, madres superioras, mas parece que a vontade de continuar no poder ainda não arrefeceu. Pelos ensinamentos que traz, a Doutrina Espírita é tida como consoladora, como libertadora de consciências. Assim, dirigir uma Casa Espírita deveria ser uma missão e jamais um meio de promoção pessoal!

165. POR QUE PARA TUDO TEM QUE HAVER UMA PROPINA?

Tudo o que é público não deveria ser privado? Sim, parece ser uma tendência mundial, pois aquilo que é de todos, na verdade, não é de ninguém. Salvo algumas raras exceções, a dedicação e o zelo que as pessoas têm pelas coisas privadas não é o mesmo que elas têm pelas coisas públicas. Mesmo as agências reguladoras, que deveriam exercer um controle rigoroso sobre as concessões, por serem públicas, também não fazem a sua parte.

Hoje, para a realização de qualquer obra pública, alguém tem que ganhar alguma propina. Por que precisa ser assim? Porque é um câncer que está enraizado em nossa sociedade. As pessoas não conseguem compreender que *todos* saem perdendo, pois o que poderia ser feito por um valor justo precisa ser realizado por um preço bem superior para dar guarida a essa prática abjeta! Mesmo aqueles que ganham a propina perdem, pois eles também vão pagar a conta de outras obras das quais não participaram!

Um dos maiores crimes que o Espírito encarnado pode cometer é desviar verbas públicas. Se eles soubessem o que os espera do outro lado da vida, certamente, nem pensariam em tomar tal atitude. O problema é que ninguém acredita que possa haver alguma punição no mundo dos Espíritos. Os corruptos dizem: "escapando da punição terrena, o resto é bobagem!" Se aqueles que roubam de poucas pessoas terão contas a ajustar, imaginem aqueles que roubam de muitos, como é o caso dos maus políticos e dos maus empresários, que pagam e recebem propina. O sofrimento que essas criaturas terão que suportar no umbral é inenarrável. O arrependimento com certeza virá, mas aí será tarde demais, pois não terão como voltar para devolverem o que roubaram.

São impressionantes os relatos que a literatura espírita traz sobre aqueles que roubaram o dinheiro público. No plano espiritual, eles passam por sofrimentos que jamais poderiam imaginar que existissem. Além da situação lastimável em que se encontram, suas consciências não lhes dão um minuto de paz! Tinham a ilusão de que se não fossem descobertos na Terra estariam livres. Quanta ingenuidade e desinformação sobre as leis divinas que a todos alcança!

166. SOBRE A ESMOLA

Muitos lamentam não poder fazer todo o bem que gostariam por não possuírem recursos suficientes. Dizem que desejam a riqueza para utilizar em benefício dos outros. Sem dúvida a intenção é louvável e talvez muito sincera por parte de alguns, mas será que é totalmente sincera e desinteressada por parte de todos? Será que não há aqueles que, desejando fazer o bem aos outros, não hesitariam em começar por si mesmos? Permitindo-se alguns prazeres a mais, comprando coisas supérfluas que hoje não possuem sob a condição de dar o restante aos pobres?

Essa segunda intenção, que se encontra escondida no fundo do coração, de fazer o bem aos outros pensando primeiro em si é a que anula o mérito da intenção. Aquele que pratica a verdadeira caridade pensa primeiro nos outros para depois pensar em si mesmo. A beleza da caridade está em procurar, em todos os lugares, um meio de ajudar os outros. Esse é o sacrifício mais agradável a Deus.

Infelizmente, a maioria das pessoas pensa num meio fácil de enriquecer rapidamente e, se possível, sem esforço. Correm atrás de ilusões, como ganhar na loteria, receber uma herança inesperada, aguardar que surja uma oportunidade favorável e assim por diante. O que dizer daqueles que esperam que os Espíritos os auxiliem na busca de coisas desse tipo? Certamente não conhecem o sagrado objetivo do Espiritismo e muito menos a missão dos Espíritos, aos quais Deus permite que se comuniquem com os homens.

Os desprovidos de interesse pessoal e que não conseguem fazer o bem que gostariam devem lembrar que a esmola do pobre, que dá privando-se do necessário, pesa mais na balança de Deus do que o ouro do rico, que dá sem se privar de coisa alguma. E como ficam os pedintes profissionais, aqueles que fazem da esmola um meio de ganhar a vida? Estes, ao desencarnarem, terão uma grande decepção, pois se aproveitaram da caridade alheia em benefício próprio. Provavelmente retornarão como mendigos de fato, uma vez que ninguém burla as leis divinas impunimente.

167. O SEU ZÉ

Havia um Centro Espírita muito conceituado numa capital importante do nosso Brasil. Contava-se entre os seus trabalhadores muitos médicos, engenheiros, advogados, banqueiros e gente de uma boa posição social. O palestrante era um senhor de muito estudo, conhecedor profundo da Doutrina Espírita e possuidor de uma eloquência ímpar. A cada palestra ministrada, deixava todos emocionados. Os diversos trabalhos da casa tinham nos seus dirigentes pessoas de grande conhecimento e dedicação.

O seu Zé, como todos o chamavam, era o responsável pela limpeza da Casa. Tratava-se de um trabalhador muito humilde, que a todos atendia sempre com sorriso nos lábios. Era uma daquelas pessoas que estava sempre pronta a servir, a resolver os pequenos contratempos que surgem numa grande instituição. Varria o chão, tirava o pó, dava fichas do passe quando o responsável faltava, enfim, era "pau para toda obra".

Contudo, infelizmente, todos os dirigentes tinham, lá no fundo, bem escondido, um ar de soberba, uma autoimportância que eles procuravam disfarçar. Certa noite aconteceu algo inesperado. Num trabalho de desobsessão, foi atendida uma moça que tinha por companhia um Espírito muito rebelde e que a ninguém obedecia. O dirigente do grupo havia tentado de tudo para afastar o dito Espírito, mas nada surtia efeito. Ele dizia que não iria abandonar a moça, pois ela tinha lhe feito muitas maldades no passado e que havia chegado o momento da vingança. O dirigente do grupo fez uma prece sincera solicitando ajuda do alto.

Logo em seguida, uma médium recebeu uma entidade que solicitou a presença do seu Zé. Todos se entreolharam e ninguém entendeu nada. A entidade disse que depois explicaria... Assim que o seu Zé entrou na sala e se sentou numa cadeira, o Espírito, que estava muito agitado, começou a se acalmar. Conversou um pouco com o doutrinador do grupo e concordou em seguir o seu caminho. Disse que já estava mesmo cansado de perseguir seu desafeto de outrora. A entidade então explicou: esse moço doa, de forma inconsciente, um ectoplasma puríssimo, fruto da sua grande humildade. O Espírito obsessor, envolvido nesse ectoplasma, mudou sua frequência vibratória, abandonando a ideia fixa de vingança, o que possibilitou o atendimento. A humildade abre portas que a soberba, mesmo disfarçada, não consegue penetrar!

168. Os ovoides

Esse assunto é muito delicado, e a existência dos ovoides talvez não seja do conhecimento de todos. O tema será aqui abordado de modo superficial, sem aprofundá-lo. Aqueles que quiserem maiores detalhes encontrarão, na literatura espírita, uma farta dissertação sobre eles.

O importante é saber que eles existem e que não são frutos da imaginação de quem quer que seja. Mas, afinal, o que é um ovoide? É um Espírito que perdeu o seu corpo astral em função de ficar preso numa ideia fixa, ou seja, sua mente só tem *um* pensamento. O *monoideísmo* pode iniciar quando o Espírito ainda está encarnado. Ele provém de uma comoção qualquer, de um fato que a pessoa não consegue se esquecer. Pode ser um assalto, um acidente, a perda de um ente querido, uma acontecimento do qual ela foi protagonista e não consegue se perdoar, e assim por diante. O problema surge quando, depois de desencarnado, o Espírito continua pensando no fato que consumiu sua existência.

Todo pensamento único retira do Espírito a possibilidade de ele interagir com os demais e, consequentemente, continuar evoluindo. Ele fica dominado por uma ideia central, que não deixa de ser uma espécie de auto-hipnose. Esse processo dificulta a ação benéfica dos Espíritos que querem ajudá-lo. No plano físico, todo membro que não é utilizado, por qualquer motivo, atrofia-se com o tempo. No plano espiritual, ocorre algo semelhante, porém bem mais contundente. O Espírito, por não utilizar o seu corpo astral, vai sofrendo uma degeneração lenta, progressiva e irreversível. O fato é tão grave que ele vai perdendo o seu corpo fluídico (corpo astral) sem ter consciência do que está acontecendo. Transforma-se, então, num ovoide.

Um Espírito revestido somente com seus corpos superiores, ou melhor, o corpo mental superior, o corpo búdico e corpo atímico. Entretanto, sua essência como Espírito permanece preservada. Somente através de "reencarnações compulsórias" o Espírito consegue readquirir o corpo astral que foi perdido. Nas primeiras encarnações, ele terá sérios comprometimentos de ordem física e mental. É um processo extremamente doloroso e que pode durar séculos.

169. Cuidar do corpo e do Espírito

Será válido ao homem maltratar o próprio corpo para buscar a purificação do seu Espírito? Não! Durante o período que estivermos na Terra, temos a necessidade de cuidar do corpo, pois ele atua decisivamente sobre a alma, conforme esteja sadio ou doente. Enquanto o Espírito estiver encarnado, podemos considerar a alma como prisioneira do corpo físico. Para que ela possa se manifestar livremente durante o sono, o corpo tem que estar sadio, disposto e forte. O corpo e a alma possuem aptidões e necessidades muito diferentes, mas deve haver um equilíbrio entre eles. O segredo está justamente em achar esse equilíbrio.

Comete um erro tanto aquele que não se importa com o corpo físico e trata-o com desleixo, na ilusão de que nunca vai envelhecer, quanto aquele que nega a existência da alma, dizendo que tudo isso é bobagem e que, depois da morte, nada mais existe. Infelizmente, o número daqueles que não acreditam na vida futura ainda é muito grande.

Então, onde está a sabedoria e a ciência de viver? Está no equilíbrio de cuidar tanto do corpo quanto da alma, pois um depende do outro. O corpo físico é o veículo pelo qual a alma se manifesta. Se ele estiver doente, a manifestação da alma ficará prejudicada.

Antigamente, era comum martirizar o corpo, submetendo-o a torturas intermináveis, com a finalidade de conseguir a purificação da alma. Será que alguém pode se tornar melhor só porque martirizou o seu corpo? Claro que não! A perfeição não está nessa tortura, e sim nas reformas que conseguirmos impor ao nosso Espírito, tornando-o menos egoísta, menos orgulhoso e mais voltado à prática da caridade. Se não fosse preciso cuidar do corpo, não haveria razão para estarmos encarnados. Assim, podemos dizer que todos os excessos cometidos pelo corpo repercutem no Espírito e ficam gravados no seu corpo astral. Portanto, é com esse corpo astral lesado pelos excessos que retornaremos à pátria espiritual. Vale a pena lembrar novamente as palavras do apóstolo Paulo: "Tudo nos é permitido, mas nem tudo nos convém".

170. O PAPA

Segundo a Igreja Católica, o papa é o representante de Deus na Terra. Poderíamos dizer que a distância que separa o homem de Deus é infinita, pois não temos nem meios nem parâmetros para medi-la. É impossível, no atual estágio intelectual em que nos encontramos, compreender quem realmente seja Deus. Por enquanto, basta saber que Ele existe e que tudo o que está no Universo é manifestação Sua.

Sendo assim, será que Deus precisa de um representante na Terra, de alguém que fale por Ele? Esse pensamento contraria a lógica, o bom senso, a razão e tudo o mais que se puder imaginar! Não seria muita pretensão do homem tentar ser o porta-voz de Deus? Qual homem estaria à altura de desempenhar uma missão como essa? O papa, diz a Igreja!

Todos sabem que o papa é uma pessoa boa, de muita cultura, que fala vários idiomas, que prega o bem ao próximo, que promove a caridade, que possui inúmeras virtudes, mas, mesmo com todos esses predicados, ele acreditar que pode ser o representante de Deus na Terra é uma conduta que não combina com sua inteligência e, ainda mais, despreza a inteligência alheia! Se Jesus, que foi o Espírito mais perfeito que encarnou entre nós, não concordou em ser o representante de Deus, quem ousaria fazê-lo?

Já dissemos que a Terra deixará de ser um mundo de provas e expiações para se tornar um mundo de regeneração, onde o bem vai predominar. Dois terços dos Espíritos não terão mais condições de voltar a reencarnar no planeta. Estamos recebendo inúmeros Espíritos vindos de orbes um pouco mais evoluídos para auxiliar a humanidade neste momento de transição. Com a Terra regenerada, não haverá mais espaço para criaturas que queiram se colocar acima de seus irmãos de jornada. A época dos reis e rainhas, dos condes e viscondes, dos aiatolás, dos papas e de outras figuras caricatas está com seus dias contados. A raça humana precisa progredir e adquirir valores reais, mas, para que isso aconteça, não pode ficar presa a ilusões que não fazem sentido. Precisamos abrir a mente para receber novos ensinamentos e verdades mais sólidas!

171. Não acreditem em todos os Espíritos

Jesus disse: "Meus bem-amados, não acreditem em todos os Espíritos, tenham antes a certeza de que os Espíritos são de Deus, pois muitos falsos profetas têm surgido no mundo" (João, 1ª epístola, 4:1). Essa é uma advertência que deve nortear todos aqueles que possuem mediunidade e se relacionam com os Espíritos. Muitos acham que os Espíritos devem saber tudo e que não erram em suas previsões e advertências.

Se os Espíritos nada mais são do que homens e mulheres que viveram na Terra, é lógico que eles não adquiriram conhecimento nem sabedoria somente porque desencarnaram. Ninguém se melhora nem piora só porque morreu. Os Espíritos superiores, aqueles que não precisam mais reencarnar, têm muito conhecimento sobre todos os assuntos. Entretanto, eles somente se manifestam quando existe uma mensagem útil a ser passada e que venha em auxílio dos que precisam.

Existem muitos médiuns ávidos por receber mensagens falando sobre coisas diferentes, que tragam novidades sobre este ou aquele assunto ou que contenham previsões sobre acontecimentos que irão se realizar. Os Espíritos sem caráter assumem o lugar dos Espíritos esclarecidos ou se utilizam do nome de pessoas que na Terra tiveram grande destaque e, assim, respondem a todas as perguntas.

Kardec cansou de advertir que o importante não é a mensagem propriamente dita, ou quem assina, e sim o seu conteúdo. O Espírito que não possui luz, cedo ou tarde, acaba se traindo, e aqueles que acreditaram em suas mensagens passam por ridículos. Não peçam ao Espiritismo milagres nem prodígios, pois ele declara formalmente que não os produz. Ao explicar alguns fenômenos, até então incompreendidos, a Ciência Espírita destrói o que ainda permanecia estar sob o domínio do maravilhoso, impedindo que certas pessoas explorem esses fenômenos em benefício próprio. Aliás, os fenômenos por si só nada provam, a missão se prova pelos efeitos morais, o que não é dado a qualquer um produzir.

172. Prodígio dos falsos profetas

Jesus advertiu: "Se alguém disser: 'O Cristo está aqui, ou está ali', não acreditem, pois irão se levantar falsos cristos e falsos profetas que farão grandes prodígios e coisas espantosas, a ponto de enganar, se fosse possível, até mesmo os escolhidos" (Mateus, 24:4 e 5, 11 a 13, 23 e 24). Os prodígios e os milagres são fenômenos excepcionais que se situam fora das Leis da Natureza. O problema é que acontecimento nenhum pode ter lugar fora das Leis da Natureza porque, se isso acontecesse, a humanidade estaria à deriva, sem rumo, entregue à sua própria sorte, o que Deus não permitiria.

Como não existem milagres, para tudo o que acontece há uma explicação. A Doutrina Espírita veio trazer a chave para elucidar vários fenômenos que antes eram tidos como sobrenaturais, mas que não passam do intercâmbio que existe entre o plano material e o plano espiritual. Aos olhos do povo menos esclarecido, todo fenômeno cuja causa é desconhecida tende a ser algo sobrenatural, maravilhoso, miraculoso. Os fatos sobrenaturais vão diminuindo à medida que o conhecimento espírita e científico se ampliam.

Em todas as épocas, os homens exploraram determinados conhecimentos que os habilitariam a executar uma pretensa "missão divina", ou usufruir de um poder supostamente sobre-humano. Faziam isso por ambição e pelo desejo de dominação. Esses são os falsos cristos e os falsos profetas. A propagação dos conhecimentos acaba por desacreditá-los, razão pela qual seu número diminui à medida que os homens se esclarecem. O fato de realizarem o que algumas pessoas consideram prodígios não é sinal de uma "missão divina", visto que pode ser o resultado de conhecimentos que qualquer um pode adquirir, ou de faculdades orgânicas especiais, como a mediunidade, que tanto pode acompanhar o mais digno quanto o mais depravado dos homens.

Cuidem-se dos que prometem a solução para todos os problemas e curas milagrosas através de cirurgias astrais. Para evitar a fraude, procurem os que trabalham sem cobrar, porque aí está a verdadeira caridade. O verdadeiro profeta se reconhece por atributos que são exclusivamente de ordem moral!

173. Oferendas a Deus, aos santos e às almas que já partiram

As almas que partiram da Terra colhem algum benefício quando alguém lhes deposita flores? Quando lhes acendem velas ou fazem pedidos aos santos em seu favor? Tanto as flores quanto as velas estão no plano material, e as almas que partiram estão no plano espiritual. Assim, elas não se melhoram com as flores nem tem o seu caminho iluminado pelas velas. A única coisa que as almas recebem, vindo daqueles que ficaram na Terra, é a oração e o pensamento de gratidão pelo que fizeram enquanto estavam conosco. Para agradecer aos mortos, não é preciso estar num templo, de joelhos e com as mãos justapostas, pois isso pode ser feito em qualquer lugar. Caminhando na rua, na praia, dentro da casa etc. Basta somente o pensamento sincero, nada mais.

A Igreja tem o costume de tornar santas as pessoas que fizeram milagres. Entretanto, nem os milagres nem os santos existem, visto que eles são uma criação dos homens. Assim, não faz sentido pedir-lhes auxílio. O hábito de oferecer coisas materiais aos mortos, aos deuses, aos santos e assim por diante acompanha a humanidade desde o seu início. Ao longo da história, essa prática se fez presente e continua nos dias de hoje. Portanto, fica difícil às pessoas aceitarem que as oferendas materiais não têm valor. Elas acreditam e pronto! E Deus, será que Ele fica feliz em receber oferendas? Basta pensar um pouco para perceber que isso não tem lógica, que esse procedimento se afasta da razão mais singela.

Como alguém que está no plano espiritual pode se beneficiar de uma oferenda que está no plano material? É mais fácil, porém, manter o status quo do que raciocinar e perceber a ineficácia desse costume. O mesmo acontece com uma criança pequena que recebe um computador e não pode se beneficiar dele por não ter acesso. O que todas as almas recebem, sem exceção, é o pensamento que lhes enviamos, e não há necessidade nenhuma de ele estar materializado numa oferenda. Talvez essa explicação choque a muitos, mas já passou da hora de a nossa mente se abrir e rever certos conceitos que se perderam na noite dos tempos.

174. A CONSCIENTIZAÇÃO, A SIMPLICIDADE E A PROSPERIDADE

A maior conquista de uma sociedade é a conscientização do seu povo. Mas sobre o quê? Sobre tudo o que nos conduz a uma vida moralmente sadia: ser honesto, não querer levar vantagem em nada, não deixar de fazer algo só porque os outros estão olhando, e sim porque você não acha correto, ajudar a todos indistintamente, ter consciência de que a verdadeira felicidade não está no dinheiro, saber que as coisas simples são as que mais contribuem para uma plena realização, que a felicidade dos outros deve ser a minha também, que se meus vizinhos forem pobres eu não conseguirei ser feliz como gostaria etc.

Todo aquele que se conscientiza de que não precisa de muito para ter uma vida boa, de que não há necessidade de ostentar para ser superior, que o infortúnio do próximo não o melhora em nada e que a prosperidade é fruto do trabalho já está num bom caminho. Quanto maior for a conscientização, maior será a felicidade relativa. Falamos em felicidade relativa porque, aqui na Terra, a felicidade plena, absoluta, ainda não é possível. A busca por uma condição melhor deveria ser o objetivo de todos. As partes só poderão estar bem quando o todo também estiver. Ninguém pode sentir-se alegre em meio a uma multidão de sofredores.

Um país só é próspero e organizado se o seu povo também for. O que determina o desenvolvimento de uma nação é a conduta dos cidadãos que nela vivem. Quanto mais a consciência estiver disseminada, maior será o desenvolvimento. E como ficam aqueles que não querem progredir e não acreditam em nada? O tempo se encarregará deles, pois serão envolvidos pela avalanche dos que despertaram a consciência. A maioria sempre tem o poder de arrastar as massas e levar por diante os retardatários. A prosperidade da minoria será sempre ilusória.

Infelizmente, enquanto a conscientização não chega, é a força bruta quem exerce o domínio e somente a "mão de ferro" poderá conter e punir os indisciplinados. Ela é a prova mais viva do atraso de um povo! Como é triste ouvir: "Aqui, quem manda sou eu", esquecendo que também poderia acrescentar: "e sou odiado!" A imposição pela força sempre será temporária, pois a Lei do Universo é a harmonia, e não a barbárie.

175. A CONSCIENTIZAÇÃO E O MUNDO ESPIRITUAL

Se, em todos os cantos do mundo, a conscientização encontra dificuldades para abranger um grande número de pessoas, o mesmo não acontece no plano espiritual, onde ela se manifesta desde cedo, assim que a pessoa tem consciência do seu desencarne. E por que isso acontece? Porque lá não existe o famigerado dinheiro, que corrompe e ilude. Também não existem títulos de espécie alguma, nem a possibilidade de ostentar ou mentir, visto que os Espíritos se apresentam como realmente são.

Os que aqui na Terra eram chamados de "vossas excelências", "excelentíssimos", "doutor isso", "doutor aquilo" chegam do outro lado da vida com a roupa que foram enterrados. Sem identidade, sem dinheiro, sem conta bancária, sem posses, sem coisa alguma a não ser com seus defeitos e virtudes. É assim que se aplica o ensinamento de Jesus: "Todo aquele que se eleva será rebaixado, e todo aquele que se rebaixa será elevado".

Imaginem a desilusão dos poderosos ao verem seu trono desabar como um castelo de areia, ao verem seu poder escorrer por entre os dedos. Por certo pensavam que tudo o que possuíam era eterno e que o poder jamais acabaria! Quanta decepção! Quanta falta de consciência! Que desespero ao perceberem que não mandam mais e que ninguém lhes obedece. Que eles não são o que acreditavam! "Meu Deus, como isso pôde acontecer?" Perguntam-se, pasmos com a dura realidade.

Sabemos que o Espírito desencarnado tem suas percepções ampliadas em todos os sentidos, desde a visão até a certeza de que tudo o que possuíam na Terra não passava de uma grande ilusão. Assim, não havendo a possibilidade de alguém passar por aquilo que não é, só lhe restará enfrentar a verdade. A consciência desse fato, adquirida durante a existência terrena, pouparia inúmeros dissabores. Ninguém seria pego de surpresa, pois não poderia dizer que não sabia. Jesus pediu: "Não acumularmos tesouros na

Terra, onde a ferrugem e os vermes os consomem e onde os ladrões os desenterram e roubam" (Mateus, 6:19 a 21). E acrescentou: "Conhecereis a verdade, e ela vos libertará".

176. O homem no mundo

Um Espírito protetor – o incentivo à "prece" e à "evocação dos bons Espíritos" não deve induzir vocês a viver uma vida mística, fora da sociedade onde estão obrigados a viver. Não! Não é assim! Procurem viver com os homens da sua época, vivam como eles vivem. O sacrifício das necessidades, ou até mesmo das banalidades do dia a dia, deve ser feito com um sentimento de pureza, para que a renúncia possa ser abençoada. A virtude não consiste em assumir um aspecto severo e sombrio, rejeitando os prazeres que a condição humana permite. Se os prazeres fazem parte da vida é porque Deus assim o permite, caso contrário, não teriam acesso a eles. O que Ele abomina são os excessos.

Se a vida nos obriga a conviver com pessoas difíceis, de natureza diferente da que possuímos, não devemos afrontá-las. Quem nos garante que não fomos os responsáveis diretos pela sua pouca evolução? Que em existências anteriores não deixamos de lhes oferecer as condições necessárias para que pudessem progredir? Retornam agora como entraves em nosso caminho, mas não para que as amaldiçoemos, e sim para que possamos exercer a caridade que a elas negligenciamos outrora.

A perfeição está inteiramente, como disse o Cristo, na prática da caridade sem limites. O dever da caridade se estende a todas as posições sociais, desde a maior até a menor. Se o homem vivesse sozinho não teria como praticá-la. É no contato com seus semelhantes, na luta difícil do dia a dia que ele encontra a ocasião de praticá-la. Aquele que se isola priva-se, voluntariamente, do meio mais poderoso para se aperfeiçoar. Ao pensar apenas em si, a sua vida é a de um egoísta.

Para viver em comunhão com os bons Espíritos não há necessidade de ninguém ser perfeito, de evitar os prazeres que a vida nos permite, de demonstrar uma aparência séria, o que não indica retidão de caráter. Não! Não é preciso nada disso! Basta viver a vida de modo natural, com erros e acertos. Se a vida nos deu uma condição melhor, temos o dever de ajudar os que estão na retaguarda, pois nós também já estivemos por lá.

177. Os jovens e a nova era

Não há dúvida que os Espíritos que estão encarnando nos dias de hoje são muito diferentes dos que encarnavam nos anos 1950 e 1960, por exemplo. A impressão que se tem é que eles vêm mais prontos, que possuem mais desenvoltura, e isso se manifesta em todas as áreas. Eles começam a caminhar e a falar bem mais cedo do que os Espíritos que encarnavam na primeira metade do século passado. Seu interesse pelas coisas objetivas é bem maior. É espantosa a facilidade com que manipulam os computadores, os smartphones, as modernas tecnologias e os aplicativos de todas as espécies.

Com toda certeza, eles já tinham esse conhecimento antes de reencarnar, ou seja, utilizavam esses aparelhos no plano espiritual e outros que ainda não se materializaram no plano físico. A tecnologia disponível no mundo dos Espíritos está muitíssimo à frente da tecnologia disponível na Terra. O que está por vir é simplesmente assombroso – aguardemos!

No entanto, mesmo dominando toda essa tecnologia, eles parecem não ter se esquecido dos menos aquinhoados. Temos visto muitos jovens envolvidos em campanhas para arrecadar alimentos, agasalhos, mantimentos, preparando refeições para matar a fome dos mais necessitados etc. Isso, por si só, denota a posição superior desses Espíritos, que se preocupam com aqueles que estão numa condição de inferioridade. Infelizmente, não são todos, pois a droga está fazendo um estrago que somente o tempo poderá consertar. Serão necessárias várias encarnações para reparar esse flagelo.

Alguns dizem que esses Espíritos são índigos ou cristais, porque suas auras refletem essa cor aos videntes. Isso é o que menos importa, pois todos, sem exceção, estão na Terra para evoluir. Se eles possuem mais virtudes em relação aos que encarnaram antes é porque já as haviam conquistado em outros mundos. Daqui em diante, mais e mais seres de consciência desperta reencarnarão no planeta. Essa mudança havia sido prevista pelo Espiritismo: sai a geração velha para dar lugar à nova, que vem com outras ideias e valores, que vem assentada em bases mais sólidas, tanto moral quanto intelectualmente.

178. O DESTINO DAS CRIANÇAS APÓS A MORTE

Esse é um tema que ainda traz muita contrariedade e que, infelizmente, não é bem compreendido pela maioria. De fato, à primeira vista, não faz sentido uma criança morrer em tenra idade. Então, por que Deus permite que isso aconteça? A duração da vida de uma criança pode ser, para o Espírito que nela está encarnado, o complemento de uma existência anterior que foi interrompida antes do tempo previsto. Geralmente, a morte de uma criança constitui, também, uma provação ou uma expiação para os pais. Às vezes, eles foram os responsáveis pela interrupção prematura da vida desse Espírito numa outra encarnação.

O Espírito da criança que desencarna pode ser mais adiantado que o dos pais? Com toda certeza, e isso acontece com muita frequência. O Espírito da criança que morre em tenra idade, por não ter praticado o mal, ocupa um lugar melhor dentro do plano espiritual? Se ele não fez o mal, também não fez o bem, e Deus não isenta ninguém das provas que precisam passar. A conquista de um lugar melhor não se deve ao fato de ele ter desencarnado cedo, e sim ao progresso que já realizou como Espírito.

Então, o que acontece com o Espírito que morre em tenra idade? Ele retorna ao mundo espiritual onde vai aguardar pela oportunidade de uma nova encarnação. A morte de uma criança seria algo simplesmente inaceitável se nós vivêssemos apenas uma vida. Ela não poderia ir para o Céu (sentido figurado) porque não fez o bem, mas também não poderia ir para o Inferno (sentido figurado) porque não fez o mal. Para onde ela iria então? A religião católica nos ensina que ela vai para o Limbo, lugar que até hoje ninguém conseguiu definir direito e muito menos explicar onde fica!

Nenhuma outra doutrina ou filosofia conseguiu resolver a questão das mortes prematuras. A Doutrina Espírita, ao ensinar que alma vem do mundo espiritual, reencarna na Terra para viver um período e depois retorna, traz consigo a explicação para esses desencarnes, ou seja, ela precisará voltar inúmeras vezes e terá a oportunidade de viver uma existência mais longa. Assim, não há mais necessidade de se criar um lugar para se colocar as crianças que morrem em tenra idade.

179. Os Espíritos sentem cansaço e necessidade de repouso?

Os Espíritos não sentem o mesmo tipo de cansaço que os encarnados. Assim, não necessitam de repouso corporal, uma vez que não possuem órgãos cujas forças precisam ser repostas. Os Espíritos mais evoluídos podem permanecer em atividade constante, pois o próprio trabalho é para eles uma forma de repouso. Por não possuírem mais o corpo físico, a sua ação é toda intelectual. Quando seu pensamento deixa de ser ativo, porque não se fixa em nenhum ponto, para eles constitui um verdadeiro repouso, mas que não pode ser comparado ao repouso do corpo físico. O tipo de cansaço que os Espíritos sentem está na razão direta da sua inferioridade. Portanto, quanto mais elevados forem os Espíritos, menos repouso lhes será necessário.

Quando um Espírito diz que sofre, de que natureza é esse sofrimento? Angústias morais pelo que fez de errado ou pelo que deixou de fazer durante a sua última encarnação. Esses sofrimentos podem ser até mais dolorosos que os sofrimentos físicos. Dependendo do grau de adiantamento em que se encontra, o Espírito pode ter a sensação de que ainda está com corpo físico. Essa sensação demora algum tempo para ser desfeita.

O Espírito que desencarna com algum tipo de dor, ao lembrar-se dessa dor no plano espiritual, vai senti-la como se ainda estivesse encarnado. Se ele morreu afogado, por exemplo, quando lembrar vai sentir a mesma sensação de quando estava se afogando. Mas isso dura para sempre? Claro que não! À medida que ele vai aumentando a sua sintonia com o plano espiritual, essas lembranças deixam de lhe causar sofrimento. Tudo é uma questão de ajuste ao longo do tempo.

O mesmo ocorre quando o Espírito renasce na carne, ele precisa de alguns anos para se reconhecer, para fazer o acoplamento definitivo com o plano material, e isso só acontece em torno dos 7 anos de idade. Ao retornar, ele também precisará de um tempo para se reconhecer na nova condição. Ninguém recupera em segundos a saúde plena depois de uma longa convalescença.

180. Visitas espirituais entre encarnados e desencarnados

Duas pessoas que se conhecem podem se visitar durante o sono? Sim, e isso é muito frequente. Podemos inclusive ter amigos que moram em outros países e com os quais nos relacionamos. Esses encontros podem nos ser úteis, e eles acontecem quase que todas as noites. Qual a utilidade dessas visitas se não nos recordamos? Ao despertar, geralmente guardamos a intuição dessas visitas, que, muitas vezes, são a origem de certas ideias que surgem do nada, de forma espontânea, sem que se consiga explicá-las, e que são exatamente as que foram adquiridas durante esses encontros noturnos no mundo espiritual.

Muitas descobertas feitas pela ciência e pela medicina têm origem nesses encontros. É mostrado ao Espírito encarnado como ele deve proceder para chegar naquilo que está pesquisando. Durante o dia, vem-lhe a ideia de testar novos experimentos e que acabam dando certo. Os Espíritos mais evoluídos, que lhe transmitiram o conhecimento, ficam felizes, mesmo que no anonimato, pois não sentem mais a necessidade de serem reconhecidos. Trabalham para o progresso da humanidade, e isso é o que lhes basta.

Como a ideia de uma invenção pode surgir em mais de um lugar ao mesmo tempo? Durante o sono, os Espíritos se comunicam entre si. Se uma invenção é útil à humanidade, ela é passada, ao mesmo tempo, a vários que tenham condições de materializá-la no plano físico. Sempre haverá alguém mais apto a receber o ensinamento, o que não exclui a possibilidade de outros também terem o mesmo acesso. Quando isso ocorre, a mesma invenção é descoberta em mais de um lugar ao mesmo tempo. Isso é bom, porque ela sempre se apresentará sob mais de um aspecto, o que contribui em muito para o seu aperfeiçoamento.

Não existe a possibilidade de uma invenção se materializar no plano físico sem que haja a participação de Espíritos mais evoluídos, que possuem o conhecimento daquilo que será descoberto. Sem esse intercâmbio, isso seria quase impossível, porque ninguém descobre nada sozinho. Os homens, por não acreditarem em Espíritos, também não acreditam na sua participação.

181. A HIPNOSE

A hipnose é um estado em que a pessoa fica com sua "atenção concentrada" e a "consciência reduzida". Assim, ela torna-se mais suscetível a receber sugestões. O estado de intensa concentração do paciente faz com que ele tenha acesso a imagens, situações, momentos e sentimentos que seriam difíceis e, até mesmo, impossíveis de serem recordados fora dessa condição. A hipnose não é igual ao sono fisiológico de todas as noites. Ela é um estágio anterior ao sono. A pessoa fica concentrada, porém com certo grau de consciência, e pode responder a comandos, pois ela não dorme, como muitos acreditam. A hipnose também não é a briga de uma mente treinada contra uma mais fraca. Na verdade, toda hipnose é, antes, uma auto-hipnose. É a própria pessoa que se hipnotiza, e o hipnoterapeuta apenas mostra o caminho a ser seguido.

Ela é um estado alterado de consciência, em que a parte racional da pessoa fica afastada, permitindo o acesso a sua memória, as suas emoções, as suas vontades e ao novo ambiente que a cerca. Com a parte racional temporariamente afastada, é possível acessar os pontos vitais de um problema, seja ele físico ou psíquico. Apenas no transe profundo ocorre a amnésia total. Essa condição dependerá sempre do nível de ansiedade que o paciente conseguiu chegar durante a sessão. Quanto mais profundo for o transe, menores serão os níveis de consciência, e quanto menor for a ansiedade, mais profundo será o estado de relaxamento. Então ocorre que, nesse estado, as frequências mentais baixam, o ritmo cardíaco e a respiração diminuem consideravelmente, e as lembranças do pós-hipnose sempre serão menores.

Qual a melhor técnica para hipnotizar alguém? Pode-se dizer que existem tantas técnicas quantos são os hipnotizadores. Cada um tem a sua própria maneira de atuar. Alguém pode não voltar de um transe hipnótico, ficando preso nele? O transe é como se fosse um sono terapêutico e, assim como o sono fisiológico, ele dura até o momento em que a pessoa desperta. Não há a menor possibilidade de alguém ficar hipnotizado, porque o Espírito sempre retoma o comando do seu corpo. Mesmo em transe profundo, não há risco de alguém contar um segredo que não contaria acordado. O subconsciente não permite.

182. O Espírito e a escolha das provas

O Espírito pode escolher o tipo de prova pela qual passará na nova existência? Sim, se tiver consciência para fazer uma escolha que lhe seja proveitosa. Quando o Espírito, por sua má vontade ou inferioridade, não se mostra apto a compreender o que lhe seria útil, os responsáveis pela sua encarnação escolhem as provas de forma compulsória, mas sempre visando ao seu adiantamento.

Em que momento o Espírito escolhe a sua prova? Seria logo após a sua morte? Não, muitos ainda acreditam na eternidade das penas e do sofrimento. Para os que pensam assim, essa crença, além de ser limitante, constitui um castigo. O que orienta o Espírito na escolha das provas? A natureza de suas faltas. Ele escolhe as provas que vão ajudá-lo a reparar os erros cometidos em existências anteriores e que lhe permitirão avançar mais rapidamente.

É por essa razão que uns pedem uma vida de misérias e privações, para desenvolver a coragem e resignação; outros pedem a riqueza e o poder, para vencer as tentações e as paixões inferiores que elas estimulam. Outros, ainda, preferem renascer em ambientes viciosos e corruptos, para lutar contra a tentação que eles desencadeiam.

Por que os Espíritos não escolhem as provas de menor sofrimento? Para quem está encarnado essa pergunta faz sentido, para o Espírito que está livre do corpo físico, a ilusão cessa e ele pensa de modo diferente. O Espírito pode se enganar quanto à eficácia da prova que escolheu? Sim, quando escolhe uma que esteja acima de suas forças ou que lhe proporcionará uma vida ociosa e inútil. Nesse caso, quando retorna ao mundo dos Espíritos, percebe que nada ganhou e pede para recuperar o tempo perdido numa outra encarnação.

A escolha correta das provas é fundamental para que o Espírito aproveite a sua encarnação. Assim, devemos escolher apenas provas que estejam dentro da nossa capacidade de realizá-las. Qualquer que seja a natureza da prova escolhida, ela sempre será útil ao Espírito desde que cumprida com determinação e boa vontade.

183. A EFICIÊNCIA DA PRECE

Muitos contestam a eficiência da prece dizendo: "se Deus conhece as nossas necessidades, não é preciso que as revelemos através da prece. Se tudo no Universo é regido por leis eternas, nossas preces não podem mudar essas leis". É evidente que existem as leis imutáveis da natureza e que Deus não pode anulá-las segundo os caprichos de cada um. No entanto, não faz sentido acreditar que todas as circunstâncias da vida estejam submetidas à fatalidade. Se fosse assim, o homem seria apenas um instrumento passivo, sem livre-arbítrio e sem iniciativa. Nessa hipótese, só lhe restaria curvar a cabeça diante dos acontecimentos, sem procurar evitá-los.

Deus deu ao homem a "inteligência" e a "razão" para que as utilizasse em benefício próprio. Deu-lhe também a vontade de prosperar na busca de coisas melhores e o discernimento para agir. Pelo fato de termos a liberdade de ação, nossos atos acarretam consequências para nós e para os outros, conforme o que fazemos ou deixemos de fazer. É por isso que não existe fatalidade nem a máxima: "estava escrito que seria assim". Tudo o que nos acontece depende de nossos atos e de nossas escolhas.

Não faz sentido concluir que tudo o que pedirmos pela prece será concedido, que basta pedir para receber. A Providência sabe, melhor do que nós, aquilo que é para o nosso bem. Geralmente, fixamos o pensamento apenas no presente. Assim, se o sofrimento pelo qual devemos passar é útil para a nossa felicidade futura, Ele nos deixará sofrer, do mesmo modo que o cirurgião deixa que o doente sofra as dores da operação que lhe trará a cura.

Deus ampara aqueles que ajudam a si mesmos, segundo o ensinamento: "Ajudem-se que o Céu os ajudará". Mas não assiste aos que tudo esperam do socorro alheio, sem utilizar as suas próprias forças. Infelizmente, a maioria prefere ser socorrida por um milagre ao ter que fazer algum esforço. Não raro, a eficiência da prece se manifesta pelo não atendimento do pedido. Quantas vezes não agradecemos o fato de não ter recebido o que pedimos?

184. Por que nem todos recebem ajuda na Casa Espírita?

Ao longo desses anos, atendendo diversos casos de obsessão, simples e complexa, é possível observar claramente aqueles que serão ajudados e aqueles que vão permanecer como estão. E por que isso acontece? Porque a grande maioria quer ser ajudada sem fazer a sua parte, quer receber um milagre, mas como milagres não existem, a cura não acontece. Sempre informamos aos atendidos que nos casos de desobsessão, quando tudo dá certo, nos é permitido resolver apenas 50% do problema, os outros 50% ficarão a cargo de quem pede a ajuda.

Aqueles que realmente estão dispostos a enfrentar e resolver o problema recebem muito auxílio dos bons Espíritos que trabalham conosco. Normalmente, no máximo em dois atendimentos o problema é resolvido. Às vezes, apenas um atendimento é suficiente. Há também aqueles que precisam ir 5, 6 vezes ou mais e, quando informamos que eles não estão fazendo a lição de casa, ficam bravos conosco. As pessoas só querem ouvir o que lhes interessa. Poucos estão dispostos a ouvir certas verdades e o porquê de o tratamento não estar surtindo efeito. Os Espíritos não recebem a permissão de ajudar quem não se ajuda.

Outra coisa que chama muito a nossa atenção é a quantidade de pessoas que procuram a cura de seus males por intermédio dos trabalhos pagos, feitos com oferendas e até com sacrifício de animais. Eles garantem a cura em tantos dias, como se isso fosse possível. Prometem aquela promoção tão desejada, aquele amor de volta, o corpo fechado, a abertura de caminhos e assim por diante. Para que tenham eficácia, todos os trabalhos precisam ser renovados, o que é mais uma maneira de aumentar o lucro em cima do sofrimento alheio. O número dos que se envolvem com esses trabalhos pagos é alarmante, pois de cada dez atendimentos, sete ou oito são vítimas ou foram procurá-los. A energia de baixo padrão vibratório que existe nesses lugares se adere ao corpo astral do consulente e ali permanece. Infelizmente, a maioria procura esse recurso por desconhecer o mal que eles causam à saúde ou porque alguém indicou. Afastem-se dos que cobram, eles não estão acompanhados pelos bons Espíritos.

185. O SOFRIMENTO DAQUELES QUE PAGAM PELOS TRABALHOS ESPIRITUAIS

Ao entrarem para atendimento em nosso grupo de trabalho, os médiuns logo identificam aqueles que foram procurar ou que foram vítimas de trabalhos pagos. Seus corpos astrais estão impregnados de energia de baixíssimo padrão vibratório. Os efeitos deletérios desse tipo de trabalho não estão ligados ao tempo. Assim, tanto faz se foram procurá-los há um mês ou há anos.

No início, a pessoa até sente uma leve melhora e volta para reforçar o que foi feito. Porém, depois de um tempo, sua vida transforma-se num inferno e ela sente-se muito pior do que antes. Resolve abandonar o compromisso assumido de retornar uma vez por mês, pois sente que aquilo não está lhe fazendo bem.

Algumas explicações: pais de santo, feiticeiros e pessoas que trabalham por dinheiro estão a serviço de Espíritos inferiores, ainda muito ligados às coisas da Terra. Eles pedem certas oferendas, como uma forma de se "alimentar" dos fluidos etéreos que emanam desses produtos. No mundo espiritual, eles são tratados como escravos, pois obedecem a Espíritos de maior força mental. Todos eles, sem exceção, são muito endividados por erros cometidos em suas últimas encarnações. Esses Espíritos escravizados recebem por missão acompanhar os clientes que procuram as casas onde os trabalhos foram feitos, por isso, mesmo que a pessoa se afaste e não retorne mais, o acompanhamento continua.

Com o tempo, a situação tende a se agravar, pois além dos problemas que não foram resolvidos pela pessoa que prestou atendimento, uma vez que não há nenhum compromisso com a verdade e muito menos com a cura de alguém, o consulente ainda precisa suportar a energia negativa que fica aderida ao seu corpo astral e a presença dos Espíritos sofredores que não se afastam. Alguns procuram outra casa para desfazer o trabalho, onde lhes é pedido mais dinheiro para comprar os materiais que serão utilizados no desmanche. Como a vibração do trabalho está no plano espiritual, de nada adianta tentar desmanchá-lo no plano físico. É mais uma maneira de auferir lucro com o sofrimento alheio. Na Apometria, o trabalho é desmanchado no plano espiritual, pois é lá que está a sua vibração.

186. Os Espíritos e a percepção do tempo

Ao retornar para o mundo dos Espíritos, a alma conserva as percepções que tinha na Terra? Sim, e ainda recupera outras que estavam adormecidas. Seu corpo físico funciona como um véu que impede o contato com outras realidades e percepções. A inteligência se manifesta melhor quando o Espírito está livre do corpo de carne. Os Espíritos sabem tudo? Quanto mais desmaterializado for o seu corpo astral, mais eles sabem. É o caso dos Espíritos superiores, que sabem muito, visto que passaram por todas as experiências que a Terra poderia lhes oferecer. Entretanto, os Espíritos inferiores não sabem mais do que os homens.

O tempo transcorre para os Espíritos do mesmo modo que para nós? Não. A percepção do tempo para eles é bem diferente e depende do grau de evolução que cada um atingiu. Assim, para os mais evoluídos, enquanto aqui na Terra passou um ano, para eles pode ter passado uma semana, por exemplo. Entretanto, para os Espíritos que cometeram crimes contra terceiros, contra o patrimônio público e contra a humanidade, o tempo passa muito devagar, o que aumenta bastante o sofrimento que suportam. A impressão que eles têm é a de que esse sofrimento será eterno.

Os Espíritos conhecem o princípio das coisas? Conhecem de acordo com a sua elevação e pureza. Os Espíritos têm uma ideia mais precisa e mais apropriada do que nós sobre o presente? Os Espíritos veem o que não podemos ver, por isso eles julgam as coisas de modo diferente, tudo depende da elevação de cada um. Os Espíritos têm acesso ao passado ou esse conhecimento é limitado? O passado, quando nos lembramos dele, se torna presente. Por não possuir mais o corpo físico, que obscurece a inteligência, eles conseguem lembrar-se de coisas que para nós estão apagadas. Entretanto, os Espíritos não sabem tudo, como muitos pensam, a começar pela sua própria criação. Eles conhecem o futuro? Quanto mais evoluídos forem os Espíritos, mais o futuro se descortinará a sua frente, porém, não recebem permissão para revelá-lo. O futuro, quando é visto, também se torna presente. Os Espíritos veem Deus? Essa pergunta fica sem resposta porque não se consegue fazer uma ideia exata do que seja Deus, que dirá enxergá-lo. Por enquanto, só podemos pressenti-lo.

187. Percepções e sensações dos Espíritos

A ordem que é dada a um Espírito inferior, para fazer ou não alguma coisa, vem diretamente de Deus? Não, pois para se comunicar com Ele é preciso ser digno disso. Deus transmite Suas ordens através dos Espíritos superiores ou puros, que são mais instruídos e evoluídos. Os Espíritos têm a visão localizada num órgão específico, como nos olhos, por exemplo? Não, a visão deles está distribuída por todo seu corpo astral. É um atributo que eles possuem, por isso a faculdade de perceber as coisas fica imensamente ampliada. Os Espíritos precisam da luz para ver? Não, eles não necessitam da luz exterior para enxergar. Sua visão penetra onde a dos homens não consegue. Para a visão dos Espíritos não existem obstáculos.

Os Espíritos podem ver o que ocorre em dois lugares diferentes? Os Espíritos puros podem se transportar na velocidade do pensamento. Assim, é possível dizer que o pensamento deles se irradia e pode se dirigir a vários lugares ao mesmo tempo. Quanto menos puro for o Espírito, mais limitada será a sua visão. Apenas os Espíritos superiores podem abranger a visão do conjunto.

Os Espíritos ouvem melhor do que nós? Sim, porque eles percebem sons que os nossos sentidos grosseiros não alcançam. No Espírito, a faculdade de ouvir está em todo seu corpo espiritual, assim como a de ver? Sim, porque as percepções deixam de estar localizadas em órgãos específicos, elas estão por todo o seu corpo fluídico.

Após o desencarne, passamos a ver as coisas de um outro ângulo. No corpo físico, nossas percepções são muito limitadas, assim como a nossa capacidade de entendimento. Se as percepções do Espírito desencarnado se ampliam, é óbvio que a capacidade de ver e julgar as coisas também ficam ampliadas. Uma coisa que nos parecia importante pode não ter o mesmo valor do outro lado da vida. O Espírito sofre mais do que os homens? Sim, todas as percepções se ampliam. É por isso que o suicida tem seu sofrimento aumentado em relação ao que sofreria se tivesse ficado na Terra. No mundo espiritual, as ilusões terrenas se desfazem!

188. Sobre a alma

O que é alma? A alma é um Espírito que ora pode estar encarnado, utilizando um corpo físico para se manifestar, ora pode estar desencarnado, utilizando somente o seu corpo fluídico ou astral. O que era a alma antes de se unir ao corpo físico? Era um Espírito desencarnado. Então as almas e os Espíritos são a mesma coisa? Sim, e eles evoluem tanto na Terra quanto no Espaço.

Entre a alma e o corpo físico existe uma ligação, um fio de natureza semimaterial. É preciso que essa ligação seja de natureza semimaterial para que possa haver a comunicação entre o corpo físico e o Espírito. Esse fio é conhecido como cordão de prata. Ele liga o corpo astral ao corpo físico e situa-se na cabeça, mais precisamente na região da nuca, e pode afinar-se até espessuras mínimas, permitindo que o Espírito encarnado se distancie do corpo por milhares de quilômetros sem se romper. Esse cordão é que mantém o Espírito como dono e diretor do corpo. Por ocasião da morte, o cordão de prata se rompe, e o Espírito retorna ao plano espiritual.

A alma não pode habitar um corpo sem vida orgânica, mas a vida orgânica pode habitar um corpo sem alma. A folha de uma árvore possui vida orgânica, mas não possui alma. Se o corpo físico do homem não tivesse uma alma, o que ele seria? Uma massa de carne sem inteligência, tudo o que se puder imaginar, menos um homem. É correto dizer que a alma, numa criança, vai se completando a cada período de vida. Não! A alma é uma só e está completa, tanto na criança quanto no adulto. Os órgãos, que são os instrumentos pelos quais a alma se manifesta, se desenvolvem e se completam até a fase adulta. A alma é indivisível e não pode animar dois corpos ao mesmo tempo.

A alma pode animar o corpo de um animal? Não, a alma em sua jornada evolutiva até a perfeição, independentemente de estar encarnada ou desencarnada, não pode retroceder. Utilizando o seu livre-arbítrio, ela pode optar em ficar estagnada, mas retroceder nunca. Se um Espírito pudesse reencarnar no corpo de um animal, haveria também a possibilidade da reprodução física entre o homem e o animal, o que não é possível, pois os estados evolutivos são incompatíveis.

189. Comunidades prósperas

Existem cidades em que a gente entra e fica surpreso com a limpeza das ruas, com as flores nas janelas, nos canteiros, com a educação das pessoas e assim por diante. É claro que não estamos falando de todos os habitantes, e sim da grande maioria deles. Em todas as comunidades onde isso acontece, o sentimento de harmonia predomina e se instala de maneira natural. As pessoas têm prazer pela vida e se ajudem mutuamente, sem qualquer interesse em receber algo em troca. Para aqueles que vivem nesses lugares, tudo lhes parece tão natural que eles nem se dão conta, ou seja, viver em harmonia faz parte de suas vidas, e essa condição chega mesmo a passar despercebida. O infortúnio de um de seus membros é o infortúnio de todos, tão grande é o sentimento de união e de auxílio recíproco.

Essas comunidades são extremamente prósperas, uma vez que o foco delas está no essencial, e não no supérfluo. Colocam sua força de trabalho naquilo que realmente interessa, e não perdem tempo com coisas que não agregam valor. Muitas pessoas, vindas de outros lugares e que comungam com o modo de viver dessas comunidades, vêm se juntar a elas, e a prosperidade aumenta ainda mais. Podemos dizer, sem medo de errar, que são Espíritos afins, que já se conheciam antes de reencarnar. Combinam esse modo de viver quando ainda estão no plano espiritual. Na Terra, apenas materializam seus desejos. São Espíritos que, embora simples, já atingiram um certo grau de desenvolvimento moral. Sofreram, em encarnações anteriores, todos os tipos de dificuldades e perceberam que, quando as criaturas se ajudam mutuamente, todos prosperam, e a felicidade de uns contagia e alegra os demais!

Quem não gostaria de viver num lugar assim? Infelizmente, muita gente. São aqueles que não se importam com a sujeira da cidade, com casas e prédios caindo aos pedaços, sem pintura, pichadas, com ruas esburacadas, calçadas malcuidadas, enfim, onde a harmonia e o belo passam longe. Alguns dizem: "é porque o município não tem recursos". Não é verdade, pois mesmo que tivesse a situação não mudaria. O problema não é do município, e sim das pessoas que vivem nele. O sapo é feliz no charco, e o porco não se importa com a sujeira.

190. Outra história interessante

Era cedo da manhã, e eu vinha caminhando pela areia da praia, num dia ensolarado. Havia poucas pessoas também se exercitando. Avistei ao longe um senhor caminhando em sentido contrário, sem o antebraço. Do nada, pensei comigo: "o que faz alguém perder uma parte do braço?" Fomos aos poucos nos aproximando e, quando ele passou por mim, tive uma experiência incrível: apareceu à minha frente uma enorme tela fluídica, como se fosse uma televisão gigante, e cenas horríveis começaram a se desenrolar.

Vi um homem muito forte, montado num cavalo branco enorme e, do alto do cavalo, ele desferia golpes de espada que atingiam, indistintamente, velhos, crianças, mulheres e homens jovens. Os gritos infernais de desespero vinham de todos os lados. Eram gritos de dor, pavor e pânico. Não sei dizer quanto tempo esse quadro permaneceu na minha visão, mas foi de uma clareza tão intensa que, até hoje, se eu sintonizar com ele, enxergo tudo outra vez.

Assim que a visão desapareceu, perguntei mentalmente: "meu Deus, o que é isso?" A resposta veio de imediato: "é a Noite de São Bartolomeu". Já tinha ouvido falar nesse episódio da história, mas não me lembrava mais do que se tratava. Ao chegar em casa, fui pesquisar: a Noite de São Bartolomeu ocorreu na cidade de Paris, em 24 de agosto de 1572. Foi a revolta dos reis franceses e católicos contra os protestantes conhecidos como huguenotes. Somente naquela noite foram exterminados mais de 3.000 protestantes.

Dois dias depois, eu estava caminhando de manhã, na mesma praia e, de repente, do nada, a tela fluídica abriu-se à minha frente e o mesmo quadro se desenrolou. Estava ainda atordoado com a reprodução daquela visão quando, ao levantar os olhos, enxerguei vindo em minha direção o mesmo senhor sem uma parte do braço. Era como se a espiritualidade estivesse querendo me mostrar a veracidade da Lei de Causa e Efeito. Quando menos esperamos, a vida nos surpreende com fatos que mostram como as coisas se encadeiam, reiterando que nada, absolutamente nada, acontece por acaso. As Sagradas Escrituras já nos advertiam: "Saibam que os vossos pecados vos encontrarão" (Núm, 32:23).

191. AS CRIANÇAS NA ESPIRITUALIDADE

A criança que retorna para o mundo dos Espíritos volta a ser adulto? A grande maioria não, até porque a natureza não dá saltos. Ela retorna como criança e assim permanecerá até que chegue a oportunidade de uma nova encarnação. Entretanto, se o Espírito se encontra num estágio evolutivo elevado, ele pode, por um esforço da sua vontade, retomar a forma adulta.

Na espiritualidade existem lugares apropriados para receber as crianças. Elas se reúnem em parques, participam de atividades, brincam, estudam e se desenvolvem como se estivessem na Terra. Aqueles que gostam de cuidar de crianças continuam esse trabalho no mundo espiritual. A vida, na espiritualidade, é uma continuação da vida que levamos na Terra, só que aperfeiçoada. Do mesmo modo, podemos dizer que a Terra é uma continuação da vida no plano espiritual, só que, infelizmente, piorada.

Muitos perguntam: "o que vou fazer no mundo dos Espíritos se eu sou mecânico e trabalho numa indústria, por exemplo?" As atividades são inúmeras e não precisam estar conectadas com aquelas que desempenhávamos na Terra. Como lá não existe dinheiro, é claro que as atividades têm um outro sentido, um outro objetivo. Esse outro sentido sempre estará mais voltado para o lado humano do que para o lado material. Existem escolas e hospitais, e as oportunidades de servir ajudando os que necessitam são imensas. É por isso que os Espíritos nos dizem que evoluímos tanto na Terra quanto no mundo espiritual.

A criança, independentemente da idade que desencarna, sente muita saudade dos pais. Assim, é preciso ocupar seu tempo com outras atividades e, aos poucos, ir explicando o que aconteceu. A inconformidade dos genitores, que não aceitam o desencarne prematuro, transfere para criança uma angústia muito grande, o que só faz aumentar a sua perturbação. O conhecimento de que a vida continua e de que ninguém morre deveria ser mais difundido entre nós. Isso pouparia muitos desesperos e sofrimentos. A Doutrina Espírita procura esclarecer-nos a esse respeito, mas, infelizmente, as resistências em aprender ainda são muitas.

192. OS TRAÇOS FÍSICOS E AS EXISTÊNCIAS ANTERIORES

Em suas diversas encarnações, o homem conserva os traços físicos de suas existências anteriores? O corpo físico da encarnação atual não tem nenhuma relação com o corpo da encarnação anterior, visto que ele já foi totalmente consumido. Entretanto, o Espírito se reflete no corpo. Embora o corpo físico seja apenas matéria, ele é moldado pelas qualidades do Espírito, que lhe imprime certas características, principalmente no rosto. É por isso que se diz que os olhos são o espelho da alma, ou melhor, o semblante do indivíduo reflete de modo particular a sua alma. Existem pessoas feias que possuem alguma coisa que agrada, trata-se de um Espírito bom animando um corpo feio. Por outro lado, existem pessoas belíssimas que nada despertam e, às vezes, até provocam um sentimento de repulsa.

Não é verdadeira a ideia de que os corpos físicos muito bonitos são destinados a Espíritos mais adiantados. É comum encontrarmos pessoas maravilhosas em corpos disformes e sem nenhuma beleza exterior. Existem aqueles que, mesmo não se parecendo com ninguém da família, passam a seus membros "um ar familiar". Isso é pelo fato de eles possuírem gostos e tendências semelhantes.

Frequentemente, as qualidades do Espírito modificam os órgãos pelos quais ele se manifesta, imprimindo na fisionomia, e até mesmo no conjunto das maneiras, um jeito próprio. É assim que, num corpo mais humilde, pode-se encontrar a expressão da grandeza e da dignidade, enquanto, sob a figura de um grande senhor esconde-se, por vezes, a expressão da baixeza e da desonra. É comum ver pessoas que saem de posições inferiores adquirirem, sem muito esforço, os hábitos e as maneiras da alta sociedade, parecendo reencontrar nesse ambiente o seu verdadeiro lugar. Outras, entretanto, mesmo tendo nascido e se educado nesse meio, parecem estar sempre deslocadas. Isso é o reflexo das experiências que o Espírito teve antes. Assim, a máxima "quem já foi rei sempre será majestade" tem um quê de verdade.

193. Hermes Trismegisto: o três vezes grande

Hermes foi um legislador e filósofo que viveu no Antigo Egito por volta do ano 1300 a.C. Os ensinamentos de Hermes e sua doutrina hermética podem ser traduzidos em 7 princípios:

Princípio do Mentalismo – "O Todo é mente; o Universo é mental". A primeira Lei Hermética fala sobre o poder da mente. Tudo aquilo que acreditamos ser realidade tem a sua origem na mente, ou seja, a natureza que nos cerca, nossas ações, o nosso corpo físico, tudo, enfim. Pensamentos bons atraem coisas boas; pensamentos ruins atraem coisas ruins. Se você quer conhecer o Universo, começa por conhecer a si mesmo, porque você é um pequeno reflexo do Universo.

* *Princípio da Correspondência* – *"O que está em cima é como o que está embaixo; o que está dentro é como o que está fora".* Tudo está interligado, tanto o micro quanto o macrocosmo. Em todo lugar existe vida.

* *Princípio da Vibração* – *"Nada está parado, tudo se move, tudo vibra".* A ciência nos mostra hoje que tudo é composto de átomos, partículas e subpartículas em constante vibração. Essas vibrações podem ser controladas pela mente humana; as que são desarmônicas nos levam ao caos, e as harmônicas nos levam à harmonia. Nas frequências mais altas estão as coisas que não podemos enxergar, nas mais baixas estão a matéria.

* *Princípio da Polaridade* – *"Tudo é duplo, tudo tem dois polos, tudo tem o seu oposto".* O igual e o desigual são a mesma coisa. Os extremos se tocam. Todas as verdades são meias-verdades. Todos os paradoxos (opinião contrária ao senso comum) podem ser reconciliáveis. A dualidade está em todas as coisas: o claro e o escuro; o quente e o frio; o dia e a noite; o bem e o mal; a esquerda e a direita; o alto e o baixo; o bonito e o feio... As dualidades são as duas faces de uma mesma moeda em graus diferentes. Assim, podemos afirmar que a dualidade é também a unidade. O escuro nada mais é do que a falta de luz. O dia é a posição, de um determinado local da Terra, em relação ao Sol. A saúde é a ausência da doença, e assim por diante, até o infinito!

* *Princípio do Ritmo* – *"Tudo tem fluxo e refluxo, tudo tem suas marés, tudo sobe e desce, o ritmo é a compensação".* Estamos subordinados a uma dinâmica de ciclos, ou seja, tudo o que vai volta. Tudo tem o seu apogeu e o seu declínio; basta acompanhar o exemplo de algumas nações que já dominaram a Terra: a queda de Constantinopla, o Antigo Egito, a Grécia, o Império Romano, Espanha e Portugal. O progresso e o poder, que parecem ser eternos, também têm o seu fim. Então, aqueles que hoje estão por cima, amanhã podem estar por baixo. O ideal é estabilizar o ritmo tirando-o dos extremos.

* *Princípio do Gênero* – *"O gênero está em tudo: tudo tem seus princípios masculino e feminino, o gênero manifesta-se em todos os planos da criação".* O gênero não se manifesta apenas naquilo que se reproduz fisicamente como masculino e feminino, ele se manifesta nos planos mentais, espirituais e está presente em todos os relacionamentos. Todos os seres trazem consigo uma parcela do feminino e do masculino. O Espírito propriamente dito não tem

sexo, mas se manifesta por um dos gêneros. O masculino representa a força física; o feminino, a força da sensibilidade. Para que a experiência do Espírito seja completa, é preciso experimentar os dois lados.

* *Princípio de Causa e Efeito* – *"Toda causa tem seu efeito, e todo efeito tem sua causa; existem muitos planos de causalidade, mas nada escapa à Lei".* Através desse princípio, compreendemos que nada é por acaso, ou melhor, que o acaso não existe. Toda ação corresponde a uma reação. Mesmo que essa reação não se manifeste no ato da ação, ela não deixará de se manifestar, nem que seja numa encarnação futura. Aquele que domina a causa pode prever os efeitos; quando isso acontece, ele passa a ser o único responsável pelo seu destino, ou seja, não fica mais sujeito nem às coincidências nem às intempéries.

Quantas verdades não estão contidas nesses sete princípios? Como alguém, 1300 anos a.C., pôde abarcar tanto conhecimento? São mestres que descem à Terra para iluminar a humanidade com sua sabedoria. Os que sabem mais têm por missão transferir seus conhecimentos para os que sabem menos.

194. AS BOAS E MÁS QUALIDADES MORAIS DOS HOMENS

Qual a origem das boas e das más qualidades morais do homem? As qualidades morais do homem são as do Espírito que está encarnado nele. Quanto mais puro for esse Espírito, mais o homem estará propenso a fazer o bem. Então podemos dizer que o homem de bem é a encarnação de um Espírito bom, e que o homem com vícios é a encarnação de um Espírito mau? Sim, porém é mais correto dizer que o homem com vícios é a encarnação de um Espírito imperfeito. A sagrada missão dos pais é mostrar e conduzir esses Espíritos no caminho do bem e da moralidade.

Kardec perguntou aos Espíritos: "É o mesmo Espírito que dá ao homem as qualidades morais e as da inteligência? Sim, é o mesmo Espírito, e isso em razão do grau de adiantamento que já alcançou". Essa pergunta foi feita porque havia na época alguns que afirmavam serem Espíritos diferentes que se manifestavam em ocasiões distintas, ora exaltando as qualidades da inteligência, ora deixando transparecer as mazelas morais. O homem não tem em si dois Espíritos.

Então, por que alguns homens muito inteligentes, nos quais parecem estar encarnados Espíritos superiores, possuem, ao mesmo tempo, tantos vícios? Porque os Espíritos encarnados nesses homens ainda não são bastante puros e sofrem a influência dos Espíritos imperfeitos. O Espírito progride numa marcha ascendente. Entretanto, esse progresso não pode ser percebido numa única encarnação, por isso ele precisa retornar inúmeras vezes. Infelizmente, o progresso não se realiza de forma simultânea em todos os campos. Num período, ele avança em conhecimento, noutro, em moralidade, e assim até a perfeição. Existem pessoas com inteligência acima da média, mas que usam essa inteligência para fazer o mal, para promover a discórdia, para excitar as más paixões, para fabricar artefatos de guerra, que destruirão em segundos o que se levou séculos para construir. Jesus já havia nos advertido: "Aqueles que conhecem a lei e ainda assim promovem o mal serão muito mais culpados do que aqueles que erraram por ignorância". É assim que, para o mesmo erro, a lei será severa com uns e branda com outros.

195. A Lei do Amor

O amor resume de forma completa toda a doutrina de Jesus. No início da sua jornada, ou seja, nas primeiras encarnações, o homem só possui instintos. À medida que ele avança e aumenta o convívio com outros homens, passa a possuir sensações. Quando se encontra mais evoluído e purificado, adquire, então, os sentimentos. De todos os sentimentos, o mais nobre, o mais evoluído e o mais digno é o amor. Não o amor no sentido vulgar da palavra, mas, sim, o amor que sai do coração e reúne todas as aspirações e todas as sublimes manifestações da alma humana. A Lei do Amor substitui o individualismo pelo convívio das criaturas e acaba com as misérias sociais.

Aqueles que se deixam dominar pelos instintos estão mais próximos do ponto de partida do que do ponto de chegada. Para avançar no caminho do progresso, é preciso vencer os instintos em favor dos bons sentimentos. Aquele que aperfeiçoa seus sentimentos se afasta das coisas materiais. Os instintos primitivos, quando não são dominados, levam o homem a cometer desatinos em todos os campos da vida, tanto no moral quanto no intelectual e, principalmente, no sexual. Sempre haverá Espíritos inferiores para ajudá-lo a satisfazer seus desejos, seja em que campo for.

Somente pelo amor as criaturas conseguem ascender a padrões vibratórios mais elevados. Não existe outra possibilidade. A Lei do Amor está presente em todos os mundos habitados, e ela será sempre uma meta a ser alcançada. Pelo fato de o amor emanar do Criador, todos os homens, desde o primeiro até o último, possuem, no fundo do coração, a chama desse fogo sagrado. Mesmo os mais perversos e os mais criminosos sempre têm, por um ser ou por um objeto qualquer, uma grande afeição e lutam contra tudo o que tente diminui-la. É assim que, entre os homens mais endurecidos e brutos, essa afeição pode atingir proporções admiráveis.

A Lei do Amor só pode se cumprir na convivência diária. Jamais um homem solitário poderá exercê-la. A tarefa de amar a todos, indistintamente, é muito difícil, mas se cumprirá ao longo das encarnações, porque Deus assim o quer.

196. O amor de mãe

A palavra "amor" é utilizada para expressar diferentes níveis de sentimento. O amor puro, aquele que transcende ao nosso entendimento, ainda não pode ser sentido pelos seres que vivem na Terra. Somente Jesus, quando esteve encarnado entre nós, conseguiu manifestar esse sentimento pelos homens na sua plenitude. Então, deveríamos deixar a palavra "amor" para representar o que Jesus sentiu e ainda sente pela humanidade terrena. Todos os outros sentimentos, que são qualificados como amor, estão muito longe de poderem ser traduzidos por essa palavra. Na verdade, ela nem poderia ser utilizada, tamanha é a distância entre o amor incondicional e o amor que é sentido pelos homens comuns. Infelizmente, como não existe outra palavra para definir esse sentimento chamado amor, somos obrigados a utilizá-la para expressar essa ligação afetiva e amorosa por alguém ou algo. Isso se deve à pobreza da linguagem humana, que utiliza a mesma palavra para designar sentimentos de intensidades tão desiguais.

O amor de uma mãe pelo seu filho, mesmo estando longe de manifestar o amor puro, é o que mais se aproxima dele aqui na Terra. Nenhum outro tipo de amor pode ser comparado a esse sentimento. Quando perguntaram a Chico Xavier quem valia mais, um pai ou uma mãe, ele respondeu: "Um pai vale por dez mestres; uma mãe vale por dez pais!" Essa resposta resume o sentimento de amor que somente uma mãe pode manifestar.

As outras manifestações do sentimento chamado amor, como, por exemplo, o de um pai para com o seu filho; o de um filho para com sua mãe ou pai; o de um irmão para com outro, e assim por diante, estão em níveis muito menores de intensidade. O próprio sentimento de amor entre um homem e uma mulher está muito mais próximo de um sentimento de paixão do que de amor, na verdadeira acepção da palavra.

O amor puro, aquele que transcende a nossa capacidade de entendimento porque ainda não existe na Terra, só se manifestará em nós quando estivermos vivendo em mundos mais evoluídos.

197. Pagar o mal com o bem

Jesus disse: "Amem os inimigos, façam o bem para aqueles que odeiam, perseguem e caluniam vocês, pois se amarem apenas aqueles que os amam, que recompensa terão? As pessoas de má vida também não fazem o mesmo?" (Mateus, 5:5 a 20). A palavra "amar" expressa diversas formas de sentimento. Sendo assim, é preciso explicar seu significado dizendo que amar os inimigos é ter para com eles um sentimento desprovido de animosidade; é alegrar-se pelo bem que lhes aconteça; é socorrê-los em caso de necessidade. É, enfim, retribuir todo o mal com o bem, sem nenhuma intenção de humilhá-los. Aquele que fizer isso seguirá o mandamento: "Amem os seus inimigos!"

Como é difícil para a maioria das pessoas pagar o mal com o bem. Como isso nos parece impossível. Por que será? É porque o nosso grau evolutivo ainda é muito pequeno. Para seguir esse mandamento de Jesus, ainda teremos que passar por diversas encarnações onde, a cada uma, vamos nos melhorando um pouco. Hoje, na Terra, são pouquíssimas as pessoas que conseguem retribuir o mal com o bem. Quando muito, nos limitamos a não revidar, o que, para nós, está muito bom.

Se a caridade tem como princípio amar o próximo, amar os inimigos é a mais sublime aplicação desse princípio. A virtude de amar os inimigos é uma das maiores vitórias alcançadas sobre o egoísmo e o orgulho.

Devemos lembrar que a vida continua e que todos os inimigos que fizermos na Terra serão também nossos inimigos no mundo dos Espíritos, uma vez que esse é o ponto de chegada para os que estão reencarnados. Foi por isso que Jesus também nos advertiu: "Reconciliem-se o mais rápido possível com seus adversários, enquanto estiverem com eles a caminho, para que não ocorra que seus adversários os entreguem ao juiz, e o juiz os entreguem ao ministro da justiça, e que sejam enviados à prisão. Em verdade eu digo a vocês que não sairão de lá até que tenham pago o último centavo" (Mateus, 5:25 e 26). A expressão "enquanto estiverem com eles a caminho" significa: aqui na Terra, nesta encarnação, porque depois será tarde demais.

198. A FÉ RACIOCINADA E A FÉ CEGA

Do ponto de vista religioso, a fé é a crença nos dogmas particulares que cada religião possui. Todas as religiões têm seus artigos de fé, ou seja, a descrição daquilo que os seguidores devem ou não acreditar. Sob esse aspecto, a fé pode ser raciocinada ou cega.

A fé cega não examina nada, aceita tudo sem verificar, tanto o que é falso quanto o que é verdadeiro, e a cada passo se choca com as evidências da razão. A fé cega, levada ao excesso, produz o fanatismo. Toda fé que se apoia no erro, cedo ou tarde, desmorona. Somente a fé que tem por base a verdade possui um futuro assegurado e nada tem a temer com o progresso dos conhecimentos. Aquilo que é verdadeiro na sombra também o é à luz do dia. Mas como saber se a "verdade" está deste ou daquele lado? Basta submetê-la à razão mais simples e verificar se ela tem fundamento, se o que ela está dizendo pode ou não ser realizado.

A ressureição da carne, no dia do juízo final, talvez seja um dos maiores exemplos de fé cega. Todos sabem que os elementos que constituem o nosso corpo físico se desintegram com a morte e são absorvidos pela terra, para entrar na composição de outros corpos orgânicos. Assim, não há a menor possibilidade de alguém ressuscitar e voltar a usar o mesmo corpo.

Em tese, toda religião pretende ter a posse exclusiva da verdade. No entanto, impor a alguém a fé cega, sobre uma questão de crença, é confessar a sua impotência para demonstrar que está com a razão. A fé não deve ser imposta, ela deve ser adquirida, e ninguém está impedido de possuí-la, nem mesmo aqueles que tenham contra ela muita resistência. Para algumas pessoas, a fé parece ter nascido com elas, pois basta uma faísca para desenvolvê-la. Essa facilidade para aceitar as verdades espirituais é sinal evidente de um progresso anterior. Em outras, ao contrário, as verdades espirituais são assimiladas com muita dificuldade, sinal evidente de um caminho a ser percorrido. A fé cega exige que o homem abra mão do seu raciocínio. A fé raciocinada pede que o homem compreenda o porquê das coisas, para só depois aceitá-las.

199. Como me tornei espírita

Cresci dentro da religião Católica. Meus pais iam à missa todos os domingos e levavam os filhos. Nunca gostei daquele ritual de senta, levanta, ajoelha... Não entendia qual era a lógica, mas sabia que, em algumas passagens, ficar de joelhos era obrigatório. Aos 17 anos, avisei a mãe de que não iria mais assistir à missa. Ela ficou muito chateada e me pediu várias vezes para que eu repensasse minha decisão. Disse a ela que não concordava com aquele ritual todo e que nada daquilo me tocava. Não foi um ato de rebeldia, e sim uma atitude de quem não quer perder tempo com coisas que não acredita.

O tempo passou e eu estava em Florianópolis visitando minha irmã, que, na época, estudava na universidade. Fazia duas semanas que eu estava tomando antibiótico devido a uma dor de garganta horrível e nada de melhorar. Sem me dar conta, perguntei: "onde tem um Centro Espírita aqui perto?" Achava que havia algo a mais além da dor de garganta. Ao chegar no Centro, fiquei sentado numa fila com mais de vinte pessoas aguardando pelo atendimento. Um senhor entrou e, após ter passado pelas cadeiras, parou, olhou na minha direção e perguntou: "você já foi atendido?" Virei para o lado porque achei que a pergunta não fosse para mim, mas ele insistiu: "não, é você mesmo". "Eu?" "Sim, você!" "Não, ainda não fui atendido". Depois do atendimento, gostaria de falar com você, vá até a minha sala.

Na fila mesmo fui informado que se tratava do presidente da casa. Achei muito estranho e fiquei bastante apreensivo. Pensei: "será que estou com algo mais grave". No atendimento, a médium me receitou homeopatia e disse que eu ia ficar bem, que não era nada. Antes de sair, passei na sala do presidente, que me perguntou: "você já leu *O Livro dos Espíritos*?" "Não". "Então compre um exemplar na livraria aqui ao lado e leia, você vai gostar". "Só isso? Mas e a dor de garganta?" "Não se preocupe, vai passar". De fato, naquela noite não tive febre e, no dia seguinte, não tinha mais nada.

Comecei a leitura do livro e fiquei encantado com as perguntas e respostas que eu sempre fazia e ninguém tinha condições de me responder. Foi amor à primeira vista. Hoje compreendo que a dor de garganta foi o pretexto que a espiritualidade encontrou para me mostrar o caminho.

200. Aqueles que se comprazem na dor

Ao longo desses anos, nosso grupo de trabalho vem atendendo inúmeros pacientes vítimas de obsessão e de seus efeitos danosos sobre os órgãos do corpo físico e, mais precisamente, sobre o mental das criaturas. Ela se manifesta pela depressão, pelo pânico, pelo toque, pela esquizofrenia e por tantas outras formas. Dentre todos os malefícios da obsessão, o mais comum é a depressão. No seu auge, a pessoa perde o interesse por tudo, e a vida parece não ter mais sentido. Nada lhe traz alegria, e a vontade de estar sempre dormindo é uma constante. Quando a depressão é fruto de uma obsessão, se ela for tratada assim que surgem os primeiros sintomas, os resultados são animadores. Infelizmente, o mesmo não acontece quando os pacientes chegam depois de alguns anos, quando a doença já apresenta um aspecto crônico.

O Espírito ou os Espíritos obsessores sugam as energias vitais da pessoa e ainda lhe impõe seus pensamentos negativos. Assim, toda vez que houver uma intervenção no sentido de afastar esses Espíritos, sempre haverá uma melhora, mesmo que pequena. Devemos nos lembrar que todo Espírito obsessor, seja ele qual for, é, antes de tudo, um sofredor que também precisa de ajuda. Desse modo, ao encaminhar esse Espírito para regiões melhores dentro da espiritualidade, estamos atendendo duas criaturas ao mesmo tempo, o encarnado que veio em busca de auxílio e o Espírito que lhe fazia companhia.

Normalmente, dois a três atendimentos são suficientes para que as pessoas melhorem e passem a enxergar a luz no fim do túnel. Elas retornam para dar seu testemunho e agradecer ao grupo pelo que receberam. Entretanto, existem aqueles que se comprazem na doença, na dor e no sofrimento. A impressão que temos é a de que eles não querem ser curados. Se por um acaso isso acontecer, eles ficarão muito tristes, pois não terão mais do que se queixar. São os sofredores de carteirinha – e o número deles é muito maior do que se imagina. Quando o doente não quer tomar o remédio, o médico nada pode fazer. Os que se afastam depois de melhorarem no primeiro atendimento sempre retornam piores. Todos desejam a cura, mas poucos querem fazer a sua parte.

201. Os deficientes mentais

Longe do que se imagina, o deficiente mental não é um Espírito que possui uma alma de natureza inferior, ao contrário, aqueles que habitam corpos com órgãos deficientes estão expiando erros cometidos em encarnações anteriores, onde utilizaram a inteligência que possuíam para fazer o mal. Assim, para seu próprio bem, retornam sem poder desfrutar da liberdade que outrora possuíam. Qual pode ser a utilidade dos deficientes mentais que, não podendo fazer o bem, ficam privados do progresso? O fato de não poderem utilizar a inteligência para fazer o mal é para eles um progresso. Esses Espíritos reencarnam compulsoriamente, uma vez que jamais concordariam em reencarnar com órgãos defeituosos.

Aquele que foi um gênio, numa existência anterior, poderia animar o corpo de um deficiente mental? Sim, com toda certeza! Às vezes, a genialidade pode tornar-se um flagelo, quando dela se abusa. Aliás, a humanidade conta com inúmeros casos desse tipo, tanto na música quanto na pintura, na escultura, nas ciências e assim por diante. A "superioridade intelectual" nem sempre vem acompanhada da "superioridade moral". Podemos dizer que os deficientes mentais são os aleijados do cérebro, assim como o manco é das pernas e o cego é dos olhos.

Quando o deficiente mental está afastado do seu corpo físico, durante o sono, por exemplo, ele tem consciência do seu estado? Sim, e isso é muito frequente. Ele compreende que as restrições físicas, que o impedem de se manifestar normalmente, constituem uma prova e uma expiação, mas não consegue lembrar-se dos motivos. Portanto, no seu foro íntimo, ele tem perfeita consciência do seu estado, mas não dispõe de meios para modificar sua situação. Por que, em alguns casos, a deficiência mental leva o homem ao suicídio? O Espírito não aceita o fato de não poder se manifestar livremente e procura na morte um meio de se libertar. Após a morte, o Espírito de um deficiente mental continua se ressentindo da desorganização de seus órgãos? Sim, pois a natureza não dá saltos! Ele precisará de algum tempo para recobrar a plenitude de sua lucidez e compreender o que de fato aconteceu.

202. O AUTISMO – PARTE 1

O autismo é uma doença da alma, e não do corpo físico. Todo autista é alguém que reencarnou com débitos muito grandes de passado. Então, não basta somente tratar o físico, é preciso tratar o todo. Infelizmente, a maioria dos psiquiatras e psicólogos não acreditam ou não aceitam o lado espiritual do ser humano, o que complica muito a questão. Já dissemos que o corpo físico, sem o Espírito nele encarnado, não é nada, é uma massa de músculos e nervos que inicia a sua decomposição tão logo o Espírito se retira.

Alguns autistas foram, em existências passadas, pessoas que vivenciaram o egoísmo em seu mais alto grau. Pensavam apenas em si mesmo, desprezando o sentimento alheio. Entre alguns deles estão os mercenários de ontem, aqueles que roubaram ou enganaram pessoas simples, para auferir vantagens a curto prazo; que no poder oprimiram seus povos trazendo-lhes a miséria, o desespero e toda sorte de humilhações; evitavam o relacionamento com seus comandados, para não ter que presenciar suas mazelas, preferindo fazer de conta que elas não existiam. Outros, tão logo perceberam as dificuldades que a vida iria lhes apresentar, não hesitaram em escapar pela porta do suicídio.

Por que os pais precisam receber um Espírito autista em sua família? Os genitores de hoje, muito provavelmente, contribuíram no passado para que o filho assumisse essa posição egoísta e fizesse tudo o que fez, lembrando que nada acontece por acaso. Entretanto, também existem aqueles que, por puro amor e devoção a essas criaturas, concordam em receber os autistas em seu seio. Certamente são Espíritos abnegados, pois sabem que terão uma missão extremamente difícil pela frente. Muitos pais não aceitam que a síndrome do autismo seja devido a erros que seus filhos cometeram no passado. Bendito é o esquecimento das encarnações pretéritas! Infelizmente, alguns autistas reencarnam sob o jugo da cobrança de suas vítimas, e essa cobrança se manifesta através das obsessões complexas, pois são muitos a cobrar os desatinos de um só. Ainda assim, não se deve exercer qualquer julgamento do tipo: eles estão colhendo o que plantaram! São criaturas que precisam de muito amor e compreensão. Lembremo-nos das palavras de Jesus: "Aquele que estiver sem pecados que atire a primeira pedra!"

203. O AUTISMO – PARTE 2

O Espírito, em função dos imensos débitos contraídos em existências anteriores, rejeita a presente encarnação através do comportamento autista. Não deixa de ser uma fuga inconsciente da realidade. Entretanto, mesmo que em vigília ele não se lembre do que fez, o seu Espírito jamais se esquece.

Normalmente, o autista cria uma espécie de bolha, onde se isola e evita qualquer tipo de relacionamento social. Não gosta de ser tocado e não encara as pessoas de frente. Esse comportamento é a maneira que ele encontra para se proteger. Como é preciso reaprender a viver em sociedade, os vínculos com o passado precisam ser cortados.

Na Casa Espírita, o tratamento de desobsessão deve ser o primeiro a ser realizado. Todo autista possui Espíritos obsessores que ainda não o perdoaram e que precisam ser afastados. A utilização das técnicas de Apometria e da Terapêutica Mentomagnética estão entre as ferramentas mais eficazes. É preciso deixar claro que o resultado do tratamento não é percebido de imediato. O cérebro físico precisa de algum tempo para materializar as transformações ocorridas no interior da mente.

Depois de alguns atendimentos, é possível notar uma melhora na cognição. Eles conseguem elaborar pensamentos com maior complexidade e abrangência. Sua seletividade também diminui, e ele se torna mais seguro de si e mais independente. Não se pode mudar drasticamente, em alguns atendimentos, o que o Espírito fez durante várias encarnações. Desse modo, a melhora será sempre relativa e dependerá de cada Espírito, uma vez que eles respondem de maneira diferente.

O corpo astral traz as marcas daquilo que o Espírito fez no passado. Como é sempre o Espírito quem molda o seu corpo físico, se o cérebro astral está lesado, ele moldará um cérebro físico também com lesões. Assim, a maioria dos autistas, mesmo sendo pessoas inteligentes, não consegue manifestar essa inteligência como gostariam. A detecção precoce do problema e a *dedicação incondicional* dos pais são caminhos fundamentais para sua melhora, que será sempre parcial.

204. A IMPOSSIBILIDADE DE EVOLUIR NUMA ÚNICA ENCARNAÇÃO

Por tudo o que foi exposto ao longo deste trabalho, fica clara a impossibilidade de alguém conseguir fazer todo o progresso que lhe é possível em uma única encarnação. O Espírito, para ser considerado um espírito puro, precisa ter conhecimento em todas as áreas, caso contrário, será classificado como um Espírito comum, assim como todos os que nos leem neste momento.

Buscar a excelência no saber e no proceder em apenas uma encarnação é o mesmo que alguém querer tornar-se mestre, numa disciplina qualquer, com apenas uma aula. É impossível! Toda conquista requer muito trabalho e um período grande de dedicação. O esforço pessoal é um requisito indispensável para alguém alcançar o que deseja. Então, por que algumas religiões nos ensinam que vivemos apenas uma vida? Que o descanso eterno ou o sofrimento eterno é o destino de todos? Como fica aquele que não conseguiu se melhorar porque a vida não lhe deu oportunidades? Para onde ele vai? Para o Céu? Mas não seria justo, uma vez que ele não conseguiu se melhorar. Então vai para o Inferno? Também não seria justo, pois a vida não lhe deu oportunidades!

O homem não tem condições de evoluir moral e intelectualmente em apenas uma existência. O máximo que ele consegue é dominar uma determinada área do conhecimento. E as outras, como ficam? Ele ficará sem aprendê-las? Não se consegue dar a todos, ao mesmo tempo, as mesmas oportunidades. Se o destino é um só (descanso eterno ou sofrimento eterno) e as oportunidades são desiguais, como ficam os que foram preteridos pela vida? Deus então teria preferências? Daria privilégios a uns em detrimento de outros? Se Ele é todo bondade e todo justiça, como explicar tamanha discrepância? A melhor solução para esse impasse é a reencarnação, em que a cada retorno o homem desenvolve uma área do conhecimento, enquanto se melhora moralmente. Somente ela permite trocar erros por acertos, sofrimentos por alegrias, ignorância por conhecimento. A doutrina da existência única da alma não explica por que os homens são tão diferentes e por que uns têm mais oportunidades que outros, o que impede que a justiça divina se cumpra. Os bons de hoje foram os maus de ontem. A salvação da alma seria impossível com apenas uma existência! Se isso parece ser óbvio, por que tanta dificuldade em aceitar a reencarnação? Talvez porque o envolvimento com as coisas materiais seja mais importante, afinal, a morte ainda está muito longe, para que perder tempo com essas coisas?

205. As crianças índigo e cristal

As crianças índigo e cristal têm esse nome porque os videntes enxergam suas auras dessa cor. Seria uma nova geração de Espíritos que estão tendo suas primeiras encarnações na Terra? Parece que sim, pois essas crianças possuem habilidades especiais. São mais sensíveis, intuitivas e voltadas a questões mais relacionadas com a espiritualidade. Buscam viver em harmonia e não são Espíritos belicosos. De onde elas vêm? Provavelmente de orbes mais adiantados, o que não constitui uma supremacia completa sobre os que estão aqui, pois elas também têm suas limitações. Como a Terra está vivendo um período de transição, entre um mundo de provas e expiações para um de regeneração, somente agora esses Espíritos tiveram a permissão para chegar.

Entre alguns atributos psicológicos das crianças índigo e cristal, poderíamos destacar: são curiosas, independentes e possuem temperamento forte; demonstram resistência a regras rígidas e tentativa de controle; não aceitam ordens apenas por aceitar, e quando isso acontece, tornam-se teimosas; não temem ameaças e não cedem a chantagens; possuem reações agressivas quando contrariadas naquilo que consideram justo e correto; não aceitam a autoridade absoluta sem explicações e sem possibilidade de escolhas; tornam-se inquietas quando têm que esperar por alguma coisa; ficam profundamente frustradas com sistemas impositivos e que não necessitam de pensamento criativo; frequentemente encontram uma maneira melhor de fazer as coisas; possuem uma grande dificuldade para se adaptar ao modelo convencional das nossas escolas; parecem ser antissociais, pois se tornam introvertidas, a menos que estejam com crianças do mesmo tipo; é necessário ter muita paciência e explicar os porquês.

Os índigos, apesar de evoluídos intelectualmente, são portadores de graves conflitos comportamentais, ao passo que os cristais seriam Espíritos mais evoluídos, moralmente falando. Eles vêm para implantar as bases do mundo de regeneração, que mudará o panorama ético-moral dos habitantes da Terra, juntamente com a terça parte dos habitantes atuais que permanecerá. Tanto os índigos quanto os cristais precisam de um período de adaptação à nova morada. Sobre esse tema, está disponível uma literatura de boa qualidade, visto que são inúmeros os autores que se dispuseram a estudá-lo.

206. A Geometria Sagrada

Existe uma ordem que preside a tudo o que existe no Universo e que pode ser descrita através de formas geométricas. A Geometria Sagrada é encontrada em todas as formas da natureza, tanto no mundo animal como no vegetal, nas proporções do corpo humano, no clássico desenho do homem vitruviano de Leonardo da Vinci, na órbita dos planetas, na estrutura dos cristais etc. Em função de o assunto ser extenso, faremos um breve resumo.

A Geometria Sagrada tem origem no Antigo Egito e nos ajuda a compreender a grande unidade que rege toda manifestação do Universo, seja do maior corpo celeste, dos maiores agregados de estrelas, até a menor das partículas. Ela também é uma chave para a compreensão do lado sutil da vida.

O símbolo Torus representa o sentido do fluxo eletromagnético que existe no Universo. Ele pode ser observado nos chacras do corpo humano, nas linhas de força que circulam no globo terrestre, entre os polos Sul e Norte, numa semente, numa fruta, num tornado, no Sol, nos átomos e nas galáxias. Ele é um padrão que se repete tanto no macro quanto no microcosmo.

A figura da Flor da Vida é composta por 19 círculos que se sobrepõem de tal maneira que reproduzem o mesmo padrão, como se fossem várias flores de seis pétalas entrelaçadas umas nas outras. Esses círculos estão dispostos numa forma hexagonal, contida dentro de um círculo maior. Esse desenho foi encontrado no Templo de Osíris no Egito, na Cidade Proibida da China, nas Sinagogas de Israel, nos Templos da Índia, da Espanha, da Turquia e do Japão. Muitos outros símbolos estão contidos dentro da imagem da Flor da Vida. É o caso da Árvore da Vida usada pela Cabala.

A figura do Cubo de Metatron contém todas as formas da Geometria Sagrada. É composto por 13 círculos iguais, todos interligados entre si por linhas que se cruzam. Essas linhas formam no interior dessa figura os principais sólidos geométricos: o triângulo, o quadrado e o círculo, além da própria Flor da Vida. Esse cubo contém todas as formas que existem no Universo e representa a união das polaridades masculina e feminina, ou seja, o Todo.

A Merkabah é outra das formas que fazem parte da Geometria Sagrada. Ela é como uma estrela tridimensional de 8 pontas, composta a partir de duas pirâmides triangulares que se cruzam na vertical: uma aponta para cima, e a outra, para baixo. A Merkabah representa a energia masculina e a energia feminina, o Céu e a Terra. A pirâmide que aponta para cima liga-nos ao Céu, a que aponta para baixo liga-nos à Terra. Assim, a Merkabah representa o campo de energia que envolve a totalidade dos nossos corpos sutis.

A Estrela de David é a representação bidimensional da Merkabah, sendo um dos mais poderosos símbolos de proteção divina. É a estrela de 6 pontas.

Uma figura impressionante é a Sequência Infinita de Fibonacci, que começa com os números 0 e 1 e os próximos são sempre a soma dos dois números anteriores: 0, 1, 1, 2, 3, 5, 8, 13, 21, 34... Ao transformar esses números em quadrados e dispô-los de maneira geométrica, é possível traçar uma espiral perfeita. Essa espiral aparece na concha do caramujo, na tromba do elefante, no rabo do camaleão, nas sementes dispostas no miolo do girassol, com 21 no sentido horário e 34 no sentido anti-horário, entre outros.

Outra curiosidade é que, ao dividir um termo da sequência pelo seu antecessor, temos o que se chama de a proporção áurea, e o seu valor é 1,618. Essa proporção, por ser agradável aos olhos, aparece nas artes, nos designs, na arquitetura, nas pirâmides do Egito, no templo de Parthenon na Grécia, nos templos do México e da Índia etc. Essa sequência também é utilizada na análise da bolsa de valores, na ciência da computação, na teoria dos jogos etc.

A Geometria Sagrada é um tema fascinante, e o seu estudo pode levar uma vida inteira, pois cada figura representa tudo o que está contido na natureza, desde as formas geométricas até os fluxos de energias que circulam pelo Universo. O mais intrigante de tudo isso é que existem desenhos dessas figuras em vários templos da Antiguidade. Como os povos antigos já dominavam esse conhecimento? Seriam eles Espíritos mais evoluídos que habitaram a Terra antes de nós?

207. O CISCO E A TRAVE NO OLHO

Jesus disse: "Como vocês conseguem ver um cisco que está no olho do seu irmão e não conseguem ver a trave que está no olho de vocês? Como podem dizer a seu irmão: 'deixe-me tirar o cisco que está no seu olho', se no de vocês tem uma trave? Hipócritas, retirem primeiro a trave que está no olho de vocês, para depois retirarem o cisco que está no olho do seu irmão" (Mateus, 7:3 a 5).

Um dos defeitos da humanidade é ver primeiro o mal alheio, para depois ver o seu próprio. Para fazer um julgamento correto, seria preciso que o homem se transportasse, de alguma forma, para fora de si e, considerando-se outra pessoa perguntasse: "o que eu iria pensar se visse alguém fazendo o que eu faço?" Indiscutivelmente, é o orgulho que faz com que o homem disfarce os seus próprios defeitos, tanto morais quanto físicos.

A recomendação que Jesus fez naquela época continua válida para os dias de hoje. Como é fácil julgar os outros e como é difícil julgar a si mesmo. Poucos são aqueles que não julgam e procuram sempre o lado bom das pessoas, minimizando seus defeitos. Esses são, sem dúvida alguma, Espíritos mais evoluídos e que deveriam servir de exemplo para os demais. Todos nós conhecemos pessoas com esse perfil. São poucas, é verdade, mas existem.

Um homem bastante vaidoso, que acredita possuir qualidades superiores, não consegue ressaltar o bem em outras pessoas, pois isso poderia ofuscá-lo. Assim, prefere ressaltar o mal que poderia promovê-lo. O orgulho, além de ser o pai de muitos vícios, ainda impede a manifestação de muitas virtudes. Jesus se dedicou em combatê-lo, pois sabia que ele era o responsável por quase todas as más ações dos homens. Pode-se dizer que o orgulho é, sem dúvida, o principal obstáculo ao progresso da humanidade.

Infeliz daquele que precisa evidenciar os defeitos alheios para se promover. Seu progresso será sempre artificial e, mais cedo ou mais tarde, será descoberto. Aquele que é virtuoso não possui vaidades, e suas qualidades brilham tanto no claro quanto no escuro. Portanto, vamos trabalhar para retirar a trave do nosso olho, deixando de lado o cisco no olho do nosso irmão!

208. NÃO JULGUEM PARA NÃO SEREM JULGADOS

Jesus pediu: "Não julguem para não serem julgados, pois serão julgados conforme julgarem os outros. E será aplicada a vocês a mesma medida que usaram para medir os outros" (Mateus, 7:1 e 2).

Na parábola da mulher adúltera que seria apedrejada, conforme mandava a Lei de Moisés, Jesus resolveu o problema dizendo: "Aquele dentre vocês que estiver sem pecado, que atire a primeira pedra". Ao ouvirem isso, retiraram-se um após o outro, saindo em primeiro lugar os mais velhos, pois possuíam mais pecados. Ao ficar sozinho com a mulher, Jesus lhe pergunta: "Onde estão os que lhe acusavam? Ninguém condenou você?" E ela respondeu: "Ninguém senhor". "Então, eu também não vou lhe condenar. Vá e não volte a pecar".

Com o ensinamento "aquele que estiver sem pecado que atire a primeira pedra", Jesus faz do perdão um dever, pois não existe ninguém que dele não precise para si mesmo. Ele nos ensina que não devemos julgar os outros mais severamente do que julgaríamos a nós mesmos, nem condenar no próximo o que perdoaríamos em nós. Antes de condenar alguém por uma falta, vejamos se a mesma reprovação não nos pode ser aplicada.

A censura da conduta alheia pode ter dois motivos: o primeiro é reprimir o mal, e o segundo é desacreditar a pessoa cujos atos estamos criticando. No segundo caso nunca encontraremos desculpa, pois a crítica tem origem na maledicência e na maldade. Reprimir o mal é louvável e constitui, em alguns casos, até mesmo um dever, principalmente se dessa repressão resultar um bem. Se nos sentimos culpados por aquilo que condenamos nos outros, não temos o direito nem a autoridade para censurar. Em nosso íntimo, não conseguimos obedecer a alguém que, mesmo tendo poder, não respeita as leis nem os princípios da autoridade que está querendo aplicar. A autoridade para censurar está na razão direta da condição moral daquele que censura. Somente o homem de bem, através dos seus exemplos, tem legitimidade aos olhos de Deus para fazer essa censura. A autoridade que não precisa se impor pela força é exclusividade das grandes almas.

209. O TRABALHO REALIZADO COM AS OBRAS DA CODIFICAÇÃO

Farei aqui um breve resumo de como surgiu a ideia de reescrever as obras de Allan Kardec, trazendo-as para uma linguagem mais fácil e de melhor compreensão. Quando nossos três filhos eram pequenos, eu e minha esposa sempre rezávamos à noite e líamos um trecho do Evangelho. Logo notamos que as crianças não entendiam as passagens que eram lidas e se desinteressavam. Tivemos então a ideia de passar a limpo algumas delas e, para a nossa surpresa, eles começaram a entender o conteúdo e o sentido moral que elas continham.

No Centro Espírita onde trabalhamos, era fácil perceber que muitos também não compreendiam ou achavam muito difícil a leitura de *O Evangelho Segundo o Espiritismo*. Resolvi então reescrevê-lo, trazendo-o para uma linguagem mais acessível e mais de acordo como o nosso tempo. Retirei o pronome pessoal "vós", de concordância verbal totalmente ultrapassada, e substituí por "você". Isso facilitou em muito a leitura. Foram quatro anos de trabalho, pois não sou escritor e nunca havia escrito nada. Na época, apenas a editora BesouroBox se interessou pelo trabalho e resolveu apostar na sua publicação.

Foi um sucesso muito grande, que ninguém poderia prever. A primeira edição esgotou-se rapidamente e logo tivemos que providenciar a segunda com tiragem três vezes maior. Recebemos, tanto eu quanto a editora, inúmeros e-mails de agradecimento pelo trabalho realizado e um sem-número de solicitações para que fizéssemos o mesmo com *O Livro dos Espíritos*. A princípio, tinha dado essa missão por encerrada, pois nunca pensei em estender o trabalho para as outras obras de Allan Kardec. No entanto, fui convencido a mudar de ideia pelos pedidos reiterados dos leitores do Evangelho, "aquele que era mais fácil de ler..."

O Livro dos Espíritos também obteve o mesmo sucesso. Resolvi então trabalhar em *O Livro dos Médiuns*. Com as três obras publicadas, só me restou reescrever também *O Céu e o Inferno* e *A Gênese*. Para finalizar a missão, reescrevi *Obras Póstumas*. A obra menos lida é *O Céu e o Inferno*, mas é a que mais traz esclarecimentos sobre a verdadeira vida após a morte, pois foram os próprios Espíritos que vieram nos dar o seu testemunho de como é a vida na espiritualidade.

210. FATALIDADE – PARTE 1

Existe fatalidade nos acontecimentos da vida? Tudo está previamente marcado para acontecer? Nesse caso, como fica o livre-arbítrio? Antes de encarnar, o Espírito escolhe a prova pela qual vai passar, e aí está a fatalidade. Nesse momento, ele cria para si uma espécie de destino. Aqui, estamos nos referindo às provas de natureza material, porque, quanto às provas de natureza moral e às tentações, o Espírito, conservando o seu livre-arbítrio, sempre será livre para escolher entre o bem e o mal, assim como para ceder ou não a uma tentação.

Como fica se o Espírito não está em condições de escolher a sua prova? Nesse caso, os Espíritos responsáveis pela sua encarnação vão escolher aquela que será mais útil para o seu desenvolvimento. Na vida, nada acontece por acaso, ou melhor, o acaso não existe. Estamos nos referindo às decisões mais importantes, porque, nas pequenas coisas, sempre haverá a influência dos Espíritos, para um lado ou para outro, e caberá somente a nós repelir essa influência com o auxílio do livre-arbítrio.

É possível alguém morrer de morte natural se a sua hora ainda não chegou? Não! Ninguém morre antes que chegue a sua hora. Sobre isso, temos milhares de exemplos. Quantos não sofrem acidentes terríveis e saem ilesos, contrariando todas as previsões. Entretanto, quando chegar sua hora, nada poderá impedir. Então, se ninguém morre antes da hora, as preocupações para evitá-la são inúteis? Não, porque essas preocupações não permitem que ela aconteça antes do tempo previsto. Se alguém para na beira de um precipício poderá, por um descuido, antecipar sua morte, mesmo sem intenção de fazê-lo.

Um acontecimento em que a pessoa sente a morte de perto sempre mudará, para melhor, sua conduta em relação aos cuidados com a própria vida. É um aviso, vindo do alto, para que a pessoa repense sua maneira de agir. É o caso das experiências de quase morte (EQM). Os que passam por ela relatam seu deslocamento por um túnel de luz e, ao final, são informados de que precisam voltar porque sua hora ainda não chegou. Esse túnel representa a passagem de um plano para outro. Os que passam pela EQM abandonam o supérfluo e passam a dar para a vida o valor que ela realmente merece.

211. FATALIDADE – PARTE 2

Ao escolher sua existência, o homem que comete um homicídio sabia que se tornaria um assassino? Não, até porque ninguém reencarna para ser assassino, mas, ao escolher uma vida de enfrentamentos, tem consciência de que poderá matar um de seus semelhantes. Entretanto, ignora se o fará, até porque, antes de cometer o crime, a decisão será sempre sua. Aquele que decide fazer alguma coisa é sempre livre para fazer ou não. Se soubesse antecipadamente que, como homem, cometeria um assassinato, seu Espírito estaria predestinado a isso. Ninguém é predestinado ao crime ou a qualquer outro ato. Isso será sempre o resultado da vontade e do livre-arbítrio.

Não podemos confundir duas coisas bem distintas: os acontecimentos materiais da vida e as ações da vida moral. Se, por vezes, há fatalidade, ela se manifesta apenas nos acontecimentos materiais, cuja causa está fora do homem e independe da sua vontade, como um terremoto, por exemplo. Já as ações da vida moral emanam sempre do próprio homem, que, por isso mesmo, terá sempre a liberdade de escolha. Para essas ações, nunca há fatalidade.

Muitas vezes, os costumes sociais empurram o homem a seguir um determinado caminho em detrimento de outro. Por exemplo: se alguém estudou engenharia, tem que ser engenheiro; se estudou medicina, tem que ser médico, e assim por diante. Ao seguir a opinião pública quanto à escolha de suas ocupações, não estará o homem abrindo mão do seu livre-arbítrio? Sim, com toda certeza! Mas são os próprios homens que fazem os costumes sociais, e não Deus. Quem se submete a esse controle só poderá acusar a si mesmo. Quantos não há que preferem ter uma vida de sacrifícios, mas com um diploma debaixo do braço, a descer alguns degraus? A opinião pública não levará em conta esse esforço, mas Deus perguntará: "fizeram tudo isso por vaidade? Como querem agora culpar a fatalidade pela vida de sacrifícios que tiveram?"

Seguidamente, é o orgulho que impede os homens de serem felizes com aquilo que a vida lhes oferece. Preferem ostentar a ter que aceitar profissões menos nobre, onde certamente seriam mais felizes trabalhando no que gostam!

212. O CONHECIMENTO DO FUTURO

O futuro pode ser revelado ao homem? Em princípio, o futuro lhe é oculto. Somente em casos excepcionais, Deus permite que ele seja revelado. E por que isso acontece? Se o homem conhecesse o futuro, descuidaria do presente e não agiria com a mesma liberdade. Ele seria dominado pelo pensamento de que, se uma coisa tem que acontecer, não adianta ocupar-se com ela. Ao cuidar do presente, o homem contribui para o seu progresso e para o progresso do todo de uma forma geral.

Se é útil para o homem que o futuro permaneça oculto, por que Deus permite que, algumas vezes, ele seja revelado? O conhecimento prévio do futuro só é liberado se for para facilitar a execução de algum empreendimento que venha em benefício de todos. Isso induz o homem a agir de modo diferente do que faria caso não tivesse esse conhecimento. O conhecimento do futuro não deixa de ser uma prova para o homem, pois isso pode despertar pensamentos bons ou ruins.

Por exemplo: se alguém fica sabendo que receberá uma herança com a qual não contava, isso poderá lhe despertar o sentimento da cobiça. Pela perspectiva de aumentar seus prazeres terrenos, pelo desejo de possuir mais cedo a herança, ele pode até mesmo desejar a morte daquele que vai lhe deixar a fortuna. Ou, então, essa perspectiva poderá despertar pensamentos generosos, como o de ajudar a muitos com o dinheiro que vai ganhar. Caso a previsão não se cumpra, ele enfrentará a prova da decepção. No entanto, nem por isso deixará de ter o mérito ou o demérito pelos pensamentos bons ou maus que a expectativa de receber a herança lhe despertou interiormente.

Se Deus sabe que iremos fracassar numa determinada prova, por que Ele nos submete a ela? Deus não se envolve em nossas decisões assim como imaginamos. A prova tem por objetivo colocar-nos frente a frente com a tentação do mal, deixando-nos todo o mérito da resistência. Fracassar ou não será sempre uma escolha nossa. A partir do momento que adquirimos o livre-arbítrio, passamos a ser os juízes de nós mesmos, e somente a nossa consciência teremos que responder, a mais ninguém!

213. A JUSTIÇA

O sentimento de justiça é um sentimento natural ou é o resultado de ideias adquiridas? É um sentimento natural, porque a simples ideia de injustiça já nos deixa revoltado. O progresso moral desenvolve o sentimento de justiça, mas não pode criá-lo. O sentimento de justiça foi colocado por Deus em nossos corações, e ele se manifesta em todos os níveis, por isso pessoas simples e incultas podem ter noções mais exatas de justiça do que pessoas de grande saber. Existe a justiça divina e a justiça dos homens. A divina alcança todos os nossos erros, aqueles que cometemos contra nós mesmos e aqueles que cometemos contra a sociedade. A dos homens alcança somente os erros que cometemos contra a sociedade.

Se a justiça é uma lei natural, por que damos a ela tantas interpretações? Se uma coisa é justa para uns, não deveria ser para todos? Sim, deveria, mas é o próprio homem que altera o sentimento de justiça, quando mistura a ele as suas paixões. Se uma coisa é justa no claro também deverá sê-lo no escuro, não existe outra possibilidade. Não cabem interpretações! A justiça consiste no respeito aos direitos de cada um, e eles estão contidos em dois princípios: a Lei Humana e a Lei Natural.

A Lei Humana é feita pelos homens e estabelece direitos que variam com o progresso dos conhecimentos. Ela está apropriada aos nossos costumes e ao nosso caráter. As leis atuais, embora imperfeitas, não concedem os mesmos direitos que as leis da Idade Média, por exemplo. Esses direitos antiquados, que hoje parecem monstruosos, pareciam justos e naturais naquela época. Assim, o direito estabelecido pelos homens nem sempre está de acordo com a verdadeira justiça.

A Lei Natural pode ser resumida nas palavras do Cristo: "Façam aos outros o que gostariam que os outros fizessem a vocês". Na incerteza de como proceder em relação ao meu semelhante, numa determinada circunstância, devo perguntar: "como gostaria que ele procedesse em relação a mim?" Não existe guia mais seguro que a nossa própria consciência. Se uma coisa não é boa para mim, também não pode ser para o meu semelhante.

214. A VIRTUDE – PARTE 1

A virtude é o conjunto de todas as qualidades que constituem o homem de bem. Infelizmente, elas são quase sempre acompanhadas de pequenas falhas morais que a desmerecem e a enfraquecem. Aquele que se vangloria de suas virtudes não é virtuoso, pois lhe falta a principal qualidade: a modéstia! E porque tem o principal defeito: o orgulho. A verdadeira virtude não gosta de se exibir, ao contrário, é preciso descobri-la, pois ela se esconde no anonimato e foge da admiração das massas.

Aquele que é verdadeiramente virtuoso nem desconfia, pois pratica o bem sem interesse algum que não seja o de ajudar. Ele se esquece de si mesmo em benefício dos outros. Para agradar a Deus, não é preciso seguir esta ou aquela religião, basta somente fazer a caridade desprovida de qualquer vaidade. Existem pessoas boas que possuem poucos recursos intelectuais, mas estão sempre prontas a deixar de lado seus interesses em benefício dos interesses alheios. São esses os verdadeiros virtuosos.

Jesus, o Espírito mais evoluído que encarnou entre nós, não tinha religião. Apenas servia a Deus com humildade. Toda moral desse Mestre se resume à caridade e à humildade, ou seja, às virtudes contrárias ao orgulho e ao egoísmo. Jesus não coloca a caridade apenas como uma das condições para a salvação, e sim como a condição única. Se houvesse outras a serem consideradas, ele as teria mencionado. Se Jesus coloca a caridade como a primeira das virtudes, é porque ela contém, implicitamente, todas as outras, ou seja, a humildade, a mansidão, a bondade, a indulgência, a justiça e assim por diante. Ninguém pode ser caridoso se for egoísta, vaidoso e se vangloriar do bem que faz.

O termo "salvação" vem da linguagem figurada do quadro que Jesus fez do Juízo Final, em que ele destaca uma ideia dominante: a felicidade reservada ao justo e a infelicidade reservada ao pecador. Mesmo sabendo que o Juízo Final não existia, ele precisava usar essas comparações para que o povo daquela época pudesse compreender a essência do seu ensinamento.

215. A VIRTUDE – PARTE 2

Qual a mais meritória dentre todas as virtudes? Todas as virtudes têm o seu mérito, porque todas são sinais de progresso no caminho do bem. Sempre haverá virtude quando nos afastamos das más tendências. A maior de todas as virtudes consiste no sacrifício do interesse pessoal em benefício do próximo, sem segundas intenções. A mais meritória das virtudes é aquela que tem por base a mais desinteressada caridade.

As pessoas que fazem o bem com naturalidade fizeram o seu progresso em existências anteriores. Para elas, os bons sentimentos não custam nenhum esforço e suas ações parecem todas naturais. Para essas pessoas, fazer o bem tornou-se um hábito. Nos mundos mais avançados, o que na Terra é exceção, lá é regra. Nesses mundos, o sentimento do bem está por toda parte e é espontâneo, porque eles são habitados somente por Espíritos bons. Uma única intenção maligna seria para seus habitantes uma monstruosidade.

Assim como não nos lembramos mais de como é viver na Idade da Pedra, porque isso ficou para trás, quando desenvolvermos a virtude de fazer o bem, não nos lembraremos mais de como era fazer o mal, porque isso também terá ficado para trás. Existe um limite para as virtudes? Não, porque elas podem ser cultivadas ao infinito. Quanto mais trabalharmos para adquiri-las, mais precisaremos trabalhar para mantê-las.

O homem virtuoso não tem consciência das virtudes que possui, pois elas já foram incorporadas ao seu caráter. O interesse pessoal é, sem dúvida, o que mais leva o homem a manifestar a sua imperfeição. É uma barreira intransponível para que ele adquira virtudes. Qualquer que seja a virtude, uma vez desenvolvida, é patrimônio adquirido. Aquele que é honesto será honesto em qualquer situação, mesmo naquelas em que isso possa lhe trazer algum prejuízo. As virtudes que incorporamos ao nosso caráter retornarão conosco ao mundo dos Espíritos. Ninguém melhora ou piora só porque desencarnou. Se numa encarnação não adquirimos virtudes, também não perdemos as já conquistadas. Daí a afirmação: na senda do progresso, o Espírito jamais regride.

216. AS PAIXÕES

A paixão pode ser considerada um mal em si mesma? Não! A paixão torna-se má quando é excessiva e se alia a uma vontade desenfreada. O princípio que dá origem à paixão foi colocado em nós para que desenvolvêssemos o lado bom das coisas, e ela pode nos levar a grandes realizações.

Como podemos definir o limite onde as paixões deixam de ser boas e passam a ser más? Elas se tornam prejudiciais a partir do momento em que não conseguimos mais dominá-las. Podemos classificar as paixões como sendo alavancas que multiplicam as nossas forças e nos auxiliam na execução de diversos trabalhos. Quando colocamos paixão naquilo que fazemos, dificilmente, teremos insucesso. Entretanto, temos que estar sempre no comando, porque, se deixarmos que elas nos dirijam, caímos nos excessos, e nesse caso, a própria força que em nossas mãos seria utilizada para o bem acabará por nos esmagar.

Se a paixão não fosse uma ferramenta para o progresso, Deus não a teria disponibilizado para os homens. Todas elas têm o seu princípio num sentimento ou numa necessidade da natureza. Tudo aquilo que fazemos em excesso acaba por nos fazer mal, seja em que atividade for. A água, que é um líquido precioso para nossa sobrevivência, se tomada em excesso pode nos prejudicar ao invés de matar a sede. Assim, toda paixão que se aproxima da natureza animal afasta-nos da natureza espiritual.

Existem paixões irresistíveis? Não! O que existe é a vontade de alguns em trilhar o caminho da perversão. A vontade do homem sempre será maior do que qualquer paixão, se assim ele o desejar. O fardo é proporcional à força de quem o carrega! Muitos dizem "eu quero", mas a vontade está apenas nos lábios. Eles querem, mas ficariam satisfeitos se não acontecesse o que querem. Esses são os que se comprazem com suas mazelas. Não querem abandonar seus prazeres em detrimento de uma melhor condição moral.

Em termos de evolução espiritual, os habitantes da Terra ainda estão na infância, e o caminho a ser percorrido, infelizmente, ainda é muito longo. É por isso que o progresso intelectual não acompanha o progresso moral.

217. A VELHICE

Esse tema é muito difícil de ser abordado, uma vez que todos estamos caminhando para ela e com a mesma velocidade. Como a velhice se manifesta de diferentes formas e varia de pessoa para pessoa, aquele que não desencarnar antes de ficar dependente da caridade alheia terá que, obrigatoriamente, passar por essa experiência. Deveríamos ter um acerto com a divindade no sentido de que, quando perdêssemos a capacidade de fazer as coisas por nós mesmos, estaria na hora de retornar para o mundo dos Espíritos, de onde viemos.

Na terceira dimensão, onde estamos vivendo, tudo está sob a ação do tempo. Sendo assim, tudo está envelhecendo, tanto as coisas materiais quanto os corpos orgânicos. Cada um recebe a realidade de ver o seu corpo envelhecer de um modo diferente. Aquelas pessoas que são mais espiritualizadas possuem a tendência de lidar um pouco melhor com essa fase, mas as pessoas materialistas, aquelas que não acreditam em nada e que colocam todas as suas possibilidades na vida presente, têm muita dificuldade de aceitar o envelhecimento e não conseguir mais fazer as coisas que antes fazia com facilidade.

Na quarta dimensão, onde estão os nossos pensamentos e onde vivem os Espíritos desencarnados, o tempo é percebido de maneira completamente diferente. O envelhecimento, tal como o conhecemos aqui na Terra, lá não acontece. Ao contrário, basta que o Espírito desencarnado pense numa idade na qual se sentia bem para que o seu corpo astral adquira essa aparência.

A mente, por ser imaterial e estar noutra dimensão, não sofre a ação do tempo. O problema é que ela tem que carregar o corpo físico, que envelhece e tolhe a manifestação de suas faculdades. A velhice é, sem dúvida, uma prova para aquele que tem que enfrentá-la. No entanto, ela torna-se uma prova muito maior para aqueles que ficam responsáveis por seus entes queridos. Quanto mais prolongada ela for, maior será a provação. Essa deterioração do corpo físico somente acontece nos mundos inferiores como a Terra. Nos mais adiantados, o corpo não tem a materialidade do nosso, por isso não envelhece dessa forma.

218. NÃO COLOCAR A CANDEIA (VELA) DEBAIXO DO ALQUEIRE (CAIXOTE)

Jesus disse: "Não existe ninguém que, após ter acendido uma candeia, a cubra com um vaso, ou a coloque debaixo da cama. Ela deve ser colocada sobre o velador, a fim de que aqueles que entrem vejam a luz. Porque não existe nada de secreto que não deva ser descoberto, nem nada de oculto que não deva ser revelado a todos" (Lucas, 8:16 e 17).

Deus, em Sua prudente sabedoria, só revela as verdades gradualmente, à medida que a humanidade está preparada para recebê-las. Ele mantém o conhecimento reservado, mas não o coloca debaixo do alqueire. Cada coisa deve vir a seu tempo, pois a semente plantada fora da época não germina. Aquilo que, por motivo de prudência, é ocultado da sociedade num determinado momento, cedo ou tarde deverá ser revelado. Ao atingir um certo grau de desenvolvimento, os homens procuram, eles mesmos, o esclarecimento, uma vez que a ignorância pesa sobre seus ombros.

Alguns homens, quando possuíam esse conhecimento, tratavam de escondê-lo do povo, com o objetivo de dominá-lo. São esses que verdadeiramente colocavam a luz debaixo do alqueire. Foi por isso que todas as religiões tiveram seus mistérios e não permitiram que eles fossem revelados. Entretanto, enquanto essas religiões permaneceram atrasadas, a ciência e a inteligência avançaram e romperam o véu dos mistérios. O homem foi aos poucos aumentando seus conhecimentos e sua capacidade de compreensão.

Hoje, quer conhecer os mistérios a fundo. Ele não aceita mais a fé que contraria as suas observações, pois sem a luz da razão, a fé se enfraquece. Não pode haver mistérios absolutos, e Jesus está com a razão quando diz que não existe nada de secreto que não deva ser revelado. Aquilo que o homem ainda não pode compreender na Terra lhe será sucessivamente revelado em mundos mais adiantados, à medida que estiver mais evoluído. Por enquanto, ele se encontra em meio a um nevoeiro. Os temas que não puderam ser explicados por Jesus foram aqueles que deram margem a interpretações tão diversas. Coube à ciência, de um lado, e ao Espiritismo, de outro, revelarem as novas Leis da Natureza, possibilitando a compreensão das palavras do Mestre.

219. O Espiritismo

O Espiritismo vem hoje explicar os diversos pontos obscuros que não puderam ser explicados no tempo de Jesus, mas não o faz de maneira imprudente. Os Espíritos transmitem as suas instruções com muito cuidado. Abordam as diversas partes da Doutrina de maneira sucessiva e gradual. Outras partes serão reveladas no momento adequado. Se os Espíritos tivessem revelado todos os pontos de uma só vez, poucos seriam aqueles que conseguiriam entender. A maioria ficaria assustada e se afastaria por não ter condições de acompanhar os ensinamentos, o que, certamente, prejudicaria a sua propagação.

Se eles ainda não disseram tudo abertamente é porque cada coisa deve vir a seu tempo. Os Espíritos não querem colocar a candeia debaixo do alqueire e reservar certos mistérios a alguns privilegiados. Assim, antes de apresentarem um ensinamento novo, dão a cada um o tempo necessário para que amadureça e se propague. Somente quando o antigo foi assimilado e aceito pela maioria é que surgem os novos. Desde os tempos de Kardec até hoje, a Doutrina Espírita trouxe inúmeros conhecimentos novos, que só puderam ser compreendidos porque o terreno já estava preparado.

Quando Jesus recomendou aos Apóstolos para que não fossem pregar aos pagãos, não fez isso por desprezar a conversão deles, pois isso seria falta de caridade, mas foi porque os judeus já acreditavam em um Deus único, portanto estavam preparados pela Lei de Moisés e pelos Profetas para receberem os ensinamentos.

Do mesmo modo que os Apóstolos, os espíritas devem procurar seguidores entre as pessoas de boa vontade, cujo número é muito grande, e que buscam um esclarecimento por já possuírem uma fé. Cada um receberá as verdades a seu tempo. Ninguém deve tentar impor a sua crença a quem quer que seja. Aqueles que não acreditam e se recusam a ver e compreender precisam ser respeitados. A insistência em convertê-los só fará com que se afastem ainda mais. É pela força das ideias que suas mentes irão se abrir para novas verdades e realidades. Quando o discípulo está pronto, o mestre aparece!

220. Benefícios pagos com ingratidão

O que pensar daqueles que, recebendo a ingratidão por um benefício prestado, deixam de fazer o bem com receio de encontrar outras pessoas ingratas? Esses são mais egoístas do que caridosos, porque fazer o bem esperando reconhecimento não é fazê-lo com desinteresse. São também orgulhosos, pois se comprazem na humildade com que o beneficiado vem agradecer por aquilo que recebeu. O benefício desinteressado é o único que agrada a Deus. Quem procura na Terra a recompensa pelo bem que faz não irá recebê-la no Céu.

Possui um grande mérito aquele que ajuda os fracos, mesmo sabendo que eles não poderão lhe pagar e muitos nem lhe agradecerão. Se Deus permite que sejamos pagos com a ingratidão é para experimentar a nossa perseverança na prática do bem. Como é possível saber se o benefício, esquecido no momento, trará bons frutos no futuro? Toda semente plantada, cedo ou tarde, germinará, mas infelizmente olhamos apenas para o presente. Os benefícios sempre abrandam os corações mais endurecidos. Aquele que recebe até pode esquecer aqui na Terra o benefício recebido, mas, quando retornar ao mundo dos Espíritos, ele se lembrará, e essa lembrança será para ele um castigo. É então que lamentará a sua ingratidão e desejará reparar sua falta, pagando sua dívida numa outra existência, muitas vezes até aceitando uma vida de devotamento ao seu benfeitor.

Sempre estaremos contribuindo para o adiantamento moral de um Espírito quando lhe concedemos a nossa ajuda e a nossa dedicação, mesmo que sejamos pagos com ingratidão. Um benefício jamais se perde. Quem trabalha visando à prosperidade alheia trabalha, antes de tudo, para si mesmo.

Se nos fosse permitido conhecer todos os laços que ligam a vida presente às existências anteriores, se pudéssemos compreender o grande número de relações que unem os seres uns aos outros, para que possam progredir juntos, admiraríamos ainda mais a bondade do Criador, que nos permite reviver, através das inúmeras encarnações, para chegar até Ele.

221. As federações espíritas

O Espiritismo é uma Doutrina que veio esclarecer os homens sobre as relações que existem entre o plano material e o plano espiritual e sobre inúmeros outros pontos que até então permaneciam sob o domínio do maravilhoso e do sobrenatural, por absoluto desconhecimento de suas leis. Infelizmente, ele vem perdendo força nos últimos tempos, e isso se deve à quantidade enorme de rituais e procedimentos, muitas vezes complexos e desnecessários, que estão sendo adotados pelos Centros Espíritas. Nesse ponto, quanto maior o Centro, mais difícil é para as pessoas conseguirem um atendimento.

Tudo isso é muito lamentável, pois a Doutrina Espírita nasceu simples e sem rituais. Seu próprio codificador tinha na simplicidade e no bom senso algumas de suas mais notáveis qualidades. Hoje temos triagem para tudo, e os protocolos requeridos para se chegar ao atendimento desejado são inúmeros. Isso faz com que muitos desistam por não se submeterem a toda essa burocracia. Nos Centros menores, onde tudo é mais simples, temos a impressão de que as pessoas são atendidas de forma mais fraternal.

O trabalho que realizamos com as obras básicas, trazendo-as para uma linguagem mais fácil, auxiliou milhares de irmãos espíritas por esse Brasil afora. Recebemos um sem-número de e-mails com relatos de pessoas que voltaram a ler o Evangelho e a fazer o Evangelho no Lar em função da facilidade da leitura. Infelizmente, não tivemos a mesma acolhida pelas federações estaduais, na pessoa de seus presidentes, que, do alto do seu saber e da sua pretensa importância, não quiseram perder tempo com um trabalho que não era fruto de uma tradução original. Preferiram continuar com a linguagem difícil, reclamada por todos, sem se preocuparem com as pessoas que têm dificuldade na leitura. Já nos Centros menores, onde a simplicidade predomina, nosso trabalho teve um acolhimento maravilhoso.

Conforme escrevemos antes, foi com muito pesar que presenciamos a mudança de atitude daqueles que chegaram à presidência de Centros

Espíritas. Parece mesmo inacreditável, mas o poder transformou completamente seu modo de agir, nem parecem ser as mesmas pessoas. Para nossa tristeza, os presidentes de federações comportam-se da mesma forma.

222. Caminhando e observando

Outro dia, estávamos caminhando devagar e observando o mar, a areia e os diversos pássaros que se alimentavam na beira da praia. Como é pródiga a natureza e como ela se renova a cada dia, desde que o homem não interfira. Num determinado momento, nos perguntamos: "como pode não ter existido, até hoje, em todo o mundo, uma onda igual à outra?" Pela Lei das Probabilidades, isso já deveria ter acontecido, mas não, as probabilidades não se aplicam, e as repetições não acontecem, pois elas tendem ao infinito. Muito estranho!

Mais adiante, ficamos observando como os pássaros conseguem retirar os peixes de dentro da água para se alimentarem e com que rapidez eles fazem isso. Sabemos que qualquer objeto dentro da água sofre o efeito da refração, ou seja, ele não está no lugar onde nossos olhos o enxergam. Então, como os pássaros sabem disso se eles nunca estudaram ótica?

Toda sujeira que encontramos em nossa caminhada provinha do homem. Que tristeza ter que admitir que a espécie humana, a única dotada de inteligência e com capacidade de raciocínio, é a responsável pela poluição. Por que tem que ser assim? Tentamos, mas não conseguimos uma explicação razoável. Por um momento, tivemos a certeza de que quanto mais o homem recebe da natureza, menos ele retribui. Será que não estamos sendo muito exigentes, querendo que tudo funcione corretamente? Achamos que não! Se cada um fizesse o mínimo, chegaríamos ao máximo.

Os Espíritos evoluídos nos dizem que a Terra é uma prisão. Que só vivem nela os Espíritos atrasados e que, à medida que se melhoram um pouco, deixam-na para viver em mundos melhores. Mesmo sendo uma prisão, não deveríamos ter um pouco mais de cuidado com ela? Quem gosta de conviver com sujeira dentro de casa e com cheiro ruim? Se a Terra é a nossa casa, não seria mais razoável conservá-la sempre limpa? De novo surge o conceito do público e do privado: aquilo que é de todos não é de ninguém! Somente o estudo e a conscientização podem mudar essa realidade. A caminhada continua e vem o pensamento: o que será que não fizemos para merecer como morada uma prisão?

223. Triste realidade

Há alguns anos, estávamos caminhando, eu e meu amigo, por uma cidade de porte médio situada na região norte do Brasil ao lado de um rio muito conhecido. O calor estava intenso, e para nós, que somos do Sul, era quase impossível caminhar por suas ruas. Mesmo assim, fizemos um esforço e continuamos. O que mais nos chamou a atenção foi o esgoto cru correndo pela sarjeta a céu aberto! As crianças só de calção e sem camisa brincavam na rua em meio àquele quadro desolador. Umas tentavam conter a correnteza do esgoto com as próprias mãos! Ficamos estarrecidos e quase não acreditávamos no que estávamos assistindo.

Fomos tomados por uma grande revolta, mas não havia o que fazer. Será mesmo que não havia? Será que todos na cidade não estavam pensando como nós, ou seja, não temos o que fazer, somos obrigados a conviver com essa realidade. E as autoridades, onde estavam? Ah, sim! Em seus gabinetes com ar-condicionado, porque o calor na rua era quase insuportável, principalmente para quem usa terno e gravata! Temos a certeza de que, com bem menos de um vigésimo do que os políticos desviam para o fundo partidário, visando suas reeleições, seria o suficiente para canalizar aquele esgoto e dar ao menos uma vida mais digna para aquelas pessoas. Inúmeras doenças provenientes daquele ambiente tão insalubre poderiam ser evitadas.

Aqui é possível visualizar a materialização da Lei de Causa e Efeito. Os Espíritos que estão encarnados e vivendo nessa cidade, certamente, não fizeram boas obras em suas encarnações anteriores. Eles não estão lá por acaso, uma vez que o acaso não existe! Então, se eles são merecedores do que estão passando, não seria melhor deixá-los cumprir sua pena, através da vida miserável que estão levando? Claro que não! Esse pensamento só pode vir de pessoas que não se importam em fazer a caridade. A ninguém é dado o direito de julgar seus semelhantes. Temos a obrigação de minimizar o sofrimento de nossos irmãos, mesmo sabendo que é a justiça divina que está se cumprindo. Assim, os que estão no poder e nada fazem, certamente, sofrerão amanhã o que estão negligenciando hoje. A lei se cumpre, independentemente da crença dos homens.

224. Espiritismo e magnetismo

O Espiritismo e o magnetismo nos dão a chave para compreender uma infinidade de fenômenos sobre os quais a ignorância criou várias fábulas, em que os fatos são exagerados pela imaginação. O conhecimento esclarecido sobre essas duas ciências, que na verdade são apenas uma, é a melhor defesa contra as ideias supersticiosas. Ao mostrar a realidade das coisas e suas verdadeiras causas, eles revelam aquilo que é possível e aquilo que é impossível; o que está nas Leis na Natureza e o que não passa de uma crença ridícula.

O dom de curar, pela simples imposição das mãos, é realmente possível? Quando se juntam a pureza dos sentimentos e o desejo ardente de fazer o bem, a força magnética pode realmente curar, porque, quando isso acontece, os bons Espíritos sempre vêm em auxílio daqueles que são portadores dessas qualidades. O princípio é sempre o mesmo, ou seja, a introdução de um fluido bom no lugar de um fluido deletério. A imposição das mãos funciona para um sem-número de casos, mas não pode curar tudo. Existem situações em que o mal já se instalou de tal forma que necessita de procedimentos mais específicos.

Os casos mais comuns, em que o magnetismo exerce a sua ação curadora, estão nas pequenas feridas da pele, como as verrugas, por exemplo, quando a benzedeira impõe suas mãos com o desejo ardente de curá-las. Se o atendido acredita no que está sendo feito, ele contribui muito com sua fé. A imposição de mãos também tem efeito salutar sobre as dores em geral e os sintomas provenientes de sentimentos negativos, em que a simples troca de fluidos atenua muito o problema.

O passe magnético, ministrado na Casa Espírita, tem por objetivo repor as energias daqueles que estão desvitalizados. Como o magnetizador retira a energia do seu próprio corpo físico, existe uma cota que ele pode doar, e além dessa cota, as pessoas nada mais recebem. Por isso, eles não podem atender mais do que 4 ou 5 pessoas por dia. Já o médium passista é um canal por onde escoa a energia dos bons Espíritos, assim, ele pode atender um número maior de pessoas. Qualquer um pode impor suas mãos para curar, basta ter fé.

225. Os pactos e o poder oculto dos talismãs

Existem pactos firmados entre os homens e os maus Espíritos? Não! No entanto, a pessoa que deseja praticar o mal, pelo simples fato de alimentar esse desejo, chama, inconscientemente, os maus Espíritos, que correm para ajudá-la. Essa pessoa fica, então, na dependência de Espíritos inferiores, por sintonizar com os maus pensamentos que esses Espíritos lhe sugerem, e não porque existe entre eles qualquer tipo de pacto.

Pode alguém vender sua alma a Satanás para obter certos favores? Primeiro é preciso esclarecer que Satanás é a personificação do mal, e não uma entidade que realmente exista. Portanto, ele representa os inúmeros Espíritos inferiores que estão sempre prontos a atender ao pedido dos que desejam a riqueza ou certos favores que facilitem seus negócios terrenos.

Ao receber a ajuda dos Espíritos inferiores para conseguir o que desejam, essas pessoas ficam presas a eles, assim, quando desencarnarem, terão que trabalhar para pagar o benefício pretensamente recebido. Em outras palavras, serão escravos do outro lado da vida. Não existe "almoço grátis". Os prazeres que desfrutaram na Terra, não desfrutarão no mundo dos Espíritos até que resgatem suas faltas através de novas provas, normalmente maiores e mais difíceis.

Qual o efeito prático da leitura de fórmulas previamente escritas, das manifestações exteriores, como gestos e gritos, das quais certas pessoas se utilizam para contar com a cooperação dos Espíritos? Essas pessoas tornam-se ridículas, se agem de boa-fé. Todas as fórmulas são ilusões e não passam de engodo. Não existe nenhuma palavra sacramental, nenhum sinal cabalístico, nenhum talismã que tenha qualquer ação sobre os Espíritos. Apenas o pensamento os atrai. Os Espíritos que indicam esta ou aquela fórmula zombam das pessoas crédulas que neles acreditam. O talismã pode proteger alguém? Aquele que é ingênuo o suficiente para acreditar na virtude de um talismã possui um objetivo mais material do que moral. A crença num talismã, ou numa proteção externa qualquer, não deixa de ser um sinal de fraqueza que favorece a ação dos Espíritos infelizes, sempre prontos a perturbar e a tudo responder!

226. As drogas

Quem já não recebeu o seguinte conselho dos pais antes de ir a uma festa: "meu filho, te cuida, vê se não bebe muito, é perigoso, faz mal". Quem pode dizer de sã consciência que, no meio da festa, se lembrou do conselho e pensou: "poxa, minha mãe pediu para eu não beber muito, acho que já chega, vou parar, preciso obedecê-la, seguir seus conselhos". É claro que isso não existe, trata-se apenas de uma lembrança pela qual todos já devem ter passado.

O problema das drogas tomou proporções que estão muito além de qualquer expectativa. Há alguns anos, ninguém poderia imaginar que tudo chegaria ao ponto que chegou. Não existe uma nação no mundo que esteja livre desse flagelo. A droga hoje é um problema mundial. Temos que conviver com ela e torcer para que nenhum dos nossos enverede por esse caminho.

Posso dizer que nunca experimentei qualquer tipo de droga ilícita. Não porque sou virtuoso, mas porque sou medroso. O medo de provar e gostar sempre foram uma constante, por isso nunca provei. E curiosidade, nunca teve? Não! O medo era tão grande que nem isso eu tive. Talvez o único conselho que poderíamos dar aos jovens é: não experimentem em hipótese alguma! Não caiam na ilusão de que comigo não vai acontecer; sou mais forte; só se vicia quem é fraco; paro quando quiser! Nessa área, todos somos fracos, e ninguém está acima de nada. Aqueles que estão viciados hoje começaram com esse mesmo pensamento. Basta fazer uma pesquisa e quase todos vão confirmar o que estamos dizendo. Então, se todos têm consciência de que a droga é um caminho quase sem volta, por que experimentam? À luz da lógica e da razão, não há resposta para essa pergunta.

As más influências são, sem dúvida, o pior inimigo. Por isso, a atenção dos pais é fundamental. É preciso agir de modo efetivo aos primeiros sinais.

A droga lesa o cérebro astral, por isso, na próxima encarnação, as sequelas serão inevitáveis. O cérebro astral lesado irá moldar um cérebro físico também com lesões. Muitos casos de demência e esquizofrenia estão ligados ao consumo de drogas em existências anteriores. Infelizmente, seus efeitos atravessam encarnações.

227. As drogas e o Espírito no plano espiritual

O maior problema a ser contemplado é que no plano espiritual a droga não existe. Para aqueles que atravessam a fronteira da morte, a vontade de consumir, além de continuar, fica muitíssimo aumentada. Será preciso um tratamento de desintoxicação feito em hospitais especializados da espiritualidade, e isso pode levar muito tempo. Às vezes, a dependência é tão grande que os benfeitores decidem pela reencarnação compulsória. Entretanto, para evitar a reincidência, ela não poderá passar da pré-adolescência, pois o vício está no corpo astral, que é o corpo dos desejos, e não no corpo físico, como muitos pensam. A esse número pertencem os jovens que desencarnam prematuramente e que ninguém compreende. Eles terão que reencarnar em breve para continuar seu processo de desintoxicação. A cada mergulho na carne, os fluidos deletérios que ficaram impregnados no corpo astral vão sendo drenados pelos novos corpos físicos.

Então, quantas encarnações serão precisas? Dependerá sempre do estado em que se encontra o corpo fluídico. Se ele foi muito lesado, elas precisarão ser muitas. Só por aí é possível perceber o quanto é difícil para um usuário de drogas ficar totalmente livre do seu vício. E pensar que tudo começou por uma ingênua curiosidade. Mais uma vez, não experimentem, é a única coisa que podemos pedir. Fiquem com a curiosidade que maltrata, mas não mata!

O livre-arbítrio é respeitado em todos os mundos habitados, pois é uma aquisição do Espírito encarnado ou desencarnado, não importa. Assim, muitos não se submetem ao tratamento nos hospitais da espiritualidade e ficam junto aos encarnados sugando as emanações fluídicas da droga. Com isso, conseguem saciar em parte o vício que ainda possuem. É o vampirismo espiritual. Como essa emanação fluídica não tem o mesmo efeito que consumir a droga diretamente, eles induzem os encarnados a consumir mais e mais. São os casos de overdose, onde o encarnado, assediado pelos Espíritos que o rodeiam, perde o controle sobre o que está consumindo e colapsa seu corpo físico. Muitos leitores podem não acreditar que seja assim, mas, infelizmente, é o que acontece. Se a visão astral dos que consomem droga pudesse ser aberta, deixaria a todos estarrecidos.

228. Perante a morte

Todos nós ainda temos muita dificuldade em aceitar a morte, e isso faz dela uma coisa terrível para aqueles que ficam. O apego ao corpo físico, que encerrou a sua caminhada, talvez seja a maior dificuldade a ser vencida. Não se consegue imaginar o Espírito sem o corpo que acabou de falecer e transferir para esse Espírito todas as nossas esperanças de que ele efetivamente não morreu. Temos dificuldade de imaginá-lo vivendo numa outra dimensão que é invisível aos nossos olhos. É difícil compreender que tudo aquilo que sentimos e pensamos é recebido pelo Espírito recém-desencarnado e que, por isso, devemos controlar nossas emoções.

O Espírito, logo após o desencarne, entra num estado de perturbação que pode ser descrito como uma mistura de sonho e realidade. Assim, ele não consegue distinguir aquilo que é real daquilo que é pensamento. Isso lhe causa uma angústia muito grande. A diferença de vibração entre um plano e outro é a maior responsável pela agonia vivenciada por aqueles que desencarnam. Desse modo, é fundamental que os familiares, principalmente os entes queridos mais próximos, mantenham a serenidade diante de algo que está consumado e que não poderão mudar somente porque desejariam que não fosse assim. Quanto antes aceitarmos o que não tem retorno, melhor pata todos.

Então os espíritas, que sabem que a morte não existe, que a separação é apenas temporária e que muito em breve poderão reencontrar com o seu ente querido não sofrem tanto quanto as pessoas que não possuem esse entendimento? Seria muito bom se isso fosse verdade, mas, infelizmente, não é o que acontece, pois quando a chuva cai no seu quintal, ele também acusa o golpe e sofre tanto quanto os demais. A única diferença é que, por ter o entendimento que a Doutrina lhe proporciona, sabe que toda demonstração de desespero, através de gritos e choros compulsivos, atordoam ainda mais o recém-desencarnado. Sabe que durante o velório é preciso evitar as conversas paralelas, as risadas e manter o respeito. Pensamentos que ajudam: "você terminou sua missão na Terra, procura aceitar sua nova vida, com fé e esperança no futuro, porque em breve estaremos juntos novamente".

229. A influência dos Espíritos nos acontecimentos da vida

Os Espíritos exercem alguma influência nos acontecimentos da vida? Certamente, o intercâmbio entre um plano e outro é muito maior do que se pode imaginar. É um erro pensar que os Espíritos só se manifestam em Centros Espíritas ou por meio de fenômenos extraordinários. Não percebemos a ação dos Espíritos porque ela é contínua, e aquilo que é feito com o auxílio deles nos parece muito natural.

Por exemplo: eles podem provocar o encontro entre duas pessoas, e estas julgarão ter se encontrado por acaso; inspirar a alguém o pensamento de passar por um determinado lugar; chamar a nossa atenção para um ponto qualquer, se isso for do interesse deles, e assim por diante. Ao agir sem aparecer, os Espíritos deixam os homens pensar que seguem seus próprios pensamentos e exercem livremente o seu livre-arbítrio.

Na Questão n. 526, de *O Livro dos Espíritos*, Kardec pergunta:

Os Espíritos, possuindo ação sobre a matéria, podem provocar alguns efeitos, a fim de que se realize um acontecimento? Por exemplo: um homem deve morrer; sobe numa escada, a escada se quebra ele efetivamente morre. Foram os Espíritos que quebraram a escada para que o destino daquele homem se cumprisse?

R – Os Espíritos realmente agem sobre a matéria, mas para o cumprimento das Leis da Natureza, e não para revogá-las, fazendo surgir, em determinado lugar e no momento certo, um acontecimento inesperado e que seja contrário a essas leis. No exemplo citado, a escada se quebrou porque estava gasta e fraca para sustentar o peso do homem. Se o destino desse homem fosse morrer dessa maneira, os Espíritos lhe inspirariam a ideia de subir na escada que se quebraria com o seu peso. Assim, sua morte se daria por um "acidente" natural, sem que para isso fosse necessário um milagre.

Na Questão n. 528:

Um homem mal-intencionado dispara uma arma contra outro, mas a bala passa de raspão e não o atinge. Um bom Espírito pode ter desviado a trajetória da bala?

R – Se a pessoa não deve ser atingida, um Espírito bom pode lhe inspirar o pensamento de se desviar, ou pode ofuscar a pontaria do atirador impedindo que ele acerte; porque a bala, uma vez disparada, seguirá a sua trajetória.

Nos dois exemplos acima, fica claro de que forma os Espíritos podem interferir em nossas vidas. Será sempre através do pensamento, e nunca derrogando as Leis da Natureza para que algo se realize. Se os Espíritos interferissem desse modo sobre a matéria, o homem seria sempre seu refém.

230. Os Espíritos da Natureza ou Elementais – parte 1

Os Espíritos da Natureza se manifestam nos quatro elementos básicos: ar, terra, fogo e água. Eles são denominados, respectivamente, de sílfides, gnomos, salamandras e ondinas. Existem outros, mas esses são os mais importantes e os mais conhecidos. São seres invisíveis que estão presentes em todos os reinos da natureza. Manifestam-se nos minerais, vegetais, animais e no homem. O principal objetivo desses Espíritos é o restabelecimento do equilíbrio e da harmonia das forças físicas da natureza. Qual é o hábitat natural desses Espíritos? Eles vivem no mundo espiritual em regiões compatíveis ao seu grau de evolução. Por estarem ligados à natureza, encontram nela um espaço especial. Estão no planeta Terra cumprindo uma parte da sua etapa evolutiva em direção ao reino hominal. Os Espíritos da Natureza não distinguem o bem do mal e podem ser direcionados pela vontade dos homens para potencializar os diversos fenômenos da natureza.

Nos trabalhos de Apometria, eles são utilizados, principalmente, na "limpeza de ambientes". As salamandras queimam e desintegram as formas-pensamento que se formam em lugares onde houve discussões, brigas e desentendimentos, por exemplo. As sílfides retiram o ar pesado desses ambientes e os trocam pelo ar das matas, dos campos e do litoral. As ondinas trazem a água do mar e executam uma limpeza profunda nos ambientes contaminados pelo pensamento desajustado dos homens. Somos testemunhas dos relatos entusiasmados das pessoas que têm seus lares limpos pelos Espíritos da Natureza. Dizem estar morando noutro lugar e não sentem mais aquele ar abafado e sufocante. Depois que terminam a limpeza, sempre será preciso dar um comando para que eles retornem aos seus sítios vibratórios, caso contrário, seguirão trabalhando.

Assim como a nossa vontade pode direcioná-los para o bem, também pode direcioná-los para o mal, uma vez que não possuem vontade própria. Ao longo de toda história, eles foram usados por feiticeiros, magos, bruxas e iniciados de todos os matizes para potencializar suas maldades. Conseguiam desse modo resultado que as pessoas comuns não obtinham. Aqueles que se beneficiaram desses seres inferiores tiveram encarnações terríveis.

231. Os Espíritos da Natureza ou Elementais – parte 2

Os Espíritos da Natureza constituem um reino de entidades ainda não humanas. São seres que concluíram seu processo evolutivo nos reinos inferiores, ou seja, já passaram pelo reino vegetal e animal. Nesse momento, estão vivendo a fase de transição, que é denominada de Elemental. Eles ainda não possuem os sete corpos dos homens. Seus corpos, mental inferior e superior, ainda não estão despertos, por isso não possuem livre-arbítrio, discernimento e consciência moral. O processo de entrada no reino hominal, ou melhor, o instante sideral em que eles se individualizam como Espíritos humanos e adquirem a luz da razão e o livre-arbítrio, apenas Deus conhece. Suas primeiras encarnações, como humanos, será em planetas primitivos, em sintonia com o seu grau evolutivo.

Os Espíritos da Natureza são seres que obedecem a determinadas hierarquias e não agem sozinhos. Eles só conseguem ser efetivos quando trabalham em conjunto. Reúnem-se em massas inumeráveis para produzir as intempéries. Estão presentes nas chuvas, nas tempestades, nos furacões, nos terremotos, nos incêndios, enfim, em todas as manifestações que dizem respeito ao clima de um modo geral.

Os Elementais são responsáveis pela manipulação das energias primitivas ligadas à natureza e podem trabalhar tanto para potencializar o bem quanto o mal. Quando essas energias são direcionadas para o bem, é possível conseguir a cura de muitas doenças, principalmente em lugares ainda virgens como cachoeiras, matas, praias etc. O aumento do potencial energético disponível nesses lugares pode ser utilizado para despolarizar as cargas magnéticas desajustadas e, ao mesmo tempo, polarizar as cargas positivas.

Enquanto aguardam a sua individualização como Espíritos humanos, eles servem a obra divina trabalhando, sempre em conjunto, nos diversos espaços que a natureza lhes oferece. É em vão que os cientistas procuram na Terra o elo perdido entre o homem e o animal. A natureza não dá saltos, não se pode dormir como animal e acordar como homem. Deus nada faz de inútil.

232. A PUREZA DOUTRINÁRIA

A Doutrina Espírita, infelizmente, está perdendo muitos adeptos pelas decisões equivocadas que vem adotando ao longo dos últimos tempos. Existem Casas Espíritas que chegam ao cúmulo de ter pessoas encarregadas de fazer a triagem dos livros que podem ou não serem colocados à venda nas bibliotecas. Quem detém conhecimento suficiente para determinar o que pode e o que não pode ser lido? Não seria muita pretensão?

Ao agir assim, a Casa Espírita coloca todos os frequentadores numa condição desprezível, pois declara que eles não têm condições de escolher o que é bom em termos de literatura espírita. Em outras palavras, vocês só podem ler o que foi selecionado. Qualquer outra leitura pode ser prejudicial. Será que alguém gosta de ser tratado dessa forma? Será que os espíritas são tão incompetentes assim?

Somos obrigados a dizer que tudo isso provém da famigerada pureza doutrinária, em que somente as obras básicas e alguns autores têm permissão para se manifestar. Não temos nada contra absolutamente ninguém, mas impor esse tipo de controle parece não ter mais lugar nos dias de hoje.

É claro que as obras básicas são importantes e devem ser lidas, assim como a coleção de André Luiz e Emmanuel psicografada por Chico Xavier. São livros excelentes. Entretanto, a Doutrina não pode ficar engessada, ela tem que acompanhar as novas descobertas. Allan Kardec não disse tudo, até porque, se dissesse, as pessoas teriam ainda mais dificuldade de entendimento.

As verdades sobre a vida espiritual precisavam ser liberadas exatamente da maneira como foram. Devemos lembrar que até hoje muitos não conseguiram compreender o que os Espíritos disseram. Tudo evolui, e a Doutrina Espírita não pode ficar para trás. É claro que novos conhecimentos surgiram, e todos têm o direito de fazer seu próprio julgamento sobre o conteúdo disponibilizado. Não temos necessidade de censura prévia. Os tempos são chegados, e as verdades não podem mais ficar encobertas. Chegou o momento de o véu ser levantado. Assim, todos os autores espíritas são bem-vindos!

233. O FENÔMENO DO TRANSPORTE

Esse fenômeno consiste na introdução ou retirada de objetos materiais de um recinto, pela ação invisível de um Espírito. Quase sempre são flores, algumas vezes frutos, doces, joias etc. O fenômeno do transporte é raríssimo e só pode ser realizado por um único Espírito e por um único médium. Para a obtenção desse fenômeno, é indispensável a presença de um médium de efeitos físicos que doe ectoplasma. Também é necessário que entre o Espírito e o médium exista uma imensa afinidade fluídica, porque o ectoplasma liberado pelo corpo do médium de efeitos físicos deve se combinar com o corpo astral do Espírito. O fluido nervoso descrito por Kardec, ou ectoplasma, é indispensável para a produção de todos os fenômenos mediúnicos. Como ele é atributo exclusivo do encarnado, o Espírito operador fica obrigado a se impregnar desse fluido.

Além da combinação especial entre os dois fluidos, a quantidade de ectoplasma doado pelo médium de efeitos físicos deve ser abundante, caso contrário, o Espírito nada poderá fazer. O médium dormindo doa mais ectoplasma do que no estado de vigília. Assim, o Espírito, ao combinar uma parte do seu fluido com o ectoplasma do médium, consegue envolver, ocultar e transportar o objeto escolhido. O aporte acontece mesmo que o recinto esteja fechado. Para aqueles que estão acompanhando o fenômeno, o objeto surge do nada, simplesmente aparece no local em que o Espírito escolheu. Isso causa espanto e admiração para aqueles que desconhecem como o fenômeno se processa. Quanto mais pesado for o objeto a ser transportado, maior deve ser a quantidade de ectoplasma disponibilizado pelo médium. Por isso, os objetos transportados são sempre de pequeno porte.

O fenômeno de transporte é muito difícil de ser produzido em público, visto que, se o Espírito não simpatizar com alguém da plateia, ele não conseguirá envolver, ocultar e transportar o objeto. Se no recinto houver pessoas que não acreditam ou até mesmo zombem, o transporte também não se realizará. A descrença emana uma energia negativa que tem a propriedade de dispersar os fluidos necessários para que o fenômeno ocorra. Desse modo, aquele que disser que consegue realizar o fenômeno do transporte à vontade e com hora marcada estará mentindo.

234. O amor e o sexo

Embora possa haver uma confusão entre amor e sexo, eles são duas forças quase contrárias. O amor, em sua essência, nada tem a ver com sexo. Enquanto um nos induz a um sentimento de posse, a realização de um desejo, o outro nos liberta e nos eleva como seres humanos. O sexo é algo material que o tempo se encarrega de fazer passar, o amor é duradouro e transcende a existência atual, ou seja, ele pode ser transportado do mundo material para o mundo espiritual e não se perde. Enquanto um é finito, o outro é infinito.

Talvez a grande diferença entre amor e sexo seja a de que o prazer é uma sensação, e o amor é um sentimento. O sexo pode ser desvirtuado, utilizado de forma desregrada e se tornar um vício. Já o sentimento de amor, ao contrário, não pode ser desvirtuado nem distorcido, porque, se isso ocorrer, ele não será mais amor, será outro sentimento, como vingança, ódio, qualquer coisa, menos amor.

Quando o sexo se transforma em vício, ele precisa ser constantemente renovado, causando o subsequente desgaste de que todo o viciado é portador. Com o amor, isso é impossível, pois ele é um sentimento que não precisa ser renovado, ou ele existe ou não. O amor alimenta os desejos da alma, enquanto o sexo, os do corpo físico. Um é espiritual, o outro é material.

O amor é renúncia. Aqueles que amam verdadeiramente renunciam ao que for preciso para manter vivo esse sentimento. O sexo é necessário para a manutenção da espécie. Quando ele é utilizado de forma saudável, torna-se uma força ativa, um companheiro que impulsiona o homem para grandes realizações. Se não fosse assim, Deus não o teria liberado.

O sentimento do amor, uma vez despertado no homem, só obedece a uma tendência: crescer a cada encarnação. Ele nunca poderá retroceder! O sexo, ao contrário, termina com a morte do corpo físico, por isso não pode ascender a planos mais sublimes como o amor. O amor pode gerar a sua própria alegria, pode bastar-se a si mesmo, o que já não acontece com o sexo, que sempre precisará de um coadjuvante!

235. O Livro dos Espíritos

O Livro dos Espíritos foi a primeira obra a ser lançada por Allan Kardec, em 18 de abril de 1857. Ele constitui um verdadeiro marco sobre o que as pessoas sabiam a respeito dos Espíritos: quem são? Onde vivem? O que fazem? Como era um tema totalmente desconhecido para a humanidade, Kardec, por ser um homem metódico e extremamente didático, optou por fazer um livro de perguntas e respostas.

Os assuntos foram divididos em capítulos onde, em cada um, o codificador aborda um tema diferente. Inicia perguntando: Que é Deus? O que devemos entender por infinito? Poderíamos dizer que Deus é o infinito? Onde podemos encontrar a prova da existência de Deus? São 1.019 perguntas onde Kardec teve a perspicácia de perguntar aos Espíritos sobre uma série de coisas que todos gostariam de uma resposta.

Alguns itens abordados: o conhecimento do princípio das coisas; a formação dos mundos; os vários mundos habitados, com a confirmação de que a Terra não é o único mundo com vida; como se deu o povoamento da Terra; quem são os anjos e os demônios; objetivos da encarnação; continuidade da vida após a morte; como a alma se liberta do corpo para retornar ao mundo espiritual; escolha das provas antes de reencarnar; fatalidade;

intervenção dos Espíritos no mundo material; Leis Morais, divididas em: Leis de Deus, adoração, trabalho, reprodução, conservação, destruição, sociedade, progresso, igualdade, liberdade, justiça, amor e caridade. Pergunta também sobre virtudes e vícios; paixões; perda de pessoas amadas; medo da morte; o nada; a vida futura; punições e recompensas; ressurreição da carne; paraíso; inferno; purgatório; pecado original; dentre inúmeros outros assuntos.

Consideramos *O Livro dos Espíritos* como um divisor de águas. Uma obra que veio para despertar a humanidade terrena no sentido de encarar a vida sob um aspecto totalmente novo. A vida na Terra é apenas uma passagem, a verdadeira vida é a espiritual. O corpo de carne é transitório, uma vez que sofre a ação do tempo e envelhece. Nosso corpo astral não envelhece, e ainda é possível plasmar nele a aparência que desejarmos.

236. O Livro dos Médiuns

O segundo livro das obras básicas foi *O Livro dos Médiuns*. É um verdadeiro tratado sobre a mediunidade. Ele explica como acontecem os fenômenos mediúnicos; de que modo os Espíritos se manifestam e como eles agem sobre a matéria. Retira da manifestação dos Espíritos o lado maravilhoso e sobrenatural ao mostrar que eles seguem leis que até então nos eram desconhecidas. Descreve sobre a necessidade do intercâmbio que deve haver entre os Espíritos e os homens para que ocorram as manifestações físicas, tais como: as mesas girantes, as batidas, os ruídos, o arremesso de objetos, o fenômeno do transporte, a escrita direta, a levitação e inúmeras outras manifestações.

O Livro dos Médiuns esclarece a todos que carecem de uma explicação fundamentada em leis, e não em abordagens superficiais. Explica os fenômenos da bicorporeidade, ou seja, como uma pessoa viva pode aparecer em dois lugares ao mesmo tempo; como um Espírito faz para se tornar visível; a transfiguração, ou melhor, como alguém pode se apresentar com a fisionomia de uma pessoa que já morreu; o fenômeno da vidência e da clarividência, de que forma ocorrem a obsessão, a fascinação e a subjugação.

Faz uma classificação completa dos diversos tipos de médiuns e discorre sobre cada um deles. Médiuns falantes, videntes, sonâmbulos, curadores, mecânicos, de efeitos físicos, psicógrafos, de passagem, de pressentimento e assim por diante. Esclarece como a mediunidade pode ser educada e aprimorada e como aqueles que a possuem devem agir para não perdê-la. Como um Espírito faz para se comunicar através da escrita e como eles conseguem fazer para alterar a caligrafia do médium, fazendo com que esta se pareça com a do Espírito comunicante no tempo em que ele estava encarnado. Explica como uma pessoa mediunizada pode se expressar em idiomas que não conhece nesta encarnação. Finalmente, faz um alerta sobre os cuidados que todos devem tomar para não serem enganados por aqueles que pretendem fazer dos fenômenos mediúnicos um modo de ludibriar ou de obter ganhos pecuniários.

237. O Evangelho Segundo o Espiritismo

O Evangelho Segundo o Espiritismo é, seguramente, o livro mais lido dentre todos os que compõem as obras básicas. Ele trata, de maneira clara e objetiva, sobre a missão de Jesus na Terra e suas diversas parábolas. Inicia com Jesus dizendo que não veio destruir a lei e que o seu reino não é deste mundo. Fala sobre os diversos mundos habitados onde Jesus nos diz que há muitas moradas na casa do Pai. Esclarece sobre a reencarnação: "Ninguém pode ver o Reino de Deus se não nascer de novo"; necessidade da reencarnação e seus limites; justiça das aflições, ou seja, ninguém sofre por sofrer, para tudo há um motivo e uma explicação.

Explica as diversas parábolas de Jesus, entre elas: todo aquele que se eleva será rebaixado; fazer aos outros o que gostaríamos que os outros nos fizessem; bem-aventurados os puros de coração, os mansos e os pacífico, os que são misericordiosos; amar o próximo como a si mesmo; se alguém bater na sua face direita, apresenta-lhe também a outra; que a sua mão esquerda não saiba o que faz a sua mão direita; honrar pai e mãe; fora da caridade não há salvação; não se pode servir a Deus e a Mamon; muitos são os chamados e poucos os escolhidos; a fé que transporta montanhas; haverá falsos cristos e falsos profetas; dar de graça o que de graça se recebe, e inúmeras outras.

Todas essas passagens são explicadas por Espíritos superiores, que elucidam as questões por um ângulo que até então não havia sido abordado. Diversos Espíritos conhecidos, que viveram na Terra, vieram dar a sua contribuição, entre eles: Fénelon, Erasto, Santo Agostinho, São Luís, João o Evangelista, Lázaro, Hahnemann, Pascal, Emmanuel, São Vicente de Paula, Caritas, Paulo o apóstolo, e muitos outros que preferiram não declinar seus nomes. Como é possível observar, são vários os Espíritos que pertenceram à Igreja Católica, quando encarnados, e que vieram dar a sua contribuição e o seu esclarecimento à luz dos conhecimentos espíritas.

O Evangelho Segundo o Espiritismo é uma obra cuja leitura diária esclarece e acalma os corações sedentos por uma palavra de consolo.

238. O Céu e o Inferno

Essa obra de Kardec talvez seja a que mais traga informações a respeito da vida além-túmulo. Na primeira parte, Kardec aborda temas polêmicos, como a existência do Céu, do Inferno, dos Limbos e do Purgatório. Esclarece sobre as penas eternas, o pecado original, os anjos segundo a Igreja e segundo o Espiritismo, os demônios segundo a Igreja e segundo o Espiritismo. Todos eram temas muito difíceis de serem abordados na época em que o livro foi escrito, 1865, devido à forte influência que a Igreja exercia na França e em toda a Europa.

Utilizando a doutrina da fé raciocinada, Kardec comprova, por meio de argumentos irrefutáveis, a impossibilidade de as coisas serem como a Igreja até então ensinava. Precisou ter muita coragem para lutar contra o status quo vigente e colocar as ideias sobre todos esses assuntos nos seus devidos lugares. Por isso, foi muito perseguido pelo clero e teve sua saúde severamente comprometida pelos embates que travava com os membros da Igreja.

Na segunda parte de *O Céu e o Inferno*, ele inicia com uma descrição sobre a passagem do plano material para o plano espiritual. Explica com detalhes como ela acontece, fazendo uma descrição sobre a perturbação que se inicia um pouco antes do desencarne e acompanha o Espírito por um tempo mais ou menos longo, dependendo de como foi a sua vida na Terra. Depois, ele traz o testemunho dos Espíritos que desencarnaram e o que eles encontraram do outro lado da vida. São relatos impressionantes, em que é possível ver com clareza a relação que existe entre a vida que o Espírito viveu na Terra e o que ele está colhendo no mundo espiritual. Percebe-se nitidamente a Lei de Causa e Efeito, com todas as suas nuances.

Kardec utilizou a seguinte classificação: Espíritos felizes; em condições medianas; sofredores; suicidas; criminosos arrependidos; Espíritos endurecidos ou obstinados; expiações terrenas etc.

O Céu e o Inferno é uma obra magnífica pelo conteúdo que traz. São os próprios Espíritos que vêm nos confirmar a veracidade sobre os ensinamentos trazidos pela Doutrina Espírita, sem deixar margem a dúvidas.

239. A Gênese

São diversos os assuntos tratados no último livro das obras básicas. Em *A Gênese*, Kardec inicia pelo caráter da revelação espírita, onde ele explica que o Espiritismo emana da Providência, visto que não foi o resultado da iniciativa de nenhum homem. Os pontos fundamentais da Doutrina provêm do ensinamento dado pelos Espíritos encarregados por Deus de esclarecer os homens sobre as coisas que eles ignoravam e não poderiam aprender por si mesmos. O ensinamento espírita não é privilégio de nenhum indivíduo, pois é transmitido a todos do mesmo modo. Assim, o que caracteriza a revelação espírita é o fato de a sua origem ser de natureza divina e de a iniciativa pertencer aos Espíritos. Ao homem coube apenas o trabalho de organizar e codificar o conteúdo trazido pelos Espíritos.

Nos capítulos seguintes, são abordados os temas: a existência de Deus; a origem do bem e do mal; o instinto e a inteligência; a destruição dos seres vivos uns pelos outros; o papel da ciência na *Gênese*. No capítulo 6, "Uranografia geral (descrição do Céu)", o Espírito Galileu descreve sobre o Espaço e o tempo; a matéria; os sóis e os planetas; os satélites; os cometas; a Via Láctea; as estrelas fixas; os desertos do Espaço; a eterna sucessão dos mundos; a vida universal e a diversidade dos mundos. Percebe-se claramente que Galileu é um Espírito de muita sabedoria, pois a descrição feita naquela época, sobre esses assuntos, é impressionante. *A Gênese* continua com o esboço geológico da Terra, com a descrição de todos os períodos da sua formação, as revoluções pelas quais o globo passou; o dilúvio bíblico; a gênese orgânica; a gênese espiritual; a gênese de Moisés, com os seis dias da criação e o paraíso perdido.

Na segunda parte, temos: os milagres segundo o Espiritismo; os fluidos; os milagres do Evangelho, com as diversas passagens de Jesus.

A terceira parte se divide em: as predições segundo o Espiritismo; teoria da presciência; as predições do Evangelho, com mais passagens de Jesus e, finalmente, os tempos são chegados, onde a Terra passará de um mundo de provas e expiações para um mundo de regeneração, com o bem predominando sobre o mal; e a nova geração de Espíritos que vão encarnar na Terra, para viver essa nova era.

240. VIDÊNCIA E CLARIVIDÊNCIA

A vidência e a clarividência são faculdades essencialmente anímicas, ou seja, pertencem ao próprio organismo do médium. A vidência é uma faculdade superficial; a clarividência é a mesma faculdade, porém com um alcance mais profundo. Ela pode se estender no Espaço, com o médium enxergando diferentes planos espirituais, ou no tempo, com o médium tendo a visão do passado, do presente e do futuro.

O médium vidente vê os Espíritos porque são eles que querem se tornar visíveis. No entanto, para que isso aconteça, é necessário que exista uma afinidade, uma combinação entre os fluidos do médium e do Espírito. Se os fluidos não se combinarem, o vidente não poderá ver o Espírito.

O médium clarividente possui uma espécie de segunda vista, uma vez que a visão mediúnica se sobrepõe à visão dos olhos de carne. Para esses, a visão do mundo espiritual e dos Espíritos é algo tão natural e espontâneo que eles nem suspeitam possuí-la. Pensam estar enxergando com os olhos do corpo físico, quando na verdade enxergam pelos olhos do corpo astral.

Para uma visão mais aprofundada, é preciso que o clarividente esteja num estado de transe. Assim, a clarividência sempre exige uma maior emancipação da alma do sensitivo, que somente ocorre quando ele está desdobrado, ou seja, separado do corpo físico. Em geral, para desdobrar-se, é preciso estar num estado de sonolência, não necessariamente dormindo. Nesse estado, o clarividente vai até o local dos acontecimentos e vê perfeitamente o que se passa. Quando retorna, lembra-se de muita coisa, mas não consegue se lembrar de tudo. Como a clarividência é um fenômeno subjetivo, é preciso estar atento aos fatos que os médiuns clarividentes narram sobre aquilo que viram, já que muitos, na ânsia de trazerem alguma novidade, acabam sugestionados pela própria imaginação exaltada. Muitos se aproximavam de Chico Xavier dizendo que gostariam de possuir a faculdade da clarividência, ao que Chico respondia: "Quem vê o lírio também vê o sapo". O homem, por ser pouco evoluído, veria mais Espíritos sofredores do que iluminados.

241. A LEVITAÇÃO

O fenômeno da levitação ocorreu em todas as épocas da humanidade. Ele sempre foi associado a um estado de pureza ou santidade daqueles que conseguiam reproduzi-lo, o que absolutamente não reproduz a verdade. Já falamos que, para o Espírito levantar um objeto, é preciso que exista no recinto pelo menos um médium de efeitos físicos doando ectoplasma. Se isso não acontecer, ele não conseguirá interagir com a matéria.

O Espírito, ao misturar o fluido que emana do seu corpo astral com o ectoplasma exsudado pelo médium, envolve o objeto e, pela ação da sua vontade, consegue levantar uma mesa, uma poltrona, um copo e assim por diante. No caso da levitação, retiramos o objeto e colocamos uma pessoa no seu lugar. Sempre haverá um Espírito responsável por trás de uma levitação, por isso ela é tão difícil de ser realizada.

O Sr. Daniel Douglas Home (1833-1886) era um poderoso médium de efeitos físicos. Ele combinava o ectoplasma que se desprendia em grande quantidade do seu corpo físico com o fluido que constituía o seu próprio corpo astral. Assim, ele saturava o seu corpo de carne com a combinação desses dois fluidos, e o seu corpo físico, momentaneamente animado, obedecia ao impulso proveniente da vontade do seu próprio Espírito, e não da vontade de um Espírito estranho, chamado para realizar a levitação. Esses casos são raríssimos, pois é necessária uma quantidade muito grande de ectoplasma para que o fenômeno se realize.

Essa é a explicação para o fenômeno da levitação que o Sr. Home produziu inúmeras vezes consigo e com outras pessoas. Ele o repetiu durante uma apresentação em Londres, com a finalidade de provar que os espectadores não eram vítimas de uma ilusão de ótica. Para tanto, fez, no teto da casa, uma marca a lápis e, enquanto estava suspenso, permitiu que as pessoas passassem por debaixo dele. Não satisfeito, saiu por uma das janelas do sótão e retornou pela outra. Portanto, não há nada de extraordinário no fenômeno da levitação, uma vez que ele obedece à lei da combinação dos fluidos que, antes dos esclarecimentos que a Doutrina Espírita veio trazer, nos era totalmente desconhecida.

242. Sofrer com resignação

Será a Terra um lugar de alegrias, um paraíso de delícias? Jesus já havia falado que haveria prantos e ranger de dentes para aqueles que nascessem nesse vale de lágrimas. É preciso imitar aquele que serviu de exemplo a todos. Quando estava no último degrau do desprezo e da miséria, estendido sobre o lixo, disse a Deus: "Senhor, conheci todas as alegrias da riqueza e fui reduzido à miséria mais profunda, obrigado, meu Deus, por querer experimentar bem esse seu servidor!"

Até quando os homens vão achar que o limite de tudo é a morte? Até quando vão pensar que depois da morte nada mais existe? Mesmo que fosse preciso chorar e sofrer uma vida inteira, o que representaria isso perante a eternidade? Perante as alegrias reservadas para aqueles que conseguiram suportar as provas terrenas com fé, amor e resignação?

A causa dos males de hoje está nos erros cometidos em vidas passadas. Assim, procurem o consolo para eles no futuro que Deus está preparando. Aqueles que mais sofrem podem se considerar os felizes da Terra, pois estão saldando suas dívidas com o passado. As provas foram escolhidas, no plano espiritual, antes de reencarnar, pois nos achávamos fortes o suficiente para suportá-las. Por que reclamar agora? Aquele que pediu a riqueza e o poder foi para enfrentar a luta contra a tentação e vencê-la. Aquele que pediu para lutar contra o mal moral e físico sabia que, quanto mais difícil fosse a prova, mais a vitória seria gloriosa. Ao vencer, depois da sua morte, ele deixaria escapar uma alma brilhante e alva, purificada pela expiação e pelo sofrimento.

E qual é o melhor remédio para o sofrimento terreno? Um só é infalível: a fé, ou seja, a confiança em Deus, pois ela sempre mostra a eternidade da existência, diante da qual os dias sombrios do presente pouco representam. Aqueles que creem são fortes pela firmeza da fé, e aqueles que duvidam por um segundo da sua eficácia sofrem com as angústias da aflição. Nessa mensagem, Santo Agostinho procura deixar clara a importância de sofrer sem reclamar, pois as provas foram escolhidas por nós mesmos antes de reencarnar.

243. A FELICIDADE NÃO É DESTE MUNDO

"Não sou feliz! A felicidade não foi feita para mim", exclama geralmente o homem em todas as posições sociais. O livro de Salomão, no Eclesiastes – Velho Testamento – diz: "A felicidade não é deste mundo". De fato, nem a fortuna, nem o poder, nem mesmo a juventude são condições suficientes para se obter a felicidade. Nem mesmo a reunião dessas três condições tão desejadas dá ao homem a felicidade. Seguidamente escutamos, nas classes mais privilegiadas, pessoas de todas as idades lamentando-se amargamente da condição em que se encontram. Assim, fica difícil compreender por que as classes trabalhadoras invejam tanto a posição dos afortunados.

Aqui na Terra, qualquer que seja a posição da criatura, cada um tem a sua parcela de trabalho e de miséria, a sua cota de sofrimentos e decepções, de onde é fácil concluir que a Terra é um planeta de provas e expiações. Estão totalmente enganados aqueles que acreditam, e tentam convencer os outros, de que a Terra é a única morada do homem; que somente nela e numa única existência é possível alcançar o mais alto grau de felicidade que a vida pode oferecer. Somente em raríssimas ocasiões e por um período muito curto a Terra oferece as condições necessárias à felicidade completa do indivíduo.

Podemos afirmar que a felicidade é uma ilusão na qual as gerações se lançam sucessivamente, sem jamais alcançá-la. Se o homem sábio é uma raridade, o homem totalmente feliz jamais foi encontrado. Aqueles que voltam seus olhos somente para a vida terrena até conseguem alguns períodos de grande satisfação, mas isso é tão passageiro que, se comparado com o restante da vida, ele praticamente desaparece. E notem que estamos falando dos felizes da Terra, daqueles que são invejados pelas multidões.

Então, onde está a felicidade? Está na evolução moral que cada Espírito realiza, tanto na Terra quanto no mundo espiritual. É impossível alguém ser feliz, mesmo sendo rico e tendo muitas posses, se ao seu redor só encontra a miséria e o sofrimento. A felicidade só será plena quando for compartilhada por todos, como acontece nos mundos felizes.

244. Devemos arriscar nossa vida por um malfeitor

Um homem corre perigo de morte. Para salvá-lo é preciso arriscar a nossa própria vida. Sabemos que ele é um malfeitor e que, se escapar, poderá cometer novos crimes. Devemos ainda assim arriscar-nos para salvá-lo? Essa questão não é fácil de ser respondida, por que estamos tratando de um malfeitor e de tudo o que ele representa para a sociedade.

O devotamento deve ser cego. Se socorrermos um inimigo, devemos também socorrer um malfeitor, que é um inimigo da sociedade. Ao socorrê-lo, não vamos evitar somente a sua morte, pois nos últimos minutos de vida o homem vê toda a sua última encarnação desfilar diante de si. Esse fato proporcionará a ele a chance se arrepender e a oportunidade de um reerguimento moral. Talvez a morte chegasse cedo demais para esse infeliz, e sua próxima encarnação poderia ser ainda mais terrível.

Àqueles a quem a ciência espírita esclareceu cabe ter a coragem de tirá-lo de sua condenação, e talvez esse homem, que teria morrido com ódio no coração e insultando a todos, se lance nos braços do benfeitor que teve caridade para com ele. Ainda assim, não devemos perguntar se ele vai agradecer ou não; ao salvá-lo, estaremos obedecendo à voz do coração, que nos diz: se puderem salvá-lo, salvem-no.

Muitos têm dificuldade em compreender essa passagem de *O Evangelho Segundo o Espiritismo*. Perguntam: para que salvar um assassino? Para ele continuar cometendo crimes? Se o pensamento fosse exclusivamente esse, ninguém se salvaria. As pessoas que hoje são boas e honestas outrora também foram assassinas. Elas só conseguiram se recuperar porque foram ajudadas.

Por se tratar de uma questão complexa, ela não pode ser analisada de forma isolada, é preciso abarcar o todo. A vida em sociedade obriga que as criaturas convivam umas com as outras, e é nessa convivência que elas vão aos poucos se melhorando. Se alguém vivesse apartado do tecido social não faria o mal, mas também não faria o bem, entretanto, segundo o ensinamento de Jesus, para progredir não basta não fazer o mal, é preciso fazer o bem.

245. Ser espírita

Todo indivíduo que estuda a Doutrina Espírita e sorve seus conhecimentos não poderá dizer quando desencarnar e encontrar a verdadeira vida: "ah, eu não sabia; eu não sabia que a vida continuava e que ninguém morria!" Essa, talvez, seja a grande diferença entre o Espiritismo e as outras religiões, pois nele tudo é mostrado às claras, não existem meias-palavras, não existem rituais a serem seguidos. As pessoas não precisam estar num templo para manifestar a sua fé. Ele ensina que toda manifestação vem do coração e precisa ser espontânea, caso contrário, não tem valor algum.

Então, por que o Espiritismo conta com tão poucos adeptos, se comparado às outras religiões? Talvez seja porque ele não aceita o meio-termo, o mais ou menos, ou a pessoa é ou não é! Às vezes, para seguir os ensinamentos espíritas, é preciso evitar certas atitudes que sabemos, antecipadamente, estarem erradas. Infelizmente, são poucos aqueles que estão dispostos a esse sacrifício. Preferem ficar com os benefícios que outras religiões concedem, ou melhor, manter o seu status quo. Essa é uma das causas que explica, em parte, o baixo número de adeptos.

Na Doutrina Espírita, não existe a figura de alguém repreendendo a nossa conduta; de alguém nos recriminando por termos feito isto ou aquilo. Toda cobrança vem do nosso foro íntimo, da nossa própria consciência, ou seja, somos os nossos próprios juízes. Como ninguém consegue fugir de si mesmo, o sentimento de remorso fica aumentado. A intensidade da cobrança é proporcional ao deslize cometido, e a consciência fica gritando aos nossos ouvidos: "você sabia que isso era errado..." Assim, só nos resta colher os frutos do arrependimento sincero e procurar não reincidir no erro.

Todo aquele que recebe o esclarecimento e concorda com ele fica automaticamente com sua responsabilidade aumentada. É um caminho sem volta. Lembremo-nos das palavras de Jesus: "Todo aquele que põe a mão no arado e olha para trás não está apto a entrar no Reino de Deus". Entretanto, muitos acham que o melhor mesmo é nem ter religião, pois assim não precisam prestar contas a ninguém. Como a morte está longe, dizem, não há motivos para preocupações, mas se esquecem das palavras do Mestre: "Conhecereis a verdade, e ela vos libertará".

246. O atendimento pela Internet

Estamos vivendo numa época em que quase tudo é feito pela Internet. Como todas as coisas, essa também tem dois lados. O primeiro é, sem dúvida, a facilidade que essa ferramenta trouxe às nossas vidas. O segundo é, infelizmente, a dificuldade de se falar com as pessoas. Temos a impressão de que ninguém mais tem tempo para atender a um telefone, para dar uma informação, para resolver um problema. As coisas estão ficando extremamente impessoais, e não estamos colhendo benefício algum com isso.

Existem sites cujo atendimento ao público somente é feito por robô de voz. Entretanto, se a pergunta foge do conteúdo que está no banco de dados, não se consegue obter a informação. Por mais que tente, o homem nunca será substituído pela máquina. Todos reconhecem o valor que os computadores têm em nossas vidas, mas eles não podem ser um fim em si mesmo. Existem problemas que só podem ser resolvidos se falarmos com um atendente, pois a máquina não consegue disponibilizar todas as respostas. O tempo que se perde ouvindo o menu, para depois escolhermos uma opção que esteja mais próxima daquilo que queremos, é enorme. Nesse caso, a ferramenta, em vez de agilizar o atendimento, só está atrapalhando, além de deixar os usuários extremamente irritados.

Não conseguir ser atendido por alguém é motivo de grande frustração, e as pessoas têm a sensação de que só servem para pagar o serviço, mesmo que ele não seja prestado. A moda agora é solicitar tudo pelo Whats: agendar uma consulta médica, marcar um banho para o pet, encomendar uma refeição, cortar o cabelo, e os exemplos tendem ao infinito. Mas será mesmo que isso pode ser considerado uma evolução? Não seria antes uma massificação, ou seja, tratar a todos de forma igual mesmo que as demandas sejam diferentes? Nos atendimentos que dizem respeito a serviços de energia elétrica, água, telefonia, canais pagos de televisão e outros, é quase impossível falar com alguém! Isso deixa-nos com uma sensação de vazio e impotência muito grande. Será que estamos mesmo evoluindo?

No mundo espiritual, a informática está bem mais avançada que na Terra. O que temos aqui é uma pálida reprodução do que vem de lá. Ainda assim, os Espíritos não abrem mão da convivência, das reuniões com entidades mais esclarecidas, do trabalho em comunidade etc. Tudo sem luxo e sem ostentação, porque, lá, o supérfluo não entra. Pensemos sobre isso.

247. O PECADO ORIGINAL

O pecado original é um ensinamento cristão que pretende explicar a origem da imperfeição humana, do sofrimento e da existência do mal através da queda do homem. Adão e Eva, quando estavam no Jardim do Éden, paraíso criado por Deus, podiam comer os frutos de todas as árvores, exceto de uma, a árvore do conhecimento do bem e do mal. Entretanto, Eva, influenciada por uma serpente, comeu o fruto proibido e em seguida deu para Adão, que também o comeu. Logo após esse acontecimento, foram expulsos do paraíso. A humanidade estava, desde então, condenada a passar a eternidade enfrentando provas e tormentos sobre a Terra.

Assim, segundo Santo Agostinho, criador da ideia do pecado original, toda pessoa nasce com a mancha desse pecado, ou seja, já nascemos pecadores sem termos feito nada para isso. Como é possível a humanidade inteira responder por uma coisa da qual não participou? Isso fere a razão e a lógica mais singela. Como a Igreja pôde colocar uma história como essa entre os seus dogmas? Isso não seria uma espécie de desprezo à inteligência alheia?

O verdadeiro pecado original está no egoísmo e no orgulho que presidem quase todas as ações dos homens; está na inveja e no ciúme que corroem os corações; na ganância daqueles que não se contentam com o que possuem e fazem qualquer coisa para auferir lucros indevidos; está na ostentação que perturba o sono; no amor ao ouro e ao dinheiro, que satisfazem todas as exigências do luxo, do conforto e do bem-estar; está, finalmente, em todas as más paixões das quais o homem ainda não conseguiu se libertar.

Um olhar mais apurado sobre esse tema nos remete a uma reflexão: como uma fábula inspirada num contexto religioso pôde se perpetuar e se manter viva até os dias de hoje? Talvez isso explique o porquê de os Espíritos dizerem que a humanidade vive num planeta inferior, ao qual eles chamam de prisão. Todos nós reencarnamos com uma multidão de pecados provenientes das encarnações anteriores, que somente as encarnações futuras poderão atenuar. Assim, não há necessidade de a Igreja nos criar mais um, sendo que este último não é culpa nossa!

248. O batismo

A origem do nome "batismo" vem do grego "baptites", que significa mergulhar, submergir. O apelido de Batista, dado a João, veio do costume que ele tinha de batizar as pessoas com a água do Rio Jordão. Por que João só batizava os adultos? Na época de Jesus, só se batizavam adultos porque eles tinham do que se arrepender e podiam compreender a diferença entre o certo e o errado, para se renovarem moralmente. Assim, diante do compromisso assumido de se melhorar, João Batista mergulhava, nas águas do Rio Jordão, a cabeça daqueles que aceitavam as condições que ele propunha. Portanto, era uma escolha de cada um. Ele batizou o próprio Jesus e o apresentou ao povo dizendo: "Eis o cordeiro de Deus, aquele que tira os pecados do mundo" (João 1: 29). Os hebreus tinham por hábito oferecer o sacrifício de um cordeiro "puro, sem manchas e sem defeito" a Deus, para remissão dos pecados. A expressão "que tira os pecados do mundo" foi interpretada como sendo um atributo de Jesus, o que não é correto. João, por ser médium, tinha a intuição de quem ele realmente era. Sabia que seus ensinamentos ajudariam as pessoas a se melhorarem, evitando assim, dentro do possível, cometer novos pecados.

As pessoas perguntavam a João Batista: como agir para ter uma vida melhor? Ao que ele respondia: "vocês devem cuidar dos pobres, dizer a verdade e serem justos com os outros". João nada mais fazia do que usar essa prática para ajudar as pessoas a se modificarem, a trilharem um caminho melhor.

A Igreja Romana, com a falsa justificativa de que era preciso lavar a alma das crianças recém-nascidas, para livrá-las da mancha do pecado original cometido por Adão e Eva, recomendava batizá-las o quanto antes, porque, se morressem prematuramente, não poderiam ir para o Céu! Essa lamentável deturpação do batismo é uma grande injustiça que a Igreja comete com João Batista, pois distorce totalmente o sentido original e puro do ato de batizar.

A Doutrina Espírita nos convida sempre ao raciocínio. Qual seria exatamente o significado do batismo? Firmar uma aliança com Deus? As crianças, porém, não têm condições de compreender essa aliança! Assim, será que Ele excluiria do Seu amparo os bilhões de homens que, por qualquer motivo, não puderam se batizar? E como ficariam aqueles que nasceram antes de Jesus? O batismo de hoje é um ritual sem valor agregado para quem o recebe. Para Deus, o que vale é a intenção, e essa só pode ser manifestada depois que a pessoa tem sua consciência despertada e pode exercer o seu livre-arbítrio.

249. Desprendimento dos bens terrenos

O apego aos bens terrenos é um dos maiores obstáculos ao nosso adiantamento moral e espiritual. Pelo desejo de possuirmos esses bens, destruímos nossos sentimentos de afetividade e colocamos nossas energias na conquista das coisas materiais. Sejamos sinceros: a riqueza proporciona uma felicidade sem problemas? Quando os cofres estão cheios, não existe sempre um vazio no coração? Deus aprova aquele que consegue sua fortuna através de um trabalho digno e honrado, mas essa satisfação não deve absorver todos os outros sentimentos e provocar a frieza do coração.

Entre a mesquinhez e o esbanjamento, Deus colocou a caridade, santa e salutar virtude que ensina o rico a dar sem orgulho, para que o pobre possa receber sem humilhação. Quer a riqueza tenha vindo de família, quer tenha sido adquirida pelo trabalho, nunca poderemos esquecer que tudo o que vem de Deus retorna a Deus. Nada na Terra nos pertence, nem mesmo o corpo que usamos. A morte nos liberta do corpo e de todos os bens materiais. Assim, não podemos nos enganar, uma vez que não temos a propriedade sobre nada, somos apenas usufrutuários e teremos que prestar contas do que recebermos.

A riqueza nos impõe o título de ministros da caridade na Terra, e tudo o que fizermos em benefício próprio pesará sobre nossos ombros quando o véu debaixo do qual nos escondemos se rasgar. É em vão que na Terra procuramos nos iludir chamando de virtude o que frequentemente não passa de egoísmo. O que chamamos de economia de previdência não passa de ambição e pão-durismo. O que chamamos de generosidade não passa de esbanjamento em benefício próprio. Ao deixar de fazer a caridade, um pai de família economiza, junta muito dinheiro e diz que tudo será para os filhos, evitando assim que eles caiam na miséria. Tudo isso é louvável, mas será que esse é o único objetivo a orientá-lo? Não estará ele se desculpando ante a sua própria consciência pelo apego aos bens terrenos? Estarão os filhos colhendo um bom exemplo? A verdade é que os bens terrenos nada valem perante a vida eterna do Espírito. Retornaremos com a roupa que formos enterrados!

250. Morrer pela pátria

Somos todos filhos de Deus, independentemente da cor da pele; recebemos as mesmas oportunidades através da reencarnação, não importa o lugar onde ela aconteça; temos as mesmas necessidades, os mesmos anseios e estamos todos aqui para evoluir. Sendo assim, não seria mais correto adotar a Terra como nossa pátria?

A divisão em países deve-se muito mais aos costumes de cada povo e ao clima do que a uma necessidade de dividir a humanidade em raças. Não faz o menor sentido alguém deixar seu país para defender sua pátria do inimigo! Mas que inimigo? Não somos todos irmãos? O Espírito propriamente dito não tem pátria, uma vez que ele reencarna no Brasil, nos Estados Unidos, na Arábia Saudita e assim por diante. Se olharmos pelo lado espiritual da questão, defender a pátria é uma missão criada por indivíduos transtornados mentalmente e imposta à força a jovens que não têm escolha.

Depois que o Espírito retorna ao mundo espiritual e passa a ter contato com o lado verdadeiro da vida, o sentimento de pátria fica muito atenuado. Ele percebe a inutilidade de ficar preso a um país ou a uma determinada raça. Tem consciência de que numa encarnação ele pode vir como palestino e noutra como judeu. Que tudo aquilo que ele idolatrava na Terra, no Espaço não tem mais serventia. Chega a ficar envergonhado de ter dado sua vida por um punhado de falsas verdades que só teve por objetivo alimentar o ego de homens com mentes fracas e desprovidos de todos os valores.

Mesmo sabendo que a morte é o ponto de chegada para todos, a guerra parece não tocar a consciência dessas criaturas. Se um crime já pesa nos ombros daquele que o comete, que dirá a morte de milhares. Até hoje não existiu uma nação no mundo que conseguiu dominar os vencidos e impor sua vontade. Por que será? Porque a Lei de Deus é progresso com liberdade, e não subjugação com domínio. No cemitério de Arlington, em Washington, chorei copiosamente ao ver as lápides de tantos jovens. Lembrei-me da música dos Incríveis: "No peito um coração não há... mas duas medalhas sim..."

251. Allan Kardec e o Espiritismo

Tudo começou em meados do século 18 em Paris. A elite francesa se reunia ao redor de uma mesa que girava sem que ninguém a tocasse. Depois, além de girar, ela começou a responder perguntas feitas pelos presentes. Como pode uma mesa responder perguntas? Isso era tão maravilhoso que a brincadeira durou por dois verões, coisa que naquela época era muito raro. Era a diversão do momento. Ninguém conseguia ver o lado sério do passatempo, até que Allan Kardec foi convidado a presenciar uma sessão. Também ele era cético e dizia que isso só seria possível se a mesa tivesse cérebro.

Assim que tomou contato com o fenômeno, Kardec logo percebeu que ali havia mais do que um simples passatempo. Começou então a fazer perguntas com maior profundidade e, à medida que os Espíritos iam respondendo, seu interesse foi aumentando. Passou a frequentar a casa dos médiuns e, num ambiente mais sério, iniciou seu trabalho.

Kardec tomou o cuidado de fazer a mesma pergunta para médiuns diferentes e ficou muito surpreso porque o conteúdo das respostas eram os mesmos. Como médiuns que não se conheciam poderiam dar a mesma resposta para perguntas sobre temas tão difíceis? Esse foi o início de tudo. Para ele, a brincadeira havia terminado. Preparava as perguntas antes das sessões com os médiuns e catalogava as respostas. Kardec, além de ser um professor extremamente metódico, tinha muita didática e um grande senso de organização.

Assim que o Espiritismo enveredou para o lado sério, as pessoas logo se afastaram, pois o que as interessava era somente o sobrenatural e o maravilhoso. Quando descobriram que eram os Espíritos quem manipulavam as mesas e respondiam às perguntas, a grande maioria duvidou. Kardec foi então ridicularizado e abandonado à própria sorte. "Como pode", diziam eles, "um professor tão inteligente e com uma carreira brilhante perder tempo com essas coisas?" Kardec, contudo, perseverou, e os Espíritos o avisaram que ele sofreria muito com os ataques de seus opositores, principalmente do clero. Teve sérios problemas de saúde, mas levou a termo a sua missão. Sempre teve o apoio dos bons Espíritos, que, graças a Deus, nunca o abandoaram. Obrigado, mestre!

252. Nicolau Copérnico e Galileu Galilei

Tanto Copérnico quanto Galileu foram desses gênios que a humanidade recebe, de tempos em tempos, para materializar na Terra o conhecimento que tinham no mundo espiritual antes de reencarnar. São Espíritos mais antigos, oriundos de outros orbes mais adiantados. Não fossem eles, seria impossível para o homem comum atingir o conhecimento que eles possuem.

Nicolau Copérnico foi um cientista polonês nascido no ano de 1473. Defendia a teoria heliocêntrica, ou seja, de que o Sol era o centro do nosso Sistema Solar, e não a Terra, como se imaginava naquela época. Sua obra Pequeno Comentário sobre as Hipóteses de Constituição do Movimento Celeste precisou ser interrompida diversas vezes, pois Copérnico temia as reações da Igreja Católica e o julgamento da Santa Inquisição, uma vez que a teoria heliocêntrica estava ganhando fama. Descobriu que o tempo que a Terra levava para dar uma volta completa ao redor do Sol era de 365 dias ou 1 ano. Asseverou também que, além de girar ao redor do Sol, ela girava sobre o seu próprio eixo num período de 24 horas, explicando assim o dia e a noite. É considerado um dos pais da astronomia moderna.

Galileu nasceu em 1564 na Itália e é considerado o pai da astronomia observacional. Sua maior contribuição, além de ter inventado o telescópio, foi a de afirmar que a Terra não era o centro do Universo, e sim o Sol, assim como já havia feito seu antecessor Copérnico. Por fazer essa afirmação, teve sérios problemas com a Igreja, que simplesmente não concordava com a teoria heliocêntrica e afirmava que a Terra era o centro do Universo e que tudo girava ao seu redor. O tribunal da Santa Inquisição, na pessoa do Papa

Urbano 8, exigiu que Galileu desmentisse o que afirmava, caso contrário, seria enviado para a fogueira. Galileu teve que desmentir e, ao sair do seu julgamento, teria dito a célebre frase: "E pur si muove", ou melhor, "e no entanto se move". Apenas em 1835 a Igreja Católica aceitou a teoria heliocêntrica.

Perguntamos: em quantos anos a decisão da Igreja em não renunciar a esse dogma não atrasou a ciência astronômica? O Espírito Galileu teve participação destacada em *A Gênese*, no capítulo "Uranografia geral (descrição do Céu)". Recomendamos a leitura.

253. Desencarnes coletivos

O problema dos desencarnes coletivos está inevitavelmente ligado às vidas passadas, não existe outra explicação. A lei que os rege seria mais ou menos esta: aquilo que plantaram juntos irão colher juntos. É de novo a justiça divina se cumprindo ao longo das encarnações futuras, o que comprova que nada fica impune, mesmo contrariando todas as aparências. "Fiz, mas ninguém viu, estou tranquilo, não serei descoberto!" Ledo engano.

Há alguns anos, tivemos a oportunidade de atender em nosso grupo um jovem que sonhava com o irmão que havia desencarnado num acidente aéreo acontecido no Brasil. No início, até achou normal sonhar com o irmão, pois a dor da perda era muito grande. Entretanto, passados três anos do fato, esse jovem continuava sonhando com o irmão. Perguntamos: "o que ele diz no sonho?" "Ele me olha, põe as mãos no rosto e começa a chorar. Pergunto o que ele quer, tento conversar com ele, mas ele não consegue parar de chorar". "Há quanto tempo isso vem ocorrendo?" "Iniciou depois de uns três meses do acidente aéreo".

Iniciamos abrindo os campos correspondentes à frequência vibratória do jovem que veio nos pedir ajuda. O irmão logo se manifestou através de um médium do grupo. No início, estava muito perturbado e emocionado, mas depois foi se acalmando. Disse que precisava contar sua história, pois estava arrependido e não havia nada de errado no infortúnio que havia sofrido.

O ano era 1916, durante a Primeira Guerra Mundial. Naquela época, o jovem capitão tinha por missão fazer a manutenção das aeronaves que seriam utilizadas em combate. Por não concordar com a guerra, ele sabotava, com muita maestria, os aviões que, depois de pouco tempo, caíam em pleno voo sem que fossem atingidos pelas forças inimigas. Na época, ninguém desconfiou de nada. O problema é que o nosso capitão tinha vários jovens que também pensavam como ele e o ajudavam. Essas coisas não podem ser feitas sozinhas. "Seus amigos também estavam no acidente?" Perguntamos! "Sim, já reconheci vários deles!" O grupo foi encaminhado para o hospital Amor e Caridade, onde irão preparar-se para uma próxima encarnação. O acaso não existe!

254. POR QUE OS HOMENS NÃO VEEM O MUNDO ESPIRITUAL

Muitos perguntam: para comprovar que os Espíritos existem realmente e que continuam vivendo após a morte do corpo físico, conforme ensina a Doutrina Espírita, não seria mais prático que Deus liberasse a visão do mundo espiritual para que todos tivessem a certeza de que ele realmente existe? Para fazer isso, seria preciso destruir a lei, pois o plano espiritual e o plano material estão em frequências vibratórias muito diferentes. Quem vive nas frequências mais baixas (os homens) não pode enxergar aqueles que vivem nas frequências mais altas (os Espíritos). Entretanto, o contrário não se aplica.

Ficaria muito fácil para os incrédulos se Deus pudesse abrir sua visão para tudo aquilo que duvidassem. Eles se tornariam uma multidão de "Santos Tomés". A fé é pré-requisito para tudo em nossa vida. Aquele que possui a fé vacilante estará sempre de acordo com as palavras de Jesus: "Vocês veem, mas não enxergam, ouvem, mas não escutam". A fé é algo que se adquire com o tempo, pois ela está ligada de alguma forma com a evolução do "ser" como um todo.

Enquanto a fé verdadeira não chega, temos aqueles que não acreditam em nada além do que podem presenciar e tocar. São os adeptos da doutrina materialista, aquela que embota os sentidos e fecha os horizontes para outras realidades além da matéria. Mas se todos sabem que o mundo dos Espíritos é o destino para os que estão na Terra, não seria mais razoável que as pessoas se interessassem em saber o que vem depois? Sim, com toda certeza, mas infelizmente não é o que acontece.

A matéria que conhecemos, formada de prótons, nêutrons e elétrons, representa apenas 4% de tudo o que existe no Universo; 26% seria matéria escura, assim denominada porque não emite radiações eletromagnéticas. Ela é responsável por manter o equilíbrio gravitacional entre as galáxias. A energia escura, que ainda não teve sua natureza descoberta, é responsável pelos outros 70%. Essa energia tenderia a acelerar a expansão do Universo. Assim, se a matéria da qual fazemos parte representa tão somente 4%, o bom senso indica que ainda estamos muito longe da verdade verdadeira!

255. A BREVIDADE DA VIDA

Aqueles que chegam aos 80, 90 anos conseguem avaliar com mais precisão a brevidade da vida e como tudo passa muito rápido. Quando crianças, tudo nos parecia ser bem maior do que realmente era. A impressão que se tinha era a de que os invernos e os verões eram intermináveis e que iriam durar para sempre. Logo vem a adolescência, com suas ilusões que a todos envolve, e quando percebemos, já somos adultos. Terminou o recreio! É hora de trabalhar e constituir família. Os filhos vão crescendo e tornam-se adultos. Quando os netos chegam, percebemos que é preciso desacelerar o ritmo. Olhamos para trás, e tudo passou muito rápido, quase nem nos demos conta. O crepúsculo começa a bater em nossa porta.

Aos poucos, vamos percebendo que não conseguimos mais fazer coisas que antes eram simples. Estamos definitivamente entrando em nossa etapa final. Passamos a agir menos e a observar mais. Agora é possível compreender a brevidade da vida e nos prepararmos para o retorno ao mundo dos Espíritos de onde viemos. Se analisarmos friamente, sem levar em conta o apego à família e às coisas que possuímos, tudo não passou de uma grande experiência. Somos hoje melhores do que outrora. Evoluímos dentro de nossas possibilidades, mas temos a convicção de que ainda falta muito. Se a passagem pela Terra fosse de apenas uma existência, a sensação seria a de que fizemos um serviço incompleto. Sem a reencarnação, todos, sem exceção, seriam devedores de nós mesmos. Assim, temos a certeza de que é preciso voltar para continuar nossa missão, que é a de evoluir rumo ao infinito!

Para finalizar, gostaria de dividir com vocês um fato que aconteceu. Minha irmã, que não acredita na reencarnação, quando ficou sabendo que eu iria dizer no livro que não existem milagres, nem santos, ficou muito brava comigo. "Como podes escrever uma coisa dessas? Eu sou devota de Santa Terezinha, então ela não existe? Isso é um absurdo! Qual a necessidade de te expor fazendo esse tipo de afirmação?" Na verdade, não soube responder. Qual a necessidade de desmistificar crenças? Talvez seja para colaborar com aqueles que já estão com a mente aberta e procuram novas verdades!

256. A EVOLUÇÃO DO ESPÍRITO

Todos nós, sem exceção, estamos no planeta Terra para evoluir. Aliás, esse é o único objetivo da encarnação. O termo "evoluir" é muito amplo e abrange um sem-número de possibilidades. Podemos evoluir trocando os vícios e as más tendências por pequenas virtudes que com o tempo irão crescer e se consolidar. Entretanto, qual poderá ser a evolução de um assassino? De um estuprador, por exemplo? Parece impossível que pessoas com esses perfis possam ser enquadradas como alguém que está evoluindo. No entanto, se analisarmos a questão por um outro ângulo, mesmo essas criaturas possuem amor por alguma coisa: pelo seu revólver, pelos amigos de infortúnio, pela mãe, por um filho e assim por diante. Isso não é muito pouco? Claro que é, mas é o começo de sentimentos que com o tempo irão se transformar em outros mais dignos.

Todos nós também já fomos maus num passado distante. Não existe uma criatura encarnada com bons sentimentos que não tenha saído das trevas da ignorância e da maldade. O problema é que uns percebem o erro e logo procuram se melhorar, enquanto outros nele se comprazem por diversas encarnações. O assassino que numa encarnação matou 50 e na próxima matou somente 5 não evoluiu? Mesmo parecendo uma monstruosidade, não tem como não admitir que houve uma evolução. Ninguém passa da convalescência à saúde plena de um dia para outro.

Se pudéssemos voltar ao tempo das cavernas e conviver com os que estão tendo suas primeiras experiências no reino hominal, certamente, ficaríamos espantados com o seu modo de proceder. Poderíamos ensiná-los a fazer as coisas de modo diferente, bem mais fácil! Então, somos melhores do que eles? Claro que não! Somos mais evoluídos, apenas isso. Já passamos por essa fase e não necessitamos mais dela. O mesmo deve acontecer com os Espíritos superiores em relação a nós. Ficam horrorizados com as coisas erradas que fazemos, mas sabem que somente pela evolução vamos sair da situação em que nos encontramos. Talvez seja por isso que em todos os tempos os homens mais preparados sempre disseram: "é somente pela educação que um povo ascende a condições melhores e a patamares mais dignos, não existe outro caminho".

257. O CONTATO COM SERES DE OUTROS ORBES

Há mais de 15 anos, temos tido contato com seres de outras dimensões, de outros planetas. Os mais intensos são com os irmãos de Órion. No início, ficamos muito apreensivos com as mensagens recebidas, pois tínhamos medo de estar sendo usados por Espíritos galhofeiros e brincalhões. Entretanto, como nos ensinou Allan Kardec, a mensagem deve ser analisada pelo seu conteúdo, e não por quem eventualmente assina! Se ela for falsa, cedo ou tarde irá se trair, pois ninguém consegue parecer o que não é por muito tempo. Por um período, foi isso o que fizemos: analisamos o conteúdo das mensagens que os médiuns estavam canalizando. Elas traziam técnicas novas de como manipular as energias com as quais já estávamos acostumados a trabalhar. Começamos introduzindo algumas delas e logo percebemos que a diferença era espantosa. As coisas se resolviam num tempo muitíssimo menor e com resultados muito melhores dos que vínhamos obtendo até então!

Isso deu ao grupo a confiança que faltava, e o intercâmbio se intensificou. Recebemos dezenas de técnicas novas, cada uma delas com um fim específico. Ficamos tão maravilhados que em um contato perguntei: "posso passar o que estamos recebendo para outros grupos espíritas que também trabalham com a técnica da Apometria?" A resposta foi taxativa! "Não! Cada grupo recebe de acordo com as suas possibilidades e com o seu merecimento. Outros grupos também estão recebendo outras técnicas. Fixem a mente no que está sendo passado e estarão contribuindo muito além do que podem imaginar!"

Atualmente, todas as técnicas que utilizamos no grupo provêm do ensinamento desses irmãos de Órion. Entre outras coisas, eles nos disseram que também já passaram pela fase que estamos passando neste momento e que foram muito ajudados, cabendo-lhes agora fazer o mesmo. O próprio Jesus havia dito: "Na casa de meu Pai há muitas moradas, pois se não fosse assim, eu já teria dito a vocês". Não conseguimos compreender o porquê de as pessoas não aceitarem o fato de que não estamos sozinhos no Universo. A Terra é um planeta insignificante dentro da modesta Via Láctea. A Lei das Probabilidades nos diz que é impossível haver vida somente aqui.

258. O POLITICAMENTE CORRETO

Nada está mais na moda do que o politicamente correto. De uns anos para cá, essa posição vem ganhando corpo, sobretudo entre os jovens. Antigamente, era comum chamar as pessoas utilizando adjetivos como: "negro", "negrinho", "negrão", "gordo", "veado", "puto", "bicha louca", "sapatão" e assim por diante. Tínhamos a impressão de que esses adjetivos não incomodavam aqueles que os escutavam, mas a evolução do pensamento mostrou que não era bem assim.

Para aquele que chama alguém de "negrão", por exemplo, tudo parece normal, mas será que para aquele que ouve também parece? Há um tempo, tínhamos a impressão que sim. Entretanto, nunca nos colocamos no lugar de quem ouvia os adjetivos debochados, disfarçados de brincadeira. Será que bem no fundo desse vaso de flores não estaria escondida uma semente de discriminação? Seja pela cor, pelo aspecto físico, pela orientação sexual etc.

O mundo em que vivemos, apesar de tudo, está em constante evolução. O que antes era aceito com naturalidade hoje não é mais, e a razão é simples, as pessoas resolveram passar para o outro lado do balcão e se perguntar: "como eu me sentiria se alguém brincasse com a minha cor? Com a minha gordura? Com a minha homossexualidade? Será que eu iria achar legal? Será que eu iria rir também?" Claro que não! Voltamos à recomendação do Mestre Jesus: "Não façam aos outros o que vocês não gostariam que fizessem para vocês".

Músicas como "Olha a cabeleira do Zezé, será que ele é..."; "Nega do cabelo duro, qual é o pente que te penteia..."; "Maria sapatão, de dia é Maria, de noite é João", hoje não seriam mais aceitas. Então, elas estavam erradas? Sim, estavam. Existia uma discriminação disfarçada, mas na época em que foram compostas tudo era permitido. Tanto a negra quanto o Zezé e a Maria não gostavam de ouvi-las, entretanto, como eles eram minoria, nada podiam fazer. Parece bobagem, forçação de barra, mas para os que recebem a brincadeira, certamente, não é. Que bom que essas coisas estão desaparecendo e a intolerância para com elas está se tornando uma constante. O respeito deve estar gravado na fronte de todo homem que se diga de bem.

259. UM POUCO DE FICÇÃO VERDADEIRA

Estava caminhando por um jardim na beira de uma praia e pisei numa formiga que carregava um galho maior do que ela para dentro de um formigueiro. Senti um desconforto muito grande e olhei para trás. Quase não acreditei no que vi. Era um ser diferente, todo de branco, cabelos cumpridos e com um turbante azul-turquesa amarrado na testa. Ele me olhou com um olhar que eu nunca tinha visto e me disse:

– Que direito você tem de matar um trabalhador?

– Trabalhador? – Perguntei.

– Sim, ela estava trabalhando.

– Mas era apenas uma formiga.

– A formiga também é filha de Deus. Foi você quem a gerou?

– Não.

– Então que direito você tem de matá-la?

– É que os formigueiros são perigosos, alguém pode pisar em cima.

– Quanta arrogância! – Disse-me o ser iluminado com o turbante azul-turquesa na testa. – Você também é apenas um ser ínfimo e desprezível perante os habitantes do Universo. Quantos planetas povoados por criaturas como Jesus Cristo você acha que existem no cosmo?

– Não sei, nunca pensei nessa possibilidade. Uma humanidade composta somente por seres iguais a Jesus, que loucura!

– E se eu lhe disser que Jesus, comparado com outros seres, é apenas um aprendiz, um moço com boas intenções que fez um bom trabalho no planeta Terra.

– Não, isso não pode ser, Jesus é o maior de todos, o mais sublime que já existiu.

– Quanta ignorância, o seu conhecimento é muito menor que o da formiga que acabou de matar.

Por um instante, ele fixou seu olhar em mim e tudo ficou branco. Fechei os olhos e tapei-os com as mãos, pois a luz era muito intensa. Passou-se pouco tempo e ele disse:

– Pronto, pode abrir os olhos.

Não acreditei, pois o que vi não existe na Terra, não há parâmetros para comparação. As pessoas flutuavam e havia uma música no ambiente que me inebriava. Era um sentimento de harmonia jamais experimentado, e a vontade de não sair mais daquele lugar era arrebatadora.

– Meu Deus, o que é isso? Onde estou?

– Tenha calma – disse-me ele –, estamos num mundo feliz, apenas isso.

– Então eles existem? O que devo fazer para merecer um lugar assim?

– É preciso evoluir em todas as áreas, comece respeitando os seres inferiores, não mate ninguém sem que haja necessidade.

Quanta vergonha! Sem nada responder, tapei o rosto com as mãos e senti uma profunda tristeza por abater uma criatura indefesa.

260. Rússia e Ucrânia

O mundo está assistindo, ao vivo, uma das maiores atrocidades protagonizada por uma criatura desumana e cruel. É um massacre de pessoas indefesas, onde não estão sendo poupados crianças, mulheres e idosos. Estamos perplexos, pois achávamos que depois da Segunda Guerra Mundial, nada mais parecido poderia acontecer. Ledo engano! Trata-se de uma verdadeira covardia, em que uma nação poderosa, com um potencial bélico monstruoso, destrói cidades e mata civis em nome de pouca coisa.

E o mundo espiritual, não teria condições de intervir? Sim, teria! Então, por que ele não intervém? Porque para isso é necessário o consentimento de hierarquias superiores. Certamente deve haver motivos que nos escapam ao entendimento, assim como aconteceu na Segunda Grande Guerra, onde também não houve intervenção.

Talvez estejamos assistindo a um dos últimos episódios deste momento de transição, que se faz necessário para a depuração mais rápida do planeta.

Uma nova era se aproxima, e não haverá mais lugar para acontecimentos desse tipo. Infelizmente, não existem inocentes reencarnados na Terra. Todos nós, sem exceção, somos devedores do nosso passado, portanto, tudo o que está acontecendo tem ligações pretéritas inconfessáveis. Para que o chão seja limpo com mais eficiência, o balde com água precisa ser derramado. Neste momento terrível, as criaturas mais evoluídas moralmente, por serem mais sensíveis, são as que mais estão sofrendo.

É necessário ter muita fé em Deus e saber que algo maior deve estar por detrás de toda essa situação lastimável. Por não termos condições de compreender, só nos resta confiar, caso contrário, onde estaria a Justiça Divina? Estaria Deus tirando férias? Claro que não! Nada, absolutamente nada, acontece por acaso. Resta-nos aguardar e torcer para que isso passe o mais rápido possível. Não podemos nos esquecer que sempre depois de tempestade vem a bonança.

Então surge a pergunta: o que fizeram essas criaturas no passado para estarem enfrentando uma provação desse tamanho? Não temos condições de responder, mas temos a certeza de que um dia isso nos será devidamente esclarecido. Nada fica sem resposta, e esses acontecimentos também não ficarão. Confiemos!